UNSERE BESTEN JAHRE

50er

BUCHER

RÜDIGER DINGEMANN • RENATE LÜDDE

DAS WAREN NOCH ZEITEN!

Deutschland in den 50er-Jahren

Inhalt

8 **Eine Zeitreise – oder Gerechtigkeit für die 50er-Jahre**
Alltag und Politik – Lebensgefühl und Kultur

15 **Alltag – zwischen Werkbank und Nierentisch**

16 Arbeit für alle
Wunder, Wunder – das war das Wirtschaftswunder

26 Zwischen Neubeginn und Restauration
Politik in Ost und West

34 Aus Schuttbergen und Ruinen
Neue Wohnungen - preiswert und modern

48 Schöner wohnen
Einfach, praktisch, gut und die neue Form

56 Vater – Mutter – Kind
Klein- und Großfamilie in Stadt und Land

66 Schöne bunte Warenwelt
Coca-Cola, Emailleschilder und Plakate

74 Vom Zweirad zum Automobil
Vespa, Käfer und Wartburg

Vorhergehende Seite: Der »SyltShuttle« auf dem Hindenburgdamm zwischen Niebüll und Sylt.

87 Freizeit

Das hat Spaß gemacht

88 **En vogue – war das schick!**
Zwischen Cocktailkleid, Petticoat und Strickpullover

100 **Hin und weg – Reisen und Erholung**
Sommer, Sonne, Strand

112 **Vom Fahren und Fliegen**
Eisenbahn- und Flugreisen

120 **Sport, Spiel, Spannung**
Von Weltmeistern und anderen Sportlern

126 **Feste feiern**
Bier, Milchshake und Tanzvergnügen

133 Kultur

Lesen, hören und sehen

134 **Was man sah**
Fernsehen und Kino – Von Sünderinnen und Halbstarken

142 **Was man hörte**
Zwischen Sonne bei Capri und Rock 'n' Roll

146 **Was man las**
Literatur, Boulevard und Comics

150 **Worüber man sprach**
Klatsch und Tratsch

156 **Anhang**
Register
Chronik
Impressum, Bildnachweis

Mainkai
40 – 36

Frankfurt in den 50er-Jahren, am Fahrtor vom Eisernen Steg aus fotografiert. Die Altstadt trifft am Saalhof auf den Main. Auf den Grundmauern der 1150 von Kaiser Friedrich Barbarossa erbauten Kaiserpfalz stehen der Saalhof und der Rententurm (rechts anschließend). Im 1455/56 erbauten Rententurm war die Zollstätte am Schiffslandeplatz (Mainkai). Der Turm diente auch der Bewachung des Fahrtores.

Eine Zeitreise
oder Gerechtigkeit für die 50er-Jahre

Mit den 50er-Jahren verbinden sich viele Klischees: Mief und Nierentisch, politische Restauration und Kalter Krieg, Wirtschaftswunderherrlichkeit und Rock 'n' Roll. Doch Klischees verkleinern.

Dagegen lässt sich bei der Betrachtung der Zeit vor über 50 Jahren Vielschichtiges entdecken. Es geht dabei weniger um Spektakuläres, sondern vielmehr um das alltägliche Lebensgefühl dieser Zeit, die hier in Ausschnitten vorgestellt wird. Wer sie miterlebt hat, spürt noch den Rhythmus, die Dynamik, die Sehnsüchte und Hoffnungen, die damals virulent waren. Die damalige Elterngeneration ist die Generation des Wiederaufbaus. Das war eine Zeit, auf die sie stolz zurückschauen kann. Ihre Kinder sind heute Eltern und auch schon zum Teil Großeltern. Für sie ist es ein Buch über ihre Kindheit und Jugend.

Es war eine Zeit, als das Wünschen noch geholfen hat: Denn die Zukunft war – bei aller politischen Drohkulisse – eine Zukunft ins Offene, ins Optimistische. Es konnte, ja es durfte nur besser werden.

Alltag und Politik

Es war ein Alltag zwischen Werkbank und Nierentisch. Die Arbeit erforderte noch mehr körperliche Kraftanstrengungen, und auch im Haushalt gab es noch nicht all die komfortablen Einrichtungsgegenstände oder hilfreichen Küchen- und Haushaltsgeräte. Nach dem Leid und den schmerzhaften Entbehrungen sowie der schweren Zeit des Wiederaufbaus kamen erst allmählich wirtschaftliche wie private Erfolge.

Die Bedürfnisse waren in Ost und West dieselben: genug zu essen, ein ordentliches Dach über dem Kopf und Frieden. Im ersten Jahrzehnt nach dem Zweiten Weltkrieg galt es zunächst vordringlich diese Grundbedürfnisse zu befriedigen. Alles war noch schwer erkämpft oder vom Munde abgespart. Aus Schuttbergen und Ruinen wurden die Städte wiederaufgebaut. Die Wunden des Zweiten Weltkriegs waren noch lange Zeit als mahnende Zeichen in den Städten sichtbar. Nachdem die größten Trümmer beiseite geräumt worden waren, war der schnelle und vor allem preiswerte Neubau von Wohnungen gefragt: Sie sollten schöner und komfortabler werden.

Die Schrecken der Vergangenheit lagen noch nicht lange zurück. Die Erinnerungen daran waren noch sehr lebendig; erst 1955 kamen die letzten Kriegsgefangenen aus den Lagern der Sowjetunion zurück. Politisch war es ein Wechselspiel zwi-

Elegant und leicht sollte es in den 50er-Jahren zugehen.

schen Neubeginn und Restauration. In der Weltpolitik herrschte Eiszeit: der Kalte Krieg zwischen Ost und West. Die Systeme – Kapitalismus hier, Kommunismus dort – standen sich unversöhnlich und feindlich waffenstarrend gegenüber. Dazwischen eingekeilt die Bundesrepublik Deutschland und die Deutsche Demokratische Republik. Der wirtschaftliche wie politische Antagonismus bestimmte für lange Zeit die unterschiedlichen gesellschaftlichen Entwicklungen.

Im Westen wie im Osten wollten die Menschen aus dem »Schlamassel« der Nachkriegszeit heraus. Einen radikalen Neuanfang wollte man im Osten wagen. Die Vorstellungen, dass alle Menschen Brüder würden, allen die Fabriken und der Boden, den sie genossenschaftlich bearbeiteten, gehören würden, waren Ideale, die verführerisch schienen. Die Wirtschaftspolitik der DDR orientierte sich am sowjetischen Vorbild, und man legte so genannte Fünfjahrespläne auf: den ersten 1950. Er hatte das Ziel, wirtschaftliches Wachstum über eine Steigerung der Industrieproduktion, insbesondere durch den Aufbau der Schwerindustrie zu erreichen. Von einer Konsumgesellschaft war dieses politische System weit entfernt. Mangel herrschte in vielen Bereichen, und politische Bevormundung und Unterdrückung ließen viele Menschen der späteren DDR den Rücken kehren: allein über zwei Millionen in den fünfziger Jahren.

Dagegen stand Ludwig Erhards Slogan »Wohlstand für alle« für die Entwicklung zu einer sozial abgesicherten Marktwirtschaft im Westen. Während der langjährigen Kanzlerschaft Konrad Adenauers wurden die wirtschaftlichen wie politischen Fundamente für die westdeutsche Gesellschaft gesetzt, die heute nun für das wiedervereinigte Deutschland gelten.

Werbung ist ein Spiegel nicht nur der Warenwelt. Sie annonciert nicht nur die immer spezieller werdenden Produkte. Sie suggeriert ein Lebensgefühl, weckt Illusionen, Wünsche und Bedürfnisse. Darüber hinaus vermittelt sie Werte: stolz sein auf die sauberste Wäsche oder auf streifenfrei geputzte

Brüderlein und Schwesterlein, fein adrett am Sandstrand: Die Werbung hatte bereits die Kindermode entdeckt (oben).

Die Nachkriegsgesellschaft in Ost und West begann, sich allmählich zu motorisieren. Ein F8-Cabrio – das Vorgängermodell des legendären Trabants auf einer brandenburgischen Allee (unten).

Fenster. Und auch den Wunsch nach Freiheit und Abenteuer. Doch Freizeit war noch rar, der Urlaub auf ein bis zwei Wochen begrenzt und führte noch nicht in die große weite Welt. Die Familie fuhr an die See oder in die Berge. Ob mit der Bahn oder mit dem Flugzeug, die Reisemöglichkeiten nahmen in den 50er-Jahren zu, jedoch lag die Realisierung der Reiseträume für die meisten noch in weiter Ferne. Bei der Mode verlangte die Damenwelt der beginnenden westlichen Wohlstandsgesellschaft bald nach mehr, und zwar nach Opulenz und Raffinement. Modeträume bestanden aus Samt und Seide, aber auch aus Nylon und Perlon.

Neben einigen großen Warenhäusern in den Großstädten gab es vor allem noch sehr viele kleine Geschäfte, nostalgisch gern Tante-Emma-Läden genannt. Im Kommen war aber bereits der Versandhandel. Er bot neben Wäsche vor allem Bekleidung, später Haushaltsgeräte und Möbel an.

Allmählich motorisierte sich auch die Nachkriegsgesellschaft. Als Mitte der 50er-Jahre der Bau der Autobahnen fortgesetzt wurde, war die Automobilindustrie schon zu einem der wichtigsten Wirtschaftsfaktoren im Westen geworden.

Lebensgefühl und Kultur

Aufgrund ihrer Erfahrungen verharrte die Kriegsgeneration zunächst in ihren konservativen Wertvorstellungen. Sie kannte nichts anderes. Der damalige, heute mild belächelte Heimatfilm zeigt viel über die Sehnsüchte und Hoffnungen dieser Generation, doch er verkitschte und missbrauchte sie. Der Heimatfilm war ein Spiegel der gesellschaftlichen Tendenzen der 50er-Jahre. Er stellte den Mühen und den Sorgen des Alltags idyllische Bilder eines anderen Lebens gegenüber und zeigte die heile, intakte Welt der Natur. Kriegsruinen wollte man nicht auch noch im Kino sehen. Der Heimatfilm war Balsam für die wund gescheuerten Seelen.

Gemeinhin wird dieses Verharrungsvermögen als Restauration oder »Mief« der 50er-Jahre denunziert. Die gesellschaftliche Neuorientierung im Osten bot nur in der Theorie eine Alternative. Es ist jedoch ein Irrtum zu glauben, alles sei restaurativ gewesen. Es gab viel Zukunftsorientiertes, ja sogar Futuristisches, wenn auch nicht im gesellschaftlichen Bewusstsein und in der sozialen Lebenswirklichkeit, so doch in der Kultur oder zum Beispiel im Design. Hier finden sich Ansätze zu einer Formensprache, die wesentlich näher an unserer heutigen Welt sind, als man gemeinhin glauben mag.

Manches Foto, mancher Schlager und manches Detail aus dieser Zeit, ob nun aus Ost oder West, weckt noch einmal die Erinnerung an das Erlebte, an das, was man sah, hörte, las oder worüber man sprach.

Auch die Literatur machte einen Neuanfang: »Trümmer- oder Kahlschlagliteratur« waren die literarischen Schlagworte der Zeit. Die jungen deutschen Literaten galten damals vielen als Nestbeschmutzer, später errangen sie Weltgeltung. Das deutsche Nachkriegskino bediente alle Filmgenres vom Problem- über den Gesellschafts- bis zum Unterhaltungsfilm. Im Osten wie im Westen entstanden jedoch keine Produktionen von internationalem Rang.

Neue Medien wie das Fernsehen brachten Bühne und Konzertsaal ins Wohnzimmer. Am 25. Dezember 1952 startete das erste Fernsehprogramm – für zwei Stunden am Abend. Welch ein Weihnachtsgeschenk! In der DDR flimmerte es ab 1955 zum ersten Mal. Doch wer konnte es schon sehen? Geräte gab es nur wenige.

Preiswert war dagegen eine neue Zeitung: die Bildzeitung. Sie erschien am 24. Juni 1952 zum ersten Mal, hatte nur vier Seiten Umfang und die Auflage von 250 000 Exemplaren wurde zum Start kostenlos verteilt.

Immer mehr Musik kam aus dem Radio, von der Schallplatte oder vom Tonband, und das Kino bekam Konkurrenz. Man hörte und sah förmlich die Sonne bei Capri im Meer versinken und völlig neue, schrillere Töne. Die 50er-Jahre waren weder musikalisch langweilig oder nur rebellisch. Gesungen, gepfiffen, getanzt wurde allerorten, nicht mehr oder weniger als in anderen Jahrzehnten. Nur das Klischee will uns weismachen, dass es entweder stupide Schlager oder nur den Rock 'n' Roll gab.

Im Sport war sicherlich der Gewinn der Fußballweltmeisterschaft 1954 das zentrale Ereignis, das im kollektiven Gedächtnis der Deutschen in Ost und West haften blieb. Dieser Sieg stärkte das Selbstbewusstsein einer sich neu formierenden Gesellschaft und wurde als das »Wunder von Bern« zu einem Mythos. Ungerechterweise verblassen dahinter andere sportliche Siege. Wer kennt die Namen, wer weiß noch, welche Siege oder Niederlagen mit ihnen verbunden sind.

Vergessenes taucht auf in diesem Bildband, der im besten Sinne des Wortes ein Bilder-Buch der Erinnerung sein will: eine Spurensuche in eine vergangene, nicht verlorene Zeit.

Fernweh – im Juli 1958 nahm die »schöne Hamburgerin« *Hanseatic* den Atlantikverkehr von Cuxhaven nach New York wieder auf (oben).

Reisefieber – der moderne Schnellzug *Senator,* in seiner Form den heutigen ICE-Zügen nicht unähnlich, verkehrte von 1953 bis Anfang der sechziger Jahre zwischen der hessischen Mainmetropole Frankfurt und dem Bahnhof Altona in Hamburg (Mitte).

Heimat – die Segringer Straße in der historischen Altstadt von Dinkelsbühl in Mittelfranken. Pferdefuhrwerke gehörten noch zum alltäglichen Straßenbild. Der städtische Autoverkehr hatte sich den PS anzupassen (unten).

Besuch auf der iga in Erfurt. Der iga-Park wurde 1959 nach den Entwürfen des Landschaftsarchitekten Reinhold Lingner angelegt. Es war die erste Internationale Gartenbauausstellung sozialistischer Länder (iga). Im jährlichen Wechsel fanden nationale und internationale Gartenbauausstellungen statt – wie in der Bundesrepublik (BUGA und IGA). Die Erfurter iga hatte Messecharakter. Die Anlage der iga steht heute unter Denkmalschutz.

Alltag

– zwischen Werkbank und Nierentisch

Der schnelle Lauf der Zeit, die Hektik schwebte noch nicht bedrohlich über dem Alltag. Stress war noch ein Fremdwort. Dennoch: Die Zeiten waren härter und nicht alles war gemütlich in den 50er-Jahren. Die Arbeit erforderte mehr körperliche Kraftanstrengung und auch im Haushalt gab es noch nicht all die komfortablen Einrichtungsgegenstände oder hilfreichen Küchen- und Haushaltsgeräte. Nach dem Leid und den schmerzhaften Entbehrungen sowie der schweren Zeit des Wiederaufbaus kamen allmählich wirtschaftliche wie private Erfolge.

Arbeit für alle

Wunder, Wunder – das war das Wirtschaftwunder

»Jetzt kommt das Wirtschaftswunder, /
Jetzt kommt das Wirtschaftswunder, /
Jetzt gibt's im Laden Karbonaden schon /
Und Räucherflunder. /
Jetzt kommt das Wirtschaftswunder, /
Jetzt kommt das Wirtschaftswunder, /
Der deutsche Bauch erholt sich auch und ist /
Schon viel runder. /
Jetzt schmeckt das Eisbein wieder in Aspik, /
Ist ja kein Wunder nach dem verlorenen Krieg …«

Das sangen Wolfgang Neuss und Wolfgang Müller 1958 in dem Spielfilm »Wir Wunderkinder«. Den Text hatte Günter Neumann und die Musik Franz Grothe geschrieben. Der ironische Song charakterisiert aufs Trefflichste die neueste ökonomische Entwicklung in West-Deutschland in der zweiten Hälfte der 50er-Jahre.

Es war üblich, am Samstag zu arbeiten. Erst mit der Forderung der Gewerkschaften »Am Samstag gehört Vati mir« sollte später die 40-Stunden-Woche durchgesetzt werden. Gang und gäbe war noch die 48-Stunden-Woche – ohne Überstunden. Und es herrschte ab Mitte der 50er-Jahre Vollbeschäftigung, was heute kaum noch vorstellbar ist.

Die 50er-Jahre waren noch Nachkriegszeit, und der Wiederaufbau ermöglichte Vollbeschäftigung. Im wahrsten Sinne des Wortes gab es an allen Ecken und Enden genug zu tun: Die Zeile »Auferstanden aus Ruinen / Und der Zukunft zugewandt« brachte es auf den Punkt. Sie war von Johannes Becher für die Nationalhymne der DDR gedichtet worden und traf doch für beide Teile Deutschlands zu. Ob sich die beiden Deutschlands nun politisch restaurativ oder sozialistisch organisierten, so unterschiedlich die gesellschaftlichen Ansätze waren, so hatten sie doch etwas Gemeinsames: Sie waren optimistisch, zukunftsorientiert.

Die Bedürfnisse waren dieselben: genug zu essen, ein ordentliches Dach über dem Kopf und Frieden.

Dies war alles nicht so selbstverständlich. Die ersten Jahre nach dem Zweiten Weltkrieg boten kaum Hoffnung auf eine bessere Zukunft. In den 50er-Jahren sollte sich das dann allmählich ändern. Schon mit der Währungsreform in den drei Westzonen und kurze Zeit später in der Ostzone war ein entscheidender Schritt getan. Das war 1948. Auf einmal gab es im Westen Waren, die bisher nur auf dem Schwarzmarkt zu haben waren.

Dann kam das so genannte Wirtschaftswunder im Westen: Die Geschwindigkeit des wirtschaftlichen Aufschwungs riss alle mit. Im Verhältnis zu den ersten Jahren nach dem Krieg war das atemberaubend. Wenn man – trotz unterschiedlicher politischer wie wirtschaftlicher Voraussetzungen – die Entwicklung der Zeit nach der Wiedervereinigung der beiden deutschen Staaten 1990 zum Vergleich nimmt, wird deutlich, was in den 50er-Jahren wirtschaftlich wie gesellschaftlich alles geschah. Zur damaligen Zeit hat man an eine derartige Entwicklung nicht geglaubt, zu verheerend waren die Verwüstungen in Stadt und Land sowie in den Seelen der Menschen gewesen.

Vorhergehende Doppelseite: Funktionalität hält in den 50er-Jahren Einzug in die Küchen. Eine Krankenhausküche in Bad Säckingen um 1950.

Die Stechuhr: An ihr kam keiner vorbei – vor oder nach der Schicht. Gnadenlos erfasste sie, wer wann in den Betrieb kam und ihn wieder verließ. Zeiterfassung noch im Handbetrieb.

Mit Eifer dabei. Azubis hießen noch Lehrlinge. Hier sind sie in einer feinmechanischen Lehrwerkstatt eifrig am Werkeln. Ernsthaft und konzentriert wird an einem Werkstück gefeilt. Lehrstellen waren noch keine Mangelware und nach erfolgreichem Abschluss der Lehre war die Festanstellung im selben Betrieb die Regel.

Ein Teil der Erfolgsgeschichte der jungen Bundesrepublik. Der Wagen fürs Volk: Das Symbol des Wirtschaftswunders. Der 1 000 000. Käfer lief unter Anteilnahme eines bescheidenen Medienaufgebots 1955 in Wolfsburg vom Band. Ein Grund zum Feiern für alle Werksangehörigen.

Frauenhände ohne Ende – in der Montagehalle. Die Frauen sitzen vis-à-vis in Reih und Glied, jeder Handgriff sitzt. Sie verrichten ihre »Fließbandarbeit« und fertigen im Niedriglohnbereich Bauteile für Haushaltsgeräte. Die Frau stand »ihren Mann«. Frauen, meist ungelernt, halfen der Produktivität zu neuen Höhen und steigerten somit das Familieneinkommen. So war auch der Erwerb eines Kühlschranks oder einer Waschmaschine nicht mehr in allzu weite Ferne gerückt.

»Immer sauber mit IMI«: Ein Arbeiter wirbt für ein Waschmittel. Auch für einen scheinbar hoffnungslos verschmutzten Blaumann ist ein passendes Waschmittel parat. Die immer weitergehende Differenzierung der Produkte eröffnete eine ungeahnt breite Angebotspalette. Dem Anspruch nach Sauberkeit waren keine Grenzen mehr gesetzt.

Kräftige Hände, noch unersetzlich in nicht automatisierten Bereichen eines großen Industriebetriebes. Ein Chemie-Facharbeiter der Firma Henkel muss unter Kraftanstrengung ein Ventil betätigen.

Der Henkelmann, oder Mutters gute Küche war immer dabei. Das vorbereitete Mittagessen nahm man mit an den Arbeitsplatz.

In der Flaschenabfüllung einer Brauerei in der DDR. Nicht ohne Stolz fährt ein junger Lagerarbeiter den neuen Gabelstapler, mit dem er Flaschen anliefert. Die leeren Flaschen werden auf ein Laufband gestellt, das sie zur gründlichen Reinigung in die Waschanlage transportiert.
1872 wurde die Radeberger Exportbierbrauerei als Aktiengesellschaft »Zum Bergkeller« in Radeberg bei Dresden gegründet. 1905 wurde sie Hoflieferant des sächsischen Königs. Nach eigenen Angaben braute sie als erste Brauerei in Deutschland Bier nach Pilsner Art. Nach dem Zweiten Weltkrieg wurde die Aktiengesellschaft enteignet und 1948 in einen volkseigenen Betrieb umgewandelt. 1991 wurde sie von Binding Brauerei AG übernommen und gehört zu der nach ihr benannten Radeberger Gruppe, einer Tochtergesellschaft der Oetker-Gruppe.

Radeberger

Zwei Erntehelfer unterstützen die Arbeit einer noch relativ einfachen Mähmaschine, die von einem Traktor gezogen wird. Froh waren die Bauern, die über so eine Maschine verfügten. Heute sind es selbstfahrende Mähdrescher, die von einem schallgedämmten Cockpit aus gesteuert werden.

Kein seltenes Bild in den 50er-Jahren und kein Bild ländlicher Idylle. Mit der Sense wird hier bei Bad Säckingen das Getreide geerntet. Landarbeit war Schwerstarbeit, Maschinen gab es nur wenige. Knechte, Mägde und Land- oder Saisonarbeiter unterstützten die Arbeit auf dem Feld, auf dem Hof und im Haushalt.

PS mit vier Beinen: Pferdestärken im wahrsten Sinne des Wortes. Ein Pferdewagen begleitet das Torfstechen. In den 50er-Jahren begann der Boom des Landmaschinenhandels. Maschinen ersetzten bald nicht nur den Landarbeiter, sondern auch die Pferde auf dem Feld. Was damals viele Hände vollbrachten, erledigt heute der Bauer allein mit Hilfe von Maschinen.

Landarbeit kennt keine Wochenenden: Sonnenaufgang und Sonnenuntergang sowie das Wetter bestimmen den Arbeitsrhythmus. Für die Kartoffelernte wurde die ganze Familie zur Mitarbeit verpflichtet. Die Kinder verrichteten die Nachlese, sie sammelten die restlichen noch auf dem Feld liegenden Kartoffeln auf.

Viele Industriebetriebe waren direkt mit eigenen Gütertransportzügen an den öffentlichen Schienenverkehr angeschlossen. Die Schiene war für den Güterverkehr noch von maßgeblicher Bedeutung. Die Diskussion, ob der Gütertransport auf die Schiene oder auf die Straße gehört, war bereits in den 50er-Jahren Gegenstand verkehrspolitischer Auseinandersetzungen.

Die gute alte Dampflok erzeugte ebenso viel Rauch wie manche Industriezweige, die ihre Abgase noch ungefiltert bzw. ungereinigt an die Luft abgaben. Gebäude in unmittelbarer Nähe waren aus diesem Grund mit dem bekannten Grauschleier umhüllt. Hier ein Betrieb der Schwerindustrie.

Ansicht der Montagehallen des Volkswagenwerkes in Wolfsburg. Ein klassischer Industriebau: schnörkellos und funktional, sachlich. Die nüchterne Bauweise ordnet sich der industriellen Produktionsweise unter. 1949 kam das Unternehmen unter Treuhandschaft des Bundes und des Landes Niedersachsen. Das Werk entwickelte sich zu einer der größten Automobilfabriken der Welt. Das Werksgelände ist heute so groß wie Gibraltar, die überdachte Hallenfläche so groß wie Monaco.

Das VEB Stahl- und Walzwerk in Brandenburg. Die Stahlherstellung und Weiterverarbeitung in den Walzwerken war über 80 Jahre ein bedeutender Wirtschaftsfaktor für die Stadt Brandenburg wie für die gesamte Region.
Von 1914 bis zum Ende des Zweiten Weltkriegs gehörte das Stahl- und Walzwerk neben anderen Betrieben der Schwerindustrie zu den größten Unternehmen Brandenburgs.
Während der DDR-Zeit wurde der VEB-Betrieb zum größten Rohstahlproduzenten ausgebaut. 9 000 Arbeiter waren hier beschäftigt. 1992 wurden das moderne Elektrostahlwerk und die kontinuierliche Drahtstraße von dem italienischen Unternehmen Riva übernommen.
Auf dem Gelände des ehemaligen Stahl- und Walzwerkes befindet sich heute das Industriemuseum Brandenburg an der Havel.

Zwischen Neubeginn und Restauration

Politik in Ost und West

Nach dem Zweiten Weltkrieg herrschte in der Weltpolitik Eiszeit: der Kalte Krieg zwischen den Weltmächten USA und UdSSR. Die politischen Systeme – Kapitalismus hier, Kommunismus dort – standen sich unversöhnlich und feindlich, ja waffenstarrend gegenüber. Dazwischen eingekeilt war das ehemalige Deutsche Reich, geteilt in zunächst vier Besatzungszonen, dann in zwei Staaten, die sich gegenseitig nicht anerkannten: im Westen die Bundesrepublik Deutschland (BRD), im Osten die Deutsche Demokratische Republik (DDR).

Der wirtschaftliche wie politische Antagonismus bestimmte für lange Zeit die unterschiedlichen gesellschaftlichen Entwicklungen. Der Westen mit seiner sozialen Marktwirtschaft war alimentiert von den USA bzw. Westmächten; der Osten mit seiner sozialistischen Planwirtschaft stand unter dem Einfluss der Sowjetunion.

Die führenden politischen Protagonisten der Zeit waren Konrad Adenauer im Westen und Walter Ulbricht im Osten. Konrad Adenauer prägte als langjähriger Bundeskanzler (1949–1963) mit seiner Politik der Westintegration – die Weltmacht USA als natürlicher Verbündeter – und seiner eher restaurativen Innenpolitik das Bild Nachkriegs-Westdeutschlands. Walter Ulbricht, der einflussreichste Politiker Ostdeutschlands (bis 1973), hingegen war ein treuer Genosse Moskaus, der die DDR zu einem kommunistischen Staat nach volksdemokratischem Muster gestalten wollte.

Vor allem nach dem niedergeschlagenen Aufstand am 17. Juni 1953 in Ostberlin glaubten nur wenige in Ost- und Westdeutschland, dass die beiden Staaten jemals wieder eine Einheit bilden könnten. Es sollte noch über drei Jahrzehnte dauern, bis die Teilung überwunden werden sollte.

Der Wirtschaftsaufschwung im Westen war ganz besonders der Politik des damaligen Bundeswirtschaftsministers Ludwig Erhard und dem von ihm vertretenen Prinzip der sozialen Marktwirtschaft zu verdanken. Man nannte ihn deshalb auch gern den »Vater des deutschen Wirtschaftswunders«.

Im Verlauf der 50er-Jahre ging es den Menschen in den beiden Deutschlands ökonomisch allmählich besser, trotz der politischen Großwetterlage. Doch der härtere politische Kurs des Regimes und die Zwangskollektivierung der Landwirtschaft in der DDR hatten zu einer großen Fluchtbewegung geführt. Weit über zwei Millionen Menschen verließen in dieser Zeit die DDR.

Ludwig Erhard personifizierte das westdeutsche Wirtschaftswunder. In seinem Buch »Wohlstand für alle« (1957) hatte er seine Politik der sozialen Marktwirtschaft begründet. Die Zigarre in der Hand wurde nicht nur zu seinem Markenzeichen, sondern auch zu seinem Symbol für den wirtschaftlichen Aufschwung.

17. Juni 1953: Der Protest der Berliner Bauarbeiter gegen die Erhöhung der Arbeitsnormen weitete sich zu einem Aufstand in der gesamten DDR aus. Zu den ursprünglich wirtschaftlichen Forderungen traten politische. In Berlin wurde der Ausnahmezustand verhängt und sowjetische Panzereinheiten schlugen den gewaltlosen Aufstand nieder. Hier klettert ein Demonstrant am Potsdamer Platz auf einen Panzer. – Der 17. Juni wurde in der Bundesrepublik Deutschland zum Tag der nationalen Einheit erhoben. Nach der Wiedervereinigung 1990 entfiel dieser Feiertag, und der 3. Oktober trat stattdessen an seine Stelle.

1959: ein optimistisch dreinblickender Arbeiter vor rauchenden Fabrikschloten; im Ehrenkranz, hinter Hammer und Sichel, die Massen der Werktätigen um ihre politischen Führer geschart. Das Plakat zum zehnjährigen Bestehen der DDR dokumentiert anschaulich das Selbstverständnis des Arbeiter- und Bauernstaates.

Politische Köpfe der beiden Deutschlands jener Zeit. Die Titelbilder des Nachrichtenmagazins »Der Spiegel« waren schon immer mehr als nur die bloße Ankündigung der jeweiligen Titelgeschichte. Sie setzten Akzente, sind zum Teil ironische Kommentare und charakterisierten auf sinnfällige Weise führende deutsche Politiker. Konrad Adenauer: der Alte; Walter Ulbricht: der Spitzbart; Franz Josef Strauß: der Ehrgeizige; Willy Brandt: der Charmante; Ludwig Erhard: der Zufriedene; Theodor Heuss: Papa Heuss.

Konrad Adenauer (1876–1967), erster Bundeskanzler der Bundesrepublik Deutschland von 1949 bis 1963 und Bundesvorsitzender der CDU von 1950 bis 1966. (Der Spiegel, 37/1957)

Walter Ulbricht (1893–1973), Generalsekretär der SED von 1950 bis 1971 (ab 1953 Erster Sekretär), stellvertretender Ministerpräsident der DDR von 1949 bis 1955, Erster Stellvertretender Ministerpräsident von 1955 bis 1960, Vorsitzender des Staatsrates von 1950 bis 1973. (Der Spiegel, 4/1953)

Franz Josef Strauß (1915–1988), CSU-Politiker, Parteivorsitzender von 1961 bis 1988, Bundesminister für Sonderaufgaben von 1953 bis 1955, für Atomfragen (1955/56), der Verteidigung von 1956 bis 1962, der Finanzen von 1966 bis 1969 sowie bayerischer Ministerpräsident 1978 bis 1988. (Der Spiegel, 1/1957)

Willy Brandt (1913–1992), SPD-Politiker, Parteivorsitzender von 1949 bis 1987), Regierender Bürgermeister von Berlin von 1957 bis 1966, Außenminister und Vizekanzler von 1966 bis 1969 sowie Bundeskanzler von 1969 bis 1974. Für seine Ostpolitik erhielt er 1971 den Friedensnobelpreis. (Der Spiegel, 41/1957)

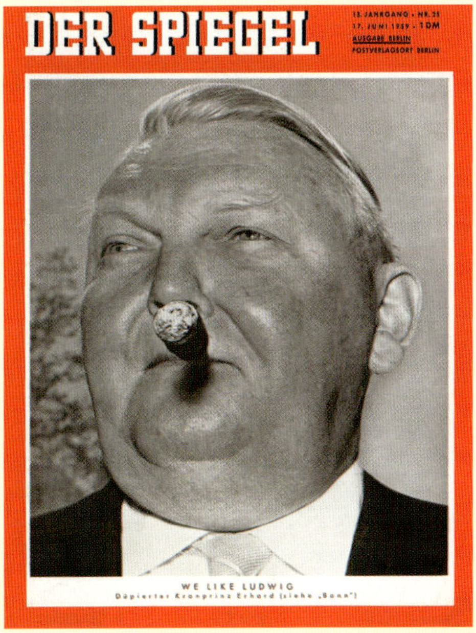

Ludwig Erhard (1897–1977), CDU-Politiker, Parteivorsitzender 1966/67: Wirtschaftsminister von 1949 bis 1963 und Vizekanzler von 1957 bis 1963 sowie Bundeskanzler von 1963 bis 1966. (Der Spiegel, 25/1959)

Theodor Heuss (1884–1963), FDP-Politiker und erster Bundespräsident der Bundesrepublik Deutschland von 1949 bis 1959; 1959 wurde er mit dem Friedenspreis des Deutschen Buchhandels ausgezeichnet. (Der Spiegel, 27/1959)

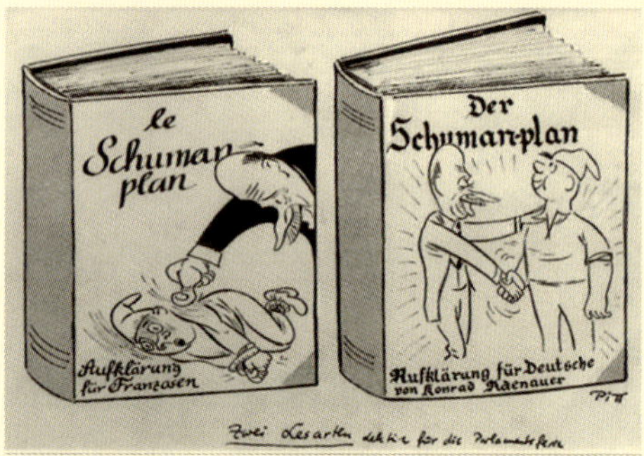

»Brandstifter Adenauer« – Federzeichnung von Kurt Poltiniak (1952) über den Deutschlandvertrag, den die DDR einen »Generalkriegsvertrag« nannte, der einen neuen Krieg vorbereiten half (oben).

»Zwei Lesarten. Lektüre für die Parlamentsferien« – Federzeichnung von Klaus Pielert (um 1950). Eine bundesrepublikanische Karikatur über die zwei Seiten des Schuman-Plans (unten).

»Arbeiterhände erwürgen die RIAS-Rundfunkente«, Federzeichnung von Kurt Poltiniak (1953); über das Verhältnis der DDR zum RIAS, dem Radio im amerikanischen Sektor (oben).

»Dokument sagt: Du sein jetzt großer Bernhardiner« – Federzeichnung von Klaus Pielert (um 1955). Am 20. September 1955 erhielt die DDR formal ihre Souveränität. Dem DDR-Staats- und Parteichef Walter Ulbricht, als Dackel dargestellt, wird die Souveränitätserklärung von der Sowjetunion vorgelesen (unten).

»Die Mauer ist stärker« – Entwurf von Kurt Poltiniak für die DDR-Zeitschrift »Frischer Wind« Nr. 149, 1951 (oben).

»Die DDR existiert für uns nicht!« – Federzeichnung von Kurt Poltiniak (um 1955) aus dem DDR-Satireheft »Eulenspiegel« über die Nichtanerkennung der DDR durch die Bundesregierung. Konrad Adenauer führt die Reihe derjenigen an, die die DDR nicht anerkennen wollen (unten).

DDR-Plakat der Vereinigung der Verfolgten des Naziregimes 10.9.1950 (oben links). – Walter Ulbricht erklärt den Werktätigen die Ziele des Fünfjahrplans 1950 (oben Mitte). – Plakat zum Stalinkult in der DDR 1952 (oben rechts). Propagandaplakat für die staatlichen Betriebe der DDR 1953 (unten links). Werbeplakat der Kommission für Agitation und Propaganda, Halle 1958 (unten Mitte). – Die DDR feiert den ersten Fünfjahrplan und den Wiederaufbau der Industrie (unten rechts).

Die 1957 noch national-liberal ausgerichtete FDP besetzt ein modernes Thema: Familie. Mit der Fotografie von Mutter und Kind sollen hier vor allem Wählerinnen angesprochen werden.

Dieses CDU-Wahlplakat aus dem Jahr 1953 richtet sich speziell nur an die Bauern und vermittelt sowohl in seiner Machart (Zeichnung) wie in seiner Aussage ein sehr traditionelles und anachronistisches Bild von der Landwirtschaft. Der noch mit der Hand säende Landmann scheint eine Sicherheit für die Zukunft zu sein, welche die Partei Konrad Adenauers zu garantieren scheint: Die gute Saat ist die Wahl der CDU, die eine reiche Ernte verspricht.

Die SPD thematisierte 1953 mit der Plakatgrafik die Frage der deutschen Einheit: Eine damals noch fiktive Mauer – sie wurde erst 1961 errichtet – soll durch freie Wahlen gesprengt werden. Die Bürger beider Staaten sollten, so die Forderung, über die Wiedervereinigung abstimmen können.

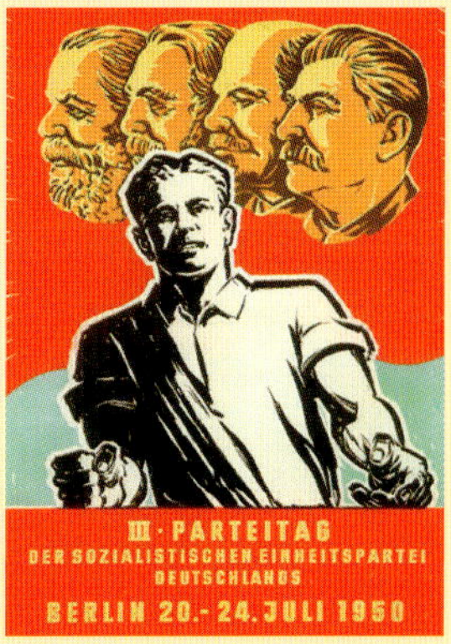

In Fünfjahrplänen sollten ehrgeizige wirtschaftliche Ziele erreicht werden (oben links).

»Von den Sowjetmenschen lernen, heißt siegen lernen …« – um 1951 (oben rechts).

Propagandaplakat zum V. SED-Parteitag 1958 (unten links), und zum III. SED-Parteitag im Juli 1950: Die Partei präsentiert sich als (stalinistische) »Partei neuen Typus« (unten rechts).

Aus Schuttbergen und Ruinen

Neue Wohnungen – preiswert und modern

Die Wunden, die der Bombenkrieg der Alliierten während des Zweiten Weltkriegs den deutschen Städten zugefügt hatte, waren noch lange Zeit als mahnende Zeichen in den Städten sichtbar.

Die Wohnungssituation hatte sich durch die Millionen Flüchtlinge und Vertriebenen aus den ehemaligen deutschen Ostgebieten erheblich verschärft. Diese hatten vor allem in den Westzonen eine neue Heimat gesucht und gefunden.

Anfangs ließen sich in den zerstörten Städten aufgrund von Materialmangel nur aus den noch brauchbaren Trümmern die nur wenig beschädigten Häuser oder Behelfsbehausungen notdürftig herrichten.

Nachdem die größten Trümmer beiseite geräumt worden waren, war der schnelle und vor allem preiswerte Neubau von Wohnungen gefragt.

In der 1949 neu entstandenen Bundesrepublik mussten sich im Schnitt 4,7 Menschen eine Wohnung teilen oder anders ausgedrückt: 1,2 Personen einen Raum. Der Staat musste auf diese Enge schnell reagieren und legte ein Programm der Wohnungszwangswirtschaft auf (Einquartierung, Mietpreisbindung und staatlicher Wohnungsbau).

1950 waren bereits 500 000 neue Wohnungen gebaut worden, 400 000 davon gefördert im Rahmen des sozialen Wohnungsbaus. Größe und Ausstattung sowie die Miete und andere Belastungen waren vor allem auf die Bedürfnisse der breiten Bevölkerungsschicht ausgerichtet. Je nach der Bedürftigkeit erhielten Anspruchsberechtigte den Zuschlag.

Die neuen Wohnungen waren moderner, praktischer ausgestattet. Wer in eine derartige neue Mietwohnung zog, konnte sich freuen. Im Gegensatz zu den Wohnungen unbeschädigter Altbauten mit Etagentoiletten und Waschküche im Keller verfügten die Neubauten nun über komfortable sanitäre Einrichtungen. Bis 1956 waren 1,8 Millionen Sozialwohnungen fertig gestellt. Ab 1953 wurde zunehmend auch der private Eigenheimbau gefördert, sodass seit Mitte des Jahrzehnts der Anteil des sozialen Wohnungsbaus zurückging. Bis 1960 wurde die Wohnungszwangswirtschaft beibehalten.

Köln mit Hohenzollernbrücke im Jahr 1951. Die berühmte Stadtsilhouette ist nicht zu denken ohne Rhein und Dom, damals wie heute. Die Schifffahrt auf Deutschlands mächtigstem Strom gehört(e) zum Lebensnerv der westdeutschen Wirtschaft.

Trotz größter wirtschaftlicher Anstrengungen blieben hier und dort während der 50er-Jahre jedoch noch Trümmergrundstücke in den Innenstädten sichtbar – im Osten Deutschlands wesentlich mehr und länger als im Westen. Andererseits begann man durch allmähliche Sanierungs- und Modernisierungsmaßnahmen gegen Ende des Jahrzehnts in älteren Wohngebieten erhaltenswerte Substanz zu sanieren.

In der DDR stand beim Wiederaufbau der Großstädte nach den »Sechzehn Grundsätzen des Städtebaus« von 1950 Repräsentanz im Vordergrund: Gebaut wurden nach sowjetischem Vorbild Magistralen und zentrale Aufmarschplätze, Verwaltungs- und Kulturhäuser. Baumaterialmangel führte zu zunehmendem Verlust der Altbausubstanz. Später bestimmte die Standardisierung den Städtebau. Es entstanden in kurzer Zeit Trabantenstädte mit großen Wohnkomplexen in Plattenbauweise.

Das Stadtschloss, zerstört bis auf die Grundmauern, wurde 1959 abgerissen. Potsdam war im Zweiten Weltkrieg, wie viele andere deutsche Städte auch, stark in Mitleidenschaft gezogen worden. Die verantwortlichen Politiker in der DDR entschlossen sich generell eher für den Abriss als für einen kostspieligen Wiederaufbau – unter Protest der Bevölkerung.

Zu den Schmuckstücken von Elbflorenz, wie Dresden auch gern genannt wird, gehört das Schloss mit seiner Hofkirche. Nur wenige Wochen vor dem Ende des Zweiten Weltkriegs, am 13. und 14. Februar 1945, flogen amerikanische und britische Bomber mehrere Angriffe auf Dresden und zerstörten die Stadt nahezu vollständig. Die berühmten Bauwerke – wie Semperoper, der Zwinger und die Frauenkirche – brannten aus und wurden später wieder aufgebaut.

Braunschweig. Im Zweiten Weltkrieg wurden 90 Prozent der Innenstadt zerstört; 60 Prozent der öffentlichen Gebäude und 50 Prozent der Industrieanlagen. In der Neustadt bestimmten Behelfsbauten Anfang der 50er-Jahre noch das Stadtbild. Das Grün hat bereits einige Flecken zurückerobert. Man sieht hinten den Hagenmarkt mit der Katharinenkirche. Je nach dem Grad der Zerstörung kam der Wiederaufbau in einigen Städten nur mehr oder weniger schnell voran.

Der Berliner Volksmund nannte das exzeptionelle Gebäude Schwangere Auster. Die Kongresshalle im Tiergarten wurde 1957 von dem US-Architekten Hugh Stubbins gebaut. Ein neues Konstruktionsprinzip machte Furore: Zwei Bögen mit 100 Metern Spannweite schwingen von einer gemeinsamen Basis nach außen. 1980 stürzte der vordere Randbogen ein. Mit leichten Abweichungen wurde das Gebäude wieder restauriert.

Das Wuppertaler Kaufhaus Defaka (Deutsches Familien Kaufhaus) verzauberte seine Kunden 1956 mit üppiger Weihnachtsdekoration. Die Fassade und das Gebäude selbst im Herzen der Stadt repräsentierten die typische, eher schmucklose Zweck-Architektur der 50er-Jahre, wie man sie auch in anderen Großstädten findet: Schnell und günstig musste gebaut werden.

Am Bochumer Hauptbahnhof. Die Stadt im Ruhrgebiet ist aufgrund ihrer zentralen Lage ein wichtiger Verkehrsknotenpunkt für die Region. Viele Eisenbahnlinien durchziehen das Stadtgebiet.

Leipzig bei Nacht 1957. Leuchtreklame erhellt die Straßen der Innenstadt von Goethes einstigem Klein-Paris.

Messezeit in Leipzig. Aus einem Jahrmarkt entwickelte sich die Messe. Die sächsische Metropole zählt zu den ältesten Messestandorten der Welt: 1497 wurde ihr das Reichsmesseprivileg verliehen. In den Nachkriegsjahren beschränkte sich die Messe zunächst auf den Kleinhandel, entwickelte sich aber allmählich zu einer wichtigen Drehscheibe im Ost-West-Handel. 1954 stellten auf über 230 000 Quadratmetern 9 000 Aussteller ihre Produkte vor. Allein 1 100 Aussteller waren aus Westdeutschland angereist. Neben der Buchmesse finden jährlich heute 30 Fachmessen (Bauen und Wohnen, Mobilität, Umwelt und Gesundheit, Medien und Telekommunikation usw.) statt.

Aufbruch zum Sonntagsausflug: Die stolzen Ford-M-12-Besitzer brechen mit Bello zu einer sonntäglichen Spritztour auf. Es war eines der Automodelle, die das in deutschen Landen und vor allem in vielen kleineren Städten wie Dörfern noch weit verbreitete, holprige Kopfsteinpflaster ein wenig abfederten.

Möbel
Kenzler
SV 70-07

Straßenbahn in Hagen. Anfang der 50er-Jahre gab es am Hagener Markt noch einige Trümmergrundstücke und noch war die Motorisierung der Bevölkerung in Ost und West nicht weit fortgeschritten. Die Straßenbahn – ältere Menschen sprachen immer noch von der Elektrischen, in anderen Regionen Deutschlands hieß sie Tram – gehörte in vielen Städten zu den wichtigsten Transportmitteln des öffentlichen Nahverkehrs. Sie war aus dem Straßenbild nicht wegzudenken. Später wurden immer mehr Linien wegen der starren Trassenführung gegen den Widerstand vieler Straßenbahnfreunde eingestellt und durch Busse ersetzt bzw. dem aufkommenden Individualverkehr geopfert.

Busfahrer und -schaffner warten noch auf Fahrgäste vor dem Bahnhof in Wuppertal-Oberbarmen (1950). Der Bus gehörte im städtischen wie ländlichen Nahverkehr neben der Straßenbahn zum wichtigsten Transportmittel für weite Teile der Bevölkerung. In der Regel gab es neben dem Fahrer einen Schaffner oder auch Schaffnerin, die Fahrkarten verkauften. Schwarzfahren war so gut wie nicht möglich.

Heidelberg: Der Augenschein täuscht. So dicht war der Verkehr noch nicht. Die Eisenbahnschranke mitten in der Stadt hat sich gerade geöffnet. Langsam bewegt sich der Verkehr vorwärts.

Die Siegessäule im Berliner Tiergarten 1954. Die vergoldete Figur der Viktoria (im Volksmund »Goldelse« genannt) strahlt schon wieder in ihrem alten Glanz. Eigentlich ein Denkmal zur Erinnerung an einen gewonnenen Krieg. Nach dem Sieg gegen Frankreich (1870/71) wurde der Grundstein gelegt. Johann Friedrich Drake schuf die 8,30 Meter hohe und 35 Tonnen schwere Siegesgöttin Viktoria nach dem Modell seiner Tochter Margarethe. Die Gesamthöhe der Säule beträgt 68 Meter. In 53 Meter Höhe befindet sich eine über 285 Stufen zu erreichende Plattform.

An den Sankt-Pauli-Landungsbrücken zwischen Niederhafen und Fischmarkt 1951. Von den Landungsbrücken geht der gesamte Personenverkehr im Hafen aus, insbesondere fahren Schiffe in Richtung Unterelbe. Das Abfertigungsgebäude mit seinen Kuppeln, Türmen und Durchgängen zu den Schiffsanlegern wurde Anfang des 20. Jahrhunderts aus Tuffstein errichtet. Von hier geht auch der 1911 eröffnete, 450 Meter lange Elbtunnel für Fußgänger und Fahrzeuge nach Steinwerder ab. Er liegt 21 Meter unter dem Spiegel der Elbe. Den ersten Flusstunnel Europas feierte man bei seiner Eröffnung als technische Sensation. Seit 2003 stehen der Tunnel und das Abfertigungsgebäude unter Denkmalschutz.

Ein Blick über den beschaulichen Marktplatz mit seinen historischen Fassaden der Kurstadt Bad Kissingen, die für ihre sieben Heilquellen bekannt ist. Mitte der 50er-Jahre waren die Gästezahlen der Vorkriegszeit wieder erreicht. Und in weiser Voraussicht begann man mit dem Ausbau einer Umgehungsstraße zur allmählichen Entlastung des Verkehrs in der Stadt.

Wernigerode 1956: »Die bunte Stadt am Harz« (Hermann Löns). Der am Nordostrand des Harzes, am Fuße des Brockens gelegene Luftkurort zeichnet sich durch eine Vielzahl malerischer Fachwerkhäuser aus. Das Stadtbild ist heute ein Musterbeispiel für gut erhaltene historische Bausubstanz.

Schöner wohnen

Einfach, praktisch, gut und die neue Form

Ein Dach über dem Kopf und das Notwendigste zur Lebenssicherung waren in den schweren Nachkriegsjahren vorrangig. So knüpfte man auch bei der Wohnungseinrichtung zunächst an das Altbewährte an. Man wollte sich erst einmal wieder wohlfühlen.

Die Gebrauchsgüter, die bei den meisten abhanden gekommen waren, mussten neu angeschafft werden. Wer es sich vor dem am Horizont des Jahrzehnts aufscheinenden Wohlstand im Westen bereits leisten konnte, hielt schon mal eher Ausschau nach exzeptionellem Geschirr.

Dem Streben nach Harmonie und nach Neuem entsprach zum Beispiel die Form des Nierentischs: ohne Ecken, asymmetrisch geformt, mit resopalbeschichteter Oberfläche und schräg nach unten ausgestellten, dünnen Beinen.

Die meisten Wohnzimmer waren jedoch biedermeierlich eingerichtet: Sie dokumentierten den Wunsch nach Behaglichkeit und Gemütlichkeit. Es war das private Rückzugsrefugium, abgeschottet von der rauen Außenwelt am Arbeitsplatz oder den unwirtlichen Städten. Es war der Ort, an dem man auch die Vergangenheit Vergangenheit sein lassen wollte.

Doch etwas Modernität sollte in den eigenen vier Wänden auch Platz finden. Der Cocktailsessel kam gerade recht für die neuen kleinen Wohnzimmer, in denen Opas schwerer Ohrensessel keinen Platz mehr fand. Auch in die Küchen war Modernität eingezogen: Das alles Beherrschende war nun das Funktionale, und elektrische Hilfsgeräte bevölkerten nach und nach die Küchen.

Die Funktionalität eroberte die Formen, setzte sich nun endgültig durch, nachdem Künstler und Handwerker um das »Bauhaus« bereits in den zwanziger Jahren damit begonnen hatten, Formen auf ihre Nützlichkeit und Praktikabilität hin zu überdenken und Gegenstände zum Teil neu zu gestalten.

Die Entwicklung der Moderne war durch die Nazi-Zeit unterbrochen worden, viele deutsche Designer waren emigriert, und es mussten erst wieder Anknüpfungspunkte an die Zeit- und Modeströmungen der Welt gefunden werden. Doch dies gelang erstaunlich rasch, auch wenn es augenscheinlich in der klischierten Retrospektive nicht so erscheinen mag: Jenseits von Nierentisch und Tütenlampe standen sich Tradition und Moderne in manchen Haushalten gegenüber und lösten sich mit der Zeit ab.

Lässig und beschwingt zeigt Grete Weiser, ein Filmstar der Zeit, in einer Werbeanzeige für Rosenthal, wie man mit dem allerneuesten feuerfesten Kochgeschirr leckere Speisen zubereiten kann. Ihrem Image der patenten Hausfrau entspricht dies.

Eine neue, moderne Linie: Eine Vase mit dem Namen »Schwangere Luise«, von Fritz Heidenreich für das Haus Rosenthal entworfen, zeigt in ihren asymmetrischen Formen – lang, schlank, in Kombination mit runden Bäuchen – ein avantgardistisches, aber auch zeitloses Design. Das Spiel mit den widersprüchlichen Formen stellt sich gegen den Wunsch nach herkömmlicher Harmonie und bildet eine eigene, selbstbewusste Ästhetik.

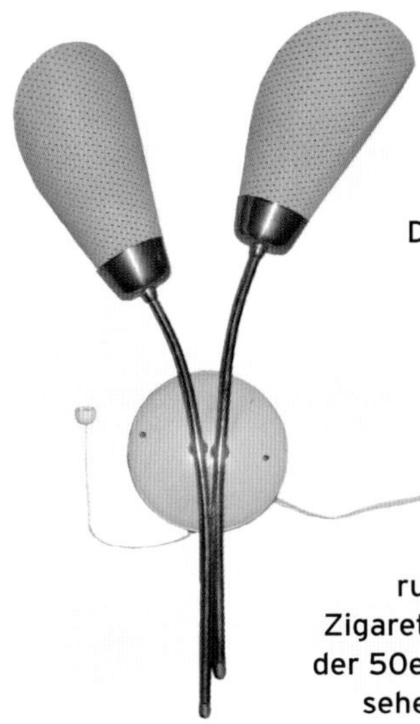

Im Gegensatz dazu bilden die beliebten Lampenschirme in Tütenform – hier eine typische Wand-Doppeltüte – einen kuriosen Kontrast. Die Tütenform wurde auch auf Steh- und Deckenlampen angewendet.

Gemütliche Herrenrunde bei Bier, Schnaps und Zigaretten im Wohnzimmer Ende der 50er-Jahre. Telefon und Fernseher haben bereits in einigen Haushalten Einzug gehalten.

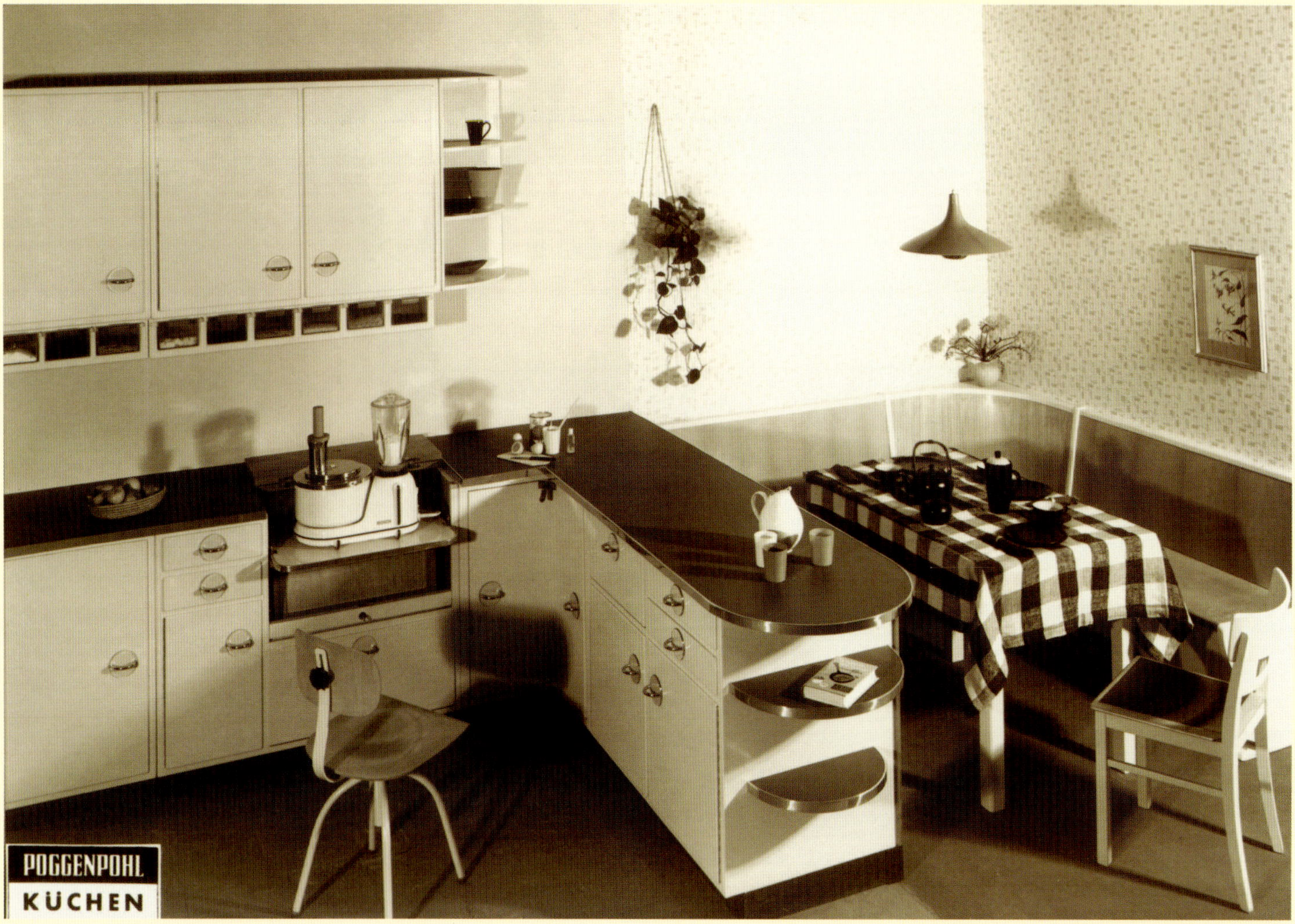

Die neue Wohnküche, funktional und pflegeleicht. Der Sitzbereich, der hier noch Platz findet und durch eine Anrichte abgetrennt wird, verschwindet später aus der Küche, die auf ihre Funktionalität reduziert wird. Heute erlebt die Wohnküche eine Renaissance.

Die gute Stube: Glücklich konnte sich der schätzen, der sich schon so einrichten konnte. Der wirtschaftliche Aufschwung ermöglichte es den stolzen Besitzern eines Fernsehapparates, sich im Cocktailsessel zu entspannen – auch wenn es erst ein Programm gab.

Das war neu! Eine vollautomatische Waschmaschine erledigt die mühselige Arbeit der Hausfrau. Es wird nur noch das Waschprogramm gewählt; während des Waschgangs kann die Familie ausgehen. Damals dachte man noch nicht an die Bedingungen im Kleingedruckten einer Hausratversicherung …

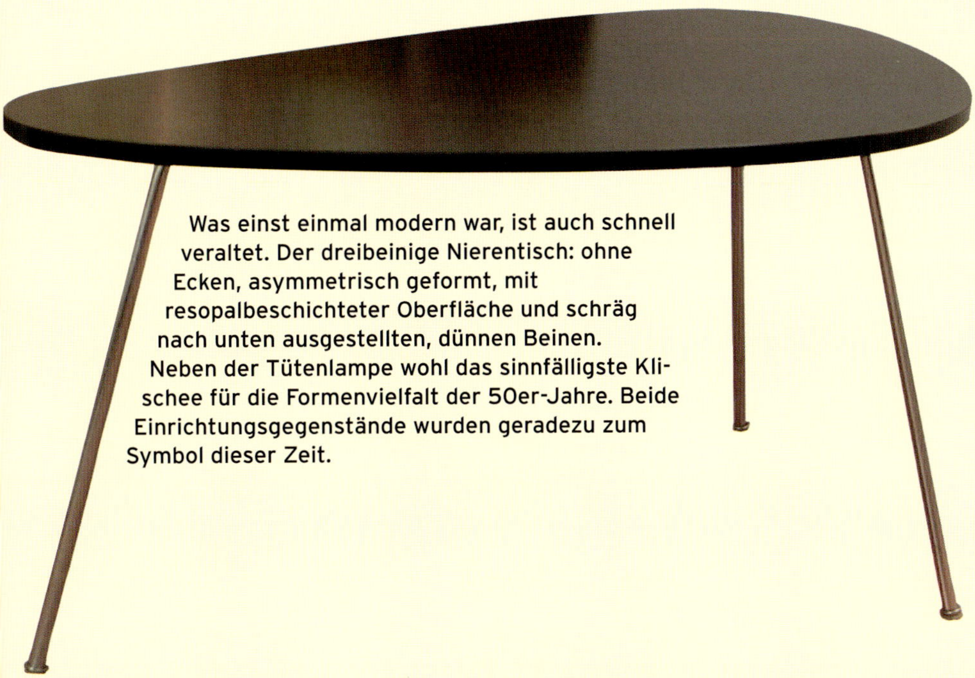

Was einst einmal modern war, ist auch schnell veraltet. Der dreibeinige Nierentisch: ohne Ecken, asymmetrisch geformt, mit resopalbeschichteter Oberfläche und schräg nach unten ausgestellten, dünnen Beinen. Neben der Tütenlampe wohl das sinnfälligste Klischee für die Formenvielfalt der 50er-Jahre. Beide Einrichtungsgegenstände wurden geradezu zum Symbol dieser Zeit.

Entspannen solitär. Neben den traditionellen Formen gingen einige Möbeldesigner wie Charles und Ray Eames 1956 schon weit voraus. Sie entwarfen diesen Schalensessel – Lounge Chair, der heute als ein Klassiker der Moderne gilt. Er setzt sich aus mehreren Einzelteilen zusammen: Die Schale ist aus gebogenem Schichtholz, das Untergestell aus Aluminium, das Polster mit Leder bezogen.

Ob geblümt oder einfarbig, manchmal auch mit seitlichen Armlehnen: der ideale Sessel für kleine Wohnzimmer. Der Cocktailsessel war typischer Bestandteil einer Wohnzimmer-Sitzgruppe, zu der auch der Couchtisch gehörte.

Bequem arbeiten. Der filigrane Stuhl von Charles und Ray Eames aus dem Jahr 1951 findet auch heute noch seinen Platz in Wohnräumen, am Essplatz oder aber in Büros. Der Stahl verleiht dem Stuhl außerordentliche Leichtigkeit. Die Polsterflächen sind auf das Notwendigste reduziert. Dieser Stuhlentwurf war nach Ansicht von Charles Eames aufgrund des Materials ideal für die Massenproduktion.

Praktisch in der Küche. Eine bequeme Mischung aus Sessel und Stuhl bildete der mit Plastik bezogene Stuhl. Ideal für die Küche, da abwaschbar. Bei längerem Sitzen drohte man jedoch auf der Plastikfläche festzukleben.

Der kleine Helfer in der Küche. Lange, bevor man geschnittenes Brot im Supermarkt kaufen konnte, gab es die mit Kurbel zu betreibenden mechanischen Brotschneidemaschinen in fast jeder Küche. Später wurden Sie durch elektrische Brotmaschinen ersetzt.

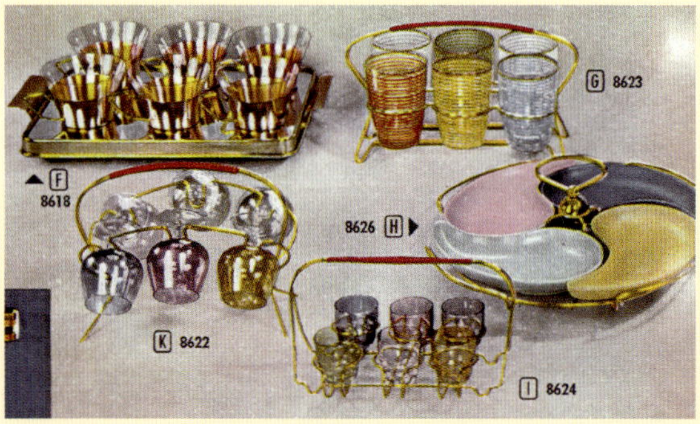

Ein typisches Zubehör der 50er-Jahre. Oft wurde es zu Weihnachten oder anderen Anlässen verschenkt: Schnaps- oder andere Gläser auf dazu passendem kleinen Tablett oder in einer hübsch geformten Haltevorrichtung, welche die Aufbewahrung der Gläser im Schrank erleichtern sollte. Ein Griff – und schon standen gleich drei bis sechs Gläser bereit.

Mixer, Knet- und Rührwerk in einem. Elektrische Küchenmaschinen – hier von der Firma Bosch aus dem Jahr 1953 – machten das Backen und Kochen kinderleicht, so suggeriert es zumindest die Werbung. Der Preis war trotz möglicher Ratenzahlung noch stolz. Für den Kauf musste der größte Teil eines Monatslohnes hingeblättert werden.

Ein Geschirr mit »Wespentaille« oder scharfem Knick – schlicht und zeitlos das Kaffeeservice von Rosenthal. Das Design der Form »2000« wurde von Richard Latham und Raymond Loewy 1954 entworfen.
Die grazile, schlanke Form strahlt in ihrer schnörkellosen Ästhetik eine Modernität aus, die man für diese Zeit nicht vermutet hätte. Dieses Geschirr holte man aber nur sonntags oder zu besonderen Anlässen aus dem Geschirrschrank.

Im Kontrast dazu steht das handelsübliche farbige, gemusterte oder gestreifte Alltagsgeschirr, das durch seine mehr bauchigen Formen weniger elegant, sondern eher rustikal und unverwüstlich wirkt.

Vater – Mutter – Kind

Klein- und Großfamilie in Stadt und Land

Ein Spaziergang, meistens ein Vergnügen für Mutter und Kind. Die Karre, aufgrund der kleinen Räder mit Sitzfläche in Bodennähe, macht dem Kind das selbstständige Ein- und Aussteigen leichter. Die Seitenteile dieser Karre waren schon aus Plastik und deshalb pflegeleichter als die schönen, damals noch sehr verbreiteten Korbgeflechte.

Die Erziehung war autoritär. Kann das verwundern? Die Elterngeneration konnte nur auf das zurückgreifen, was sie kannte, selbst erlebt oder erlitten hatte. Ruhe war die erste Bürgerpflicht – also auch zu Haus. Doch unter der Oberfläche der traditionsbewussten bis restaurativen Gesellschaft entwickelte sich ein zukunftsorientierter Optimismus, auch wenn er verständlicherweise stark an die ökonomischen Umstände geknüpft war. Verbunden war er aber mit »Nie wieder Krieg, nie wieder diese Not, dieses Leid« – vergessen und trotzig voran.

Auf dem Land lebten zum großen Teil noch drei Generationen unter einem Dach zusammen. Hier mussten Kinder insbesondere zur Erntezeit bei der Arbeit auf dem Feld mithelfen. Das war eine andere Kindheit als in der Stadt, wo man mangels Kinderspielplätzen auf den noch zahlreich vorhandenen Trümmergrundstücken und in Hinterhöfen auf Entdeckungsreise ging oder auf der Straße spielte. Die Großfamilien lösten sich auch auf dem Land bald auf, das Ideal der Kleinfamilie (ein oder zwei Kinder) verfestigte sich. Das heute bekannte Single-Dasein war noch nicht verbreitet. Ein neuer Hausstand wurde mit der Hochzeit begründet, und der Bund der Ehe wurde – trotz aller Widrigkeiten – noch für ein ganzes Leben geschlossen. Die Scheidungsrate war gering, Scheidung war gesellschaftlich geächtet.

Das vorherrschende Frauenbild im Westen stand noch unter dem Motto: Die Frau gehört an den Herd! Als der Ernährer der Familie galt ausschließlich der Mann. In der DDR gab es ein enges Netz von Kinderkrippen, »um die Heranziehung der Frauen zur gesellschaftlichen schöpferischen Arbeit« zu ermöglichen, wie es in dem entsprechenden Gesetz von 1950 hieß. Die Kinder gingen am Samstag noch zur Schule, und nur an Sonn- oder Feiertagen sowie in den wenigen Urlaubstagen konnte die ganze Familie zusammensein. Das Spielzeug für Kinder war zum großen Teil noch selbst gemacht. Doch bald wurde die Holzeisenbahn von einer elektrischen abgelöst, Puppen und Teddys wurden immer zahlreicher, industrielles Spielzeug eroberte langsam die Kinderzimmer.

Junge Leute beim Aufbruch zu einer Gruppenreise, in ihrem Outfit und Auftreten sehen sie schon sehr erwachsen aus.

Frei nach dem Conny-Froboess-Hit von 1951 »Pack die Badehose ein, nimm Dein kleines Schwesterlein und dann geht es auf zum …«. Der Freizeitlook für Kleinkinder – kurz vor dem Weg ins Schwimmbad oder an den Badestrand: Schwimmreifen, Ball und Eimer – frisch gescheitelt und gekämmt.

Feine Mode für den Buben: bestrickt von Kopf bis Fuß. Up to date im Strickdesign, doch ist die Pluderspielhose für den Jüngsten nicht vielleicht etwas zu fein für die Schaukel? Schuhe und Kniestrümpfe zeigen, man ist wer. Der Sonntagschic zählt mehr als zweckmäßige Spielkleidung. Der Junge hat in Rollenmuster zu passen, brav zu sein, denn Gestricktes ist nicht auf 90 Grad waschbar ...

Püppchen in Rosa darf mit Eimerchen in den Sandkasten; hoffentlich wird das schöne Sonntagskleidchen nicht schmutzig. – So wollte die Werbung der Modeindustrie den Kindermarkt für sich erschließen. Auch wenn diese Bilder aus einem Modekatalog sind, so trafen sie auch die Wunschvorstellungen der Eltern, die ihre Kinder gern so gesehen hätten – zumindest am Sonntag.

Alles für das Kind: Das Baby wird für die Werbung entdeckt – Hygiene hat Vorrang. Wohlig in Tücher gehüllt macht es darauf aufmerksam, dass zum Schutz seiner empfindlichen Haut spezielle Kinder-Creme, -Puder und -Öl erforderlich sind. Eltern wollten auch damals natürlich schon nur das Beste für ihr Kind, und wer kann da schon so einem unschuldigen Gesicht, wie hier auf dem Werbefoto, widerstehen?

Haare waschen – von der Last zur Lust. Wie brannte doch der Schaum in den Augen. Die Mutter, gekleidet wie eine Waschfrau, hat größten Spaß mit dem neuen Haarshampoo für die Kleinen. Kein Geschrei, nur Badespaß, meint die Werbung.

Kindheit in einem niedersächsischen Dorf. Achtung, ihr werdet jetzt fotografiert! Die Kindheit auf dem Land war überwiegend noch geprägt von der Mithilfe im Haushalt, auf dem Hof und auf dem Feld. Die Älteren mussten auf ihre jüngeren Geschwister aufpassen, wenn die Mutter dringend bei der Feld- oder Hofarbeit gebraucht wurde.

Das obligatorische Foto für das Familienalbum: Erste Stehversuche des begeisterten Nachwuchs im Kinderwagen der Oberklasse. Das Vehikel ist tief genug, um Schutz zu bieten. Ein kleines Zaumzeug, mit dem das Kind am Wagen befestigt ist, soll zusätzlich ein Herausfallen verhindern. Der Vater fehlt, er fotografierte, wie auf jedem Spaziergang. Denn der Fotoapparat, inzwischen für jedermann erschwinglich, war immer dabei. Man sprach noch nicht so sehr von einem Hobby oder von Fotokunst, sondern man wollte das Familienglück knipsen.

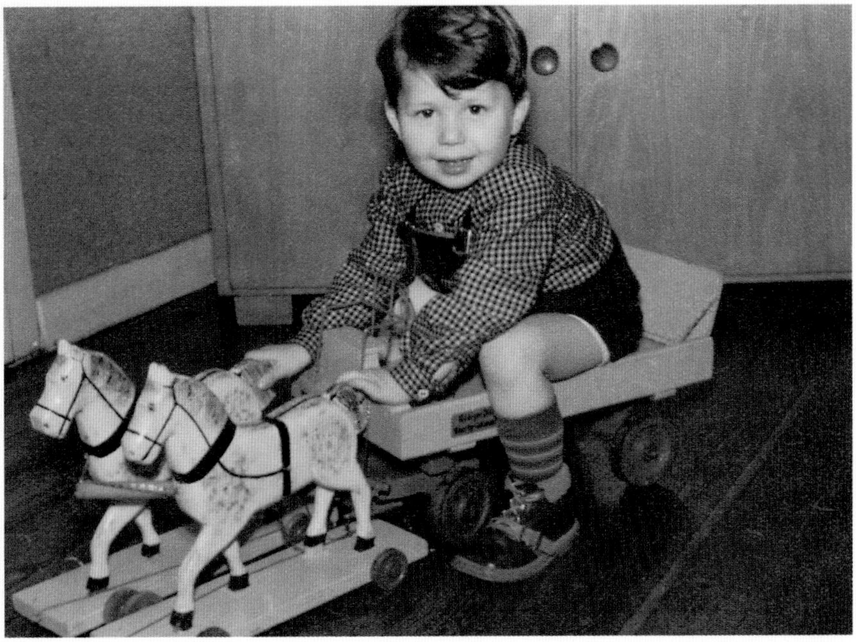

Kindheit in der Stadt: Stolz fahren zwei Schwestern im gleichen Perlonkleid ihren Puppenwagen beim Sonntagsspaziergang durch die Straßen. Sie üben für ihre spätere Rolle ...

Holzspielzeug – was sonst. Und es ist noch kein Auto, kein Traktor oder Bagger, sondern ein Pferdefuhrwerk, auf dem der kleine Junge fröhlich durch die Zweizimmerwohnung rollt. Endlich ist er ein Kutscher, die Pferde werden am Schweif gelenkt.

Welch eine Attraktion. Der Nachbar hat ein nicht alltägliches Auto! Die Nachricht hat sich in der Straße schnell herumgesprochen. Vor allem die Kinder bestaunen das Vehikel, einen DKW aus der Vorkriegszeit.

Weihnachten 1958: Die Großmutter versammelt ihre Enkelschar um sich. Der geschmückte Baum und der Gabentisch waren in vielen Familien noch bescheiden. Im Vordergrund stand das Familienfest. An mindestens einem der Feiertage traf sich die gesamte Familie unter dem Weihnachtsbaum. Für die Kinder war es ein besonderes Ereignis, denn Cousins und Cousinen, die man während des übrigen Jahres nicht so häufig sah, trafen sich und waren willkommene Spielkameraden, wenn der Altersunterschied nicht allzu groß war.

Tretroller-Bande: Die Lederhosen-Halbstarken machen seit geraumer Zeit die Gegend unsicher. Noch war es ungefährlich, über die Straßen in der Kleinstadt zu rollen. Es war der erste Rausch von Geschwindigkeit, dann kam das Fahrrad, später das Moped oder Motorrad, dann das Auto. Der Tretroller mit Luftbereifung und Stahlrohrrahmen war nach dem Holzroller der Hit für Kinder, die noch kein Zweirad hatten.

Der Bollerwagen war vielfach für Kleintransporte einsetzbar und darüber hinaus ein beliebtes Transportmittel für Kinder und ihr Spielzeug. Darin saßen der kleine Bruder oder die kleine Schwester vergnügt und ließen sich von den älteren Geschwistern oder von den Erwachsenen durch die Gegend ziehen. Manchmal wurde auch der Hund davorgespannt. Heute sind Bollerwagen – nicht nur auf den autofreien Ostfriesischen Inseln – immer noch oder wieder neu beliebt als Transportmittel für Familien beim Wandern oder Spielen.

Hey, kleiner Fratz auf dem Kinderrad, mit Hilfe der Stützräder hältst du die Balance ... Nicht selten gab es Streit um dieses beliebte Gefährt. Der Stolz eines kleinen Kindes ist unermesslich, wenn die ersten selbstständigen Fahrversuche gelingen.

An einem schönen Sonntag im Winter macht die ganze Familie einen Spaziergang durch die grüne Lunge der Stadt. Der neue Fotoapparat wird stolz auf der Brust getragen. Noch macht Vati das Foto für das Familienalbum, bald wird er Konkurenz bekommen.

Nicht nur Kinder spielten gerne mit dem aus Dänemark stammenden Lego (lateinisch: ich sammle, ich setze zusammen), das seit Mitte der 50er-Jahre in seiner heutigen Fassung auf den Markt kam und seitdem die ganze Welt eroberte. Das Angebot der Bausteine und Bauteile – zunächst aus Holz, später aus Plastik – wurde im Laufe der Jahre immer vielfältiger. Das Lego-Stecksystem erlaubt ungezählte Kombinationsmöglichkeiten der Steine, ideal für Kinder wie den kleinen Jungen, der tief ins Spiel versunken ist. Lego wurde zu einem »Spielzeug des Jahrhunderts«, das in jedes Kinderzimmer gehörte.

Schöne bunte Warenwelt

Coca-Cola, Emailleschilder und Plakate

Der Versandhandel am Beginn seines Siegeszuges: 1950/51 begann der Otto-Versand mit einem Katalog in kleiner Auflage um Kunden zu werben. In 300 hand- und kordelgebundenen Exemplaren mit eingeklebten Fotos stellte man man die Produkte vor. Die Aufmachung und Machart dieses Katalogs ist noch sehr einfach. Eine Schnur hält die losen, gelochten Seiten zusammen. Der Umschlag verbirgt das Warenangebot.

Man sah noch wenig Werbung in Farbe, wenn, dann auf Emailleschildern. Die Zeitungspapierqualität war für einen Mehrfarbdruck noch nicht ausreichend. Auch wurden noch wenige Fotos in Anzeigen verwendet. Die Farbfotografie steckte noch in den Anfängen wie die dafür notwendigen Repro-Techniken. Deshalb ist vor allem noch die Werbegrafik für das immer vielfältiger werdende Warenangebot zu sehen.

Neben einigen großen Warenhäusern in den Großstädten gab es vor allem noch sehr viele kleine Läden: Bäcker, Metzger, Milch- und Käsehändler, Kurzwarengeschäfte, Schreibwaren- oder Lebensmittelläden gab es neben zahlreichen Handwerksbetrieben wie Schuster oder Schreiner in jedem Wohnviertel und in jedem größeren Dorf.

Von den kleinen Lebensmittel- oder Gemüsehändlern spricht man heute gern nostalgisch als »Tante-Emma-Läden«. Die Kunden waren im Allgemeinen in diesen Läden mit Namen bekannt: Es waren die »Informationsbörsen« des Viertels. Genüsslicher Tratsch und Klatsch über Nachbarn und deren Schicksal gehörten beim Einkauf, für den man sich Zeit ließ und in der Woche auch mehrmals tätigte, einfach dazu. Auch konnten Kinder schnell noch einmal zum »Kaufmann« an der Ecke geschickt werden, um ein paar Eier oder Brot zu besorgen, das man beim Einkauf vergessen hatte. Selbstbedienung, oder Supermarkt waren noch nicht einmal vom Begriff her bekannt. Diese Konsumrevolution, die aus Amerika nach Europa kam, setzte sich erst in den 60er-Jahren durch.

Im Kommen war aber bereits der Versandhandel. Die Kataloge der führenden Versandhäuser wie Quelle, Otto oder Neckermann boten neben Wäsche vor allem Bekleidung, später elektronische Haushaltsgeräte und Möbel an.

Auffällig ist, dass sich die Preise für Haushaltsgeräte in über 50 Jahren kaum verändert haben. Verändert hat sich dagegen die Kaufkraft! Für einen Normalverdiener war die Anschaffung einer Waschmaschine oder eines Kühlschranks damals eine sehr große Investition: Die Preise waren im Verhältnis zu seinem Monatslohn sehr hoch.

Wie die Arbeitnehmer in den letzten 50 Jahren an der rasanten wirtschaftlichen Entwicklung teilgenommen haben, zeigen folgende Brutto-Durchschnittswerte (für das frühere Bundesgebiet): 1950 arbeitete ein Industriearbeiter 49,5 Stunden in der Woche für einen Stundensatz von DM 1,42 (DM 70 in der Woche oder DM 304 im Monat). Im Jahr 1999 arbeitete er 37,9 Stunden für einen Stundenlohn von DM 28,99 (DM 1101 in der Woche oder DM 4784 im Monat). Demnach hat sich seit 1950 der Stundensatz auf das Zwanzigfache erhöht und die wöchentliche effektive Arbeitszeit um fast ein Viertel reduziert.

Ein Waschmittel erfüllt Träume: Reinheit, Unschuld und Eleganz. Die Persil-Werbung aus dem Jahr 1955 verspricht schon mehr als nur ein Produkt. Der profane Waschgang wird zu einem Versprechen. Wie eine Fee aus dem Himmelreich, von leuchtenden Sternen umgeben, führt die junge Frau in ihrem schulterfreien Kleid und mit weißen Handschuhen das Resultat vor.

Der hilfreiche kleine Junge auf dem Staubsauger verrät das Erfolgsrezept: »Mutti macht's mit Miele«. – Bevor der Staubsauger angeschafft worden war, musste der Wohnzimmerteppich im Hof über der Stange ausgeklopft werden – beliebt bei Jugendlichen, die sich damit ein paar Groschen verdienten.

Farbige Emailleschilder waren an vielen Hauswänden angebracht. Ihre Botschaft war – wie hier bei der Zigarettenwerbung – eindeutig und verzichtete noch auf weitergehende Assoziationen. Der Markenname, eine Zigarette und die Aufforderung »bitte« genügten.

Die frohe Botschaft zu Weihnachten für die geplagte Hausfrau: ein Staubsauger – ein Geschenk des fürsorglichen Mannes, der sich aus einem großen Angebot das richtige Gerät aussuchen kann. Der Bedarf an Haushaltsgeräten war zu jener Zeit noch lange nicht gedeckt. Möglichkeiten zur Ratenzahlungen kurbelten den Absatz zusätzlich an.

Hurra, hurra, ein elektrischer Kühlschrank ist da – eine Freude für die ganze Familie. Das war noch keine Selbstverständlichkeit in allen Haushalten. Deshalb freuten sich Kinder besonders: Ein kleines integriertes Gefrierfach half nun auch beim Herstellen von Speiseeis. Die Form und die Aufteilung des Innenraums haben sich bis heute nicht wesentlich verändert.

Im Juni 1948 begannen die 50er-Jahre. Am Sonntag, dem 21., dem Tag der Währungsreform, erhielt jeder Bewohner der drei Westzonen für 60 Reichsmark 40 Deutsche Mark (im August noch einmal 20 DM). Und am nächsten Tag begann das erste Wirtschaftswunder: Die Auslagen in den Schaufenstern der Geschäfte waren gefüllt, das Bezugskartensystem vorbei. Betriebe erhielten für jeden Beschäftigten 60 DM; Löhne, Gehälter, Pensionen, Renten, Mieten und Pachtzinsen wurden im Verhältnis 1:1 umgestellt.

Am 23. Juni 1948 zog die sowjetische Verwaltung der Ostzone mit einer eigenen Währungsreform nach. Als die DM-Währung auch in den Westsektoren Berlins eingeführt wurde, begannen am 24. Juni die Sowjets mit der Blockade Berlins. Die Währungsreformen vertieften die Spaltung der beiden Zonen. Folge war 1949 die Gründung der beiden deutschen Staaten: im Mai der Bundesrepublik Deutschland, im Oktober der Deutschen Demokratischen Republik. – Beide Abbildungen zeigen Geldscheine der westlichen D-Mark, die über fünf Jahrzehnte eine der stabilsten Währungen der Welt war. Nur manche Motive auf Geldscheinen und Münzen änderten sich.

Die Warenwelt wurde nicht nur bunter und vielfältiger, sondern auch internationaler. Die 3-oder 4-Gang-Nabenschaltung vom englischen Traditionshersteller Sturmey Archer war für den sportlichen Radfahrer zu haben sowie das Kaugummi, Bubble Gum für die, die auch so lässig sein wollten wie James Dean und andere Hollywoodstars oder Rock 'n' Roller. Coca-Cola hatte den deutschen Markt auch erobert.

Zum Backen, Braten und aufs Brot – Butter gab's nur am Sonntag. Und ein Kindervers weiß: »Ei-ei-ei Sanella kommt auf den Teller – ist die Sanella ranzig, kommt sie in den Keller – kaum ist die Türe zu, hat Sanella keine Ruh', denn die Mäuschen beißen zu.«

1952: Puder aus der Dose. – Der 8x4 Körperpuder in einer aufwändigen wie stabilen, aber schweren Dosenverpackung half, zu jeder Zeit, an jedem Ort, auch nach einem langen Arbeitstag noch frisch zu duften.

Man sah es nicht gern, dieses ewige Kauen. Selbst beim Sprechen wurde das Kaugummi mal links-, mal rechtsherum im Mund bewegt und dann gar noch vor den Mund geschoben und zu einer großen Blase geformt, bis sie mit einem Knall platzte. Nicht selten wurde der Rest unter Schulbänke und Kinositze geklebt.

Nicht nur bei schlechtem Wetter und zur Vorbeugung von Erkältungen schmeckten die Salmiakpastillen. Man klebte sie mit ein wenig Spucke auf den Handrücken und schleckte sie dann genüsslich ab.

An vielen Orten fand man ihn – den Coca-Cola-Automaten: im Vereinsheim, am Bahnhof oder anderswo. Das süße, koffeinhaltige Erfrischungsgetränk aus den USA war auch bald bei allen Familienmitgliedern sehr beliebt: »Mach mal Pause, trink Coca-Cola – auch zu Hause«, hieß der Slogan 1955.

Eine Fleurop-Werbung von 1956. Sag es durch die Blume in der ganzen Welt. Der Fleurop-Dienst macht es möglich, Blumen dorthin zu schicken, wo man selbst gerade nicht sein kann. Das Blütenmotiv war offensichtlich sehr beliebt und symbolisierte den Optimismus dieser Zeit.

Ein Kühlschrank, gefüllt bis zum Rand mit Lebensmitteln, im Stempel einer großen Blüte. Eine Werbung, die beruhigte. Waren doch die Zeiten des Krieges mit all seinen Begleiterscheinungen wie großem Hunger noch nicht vergessen. Die Vielfalt der nun käuflichen Lebensmittel war nicht mit denen der Vergangenheit vergleichbar.

Vom Zweirad zum Automobil

Vespa, Käfer und Wartburg

Im September 1952 überquerten Fußgänger zum ersten Mal einen Zebrastreifen, und zwei Jahre später mussten Autofahrer zum ersten Mal, wenn sie in der Innenstadt von Duisburg parken wollten, Geld in einen »Parkographen« werfen. Augenscheinlich hatte sich einiges seit der neuen Währung (1948) im Straßenbild verändert: Die Nachkriegsgesellschaft hatte sich motorisiert.

Auf allen Wegen und an allen Ecken knatterte es: Mopeds, Motorroller und Motorräder lärmten. Doch neben kleineren Lieferfahrzeugen wie dem Goliath- und Tempo-Dreirad beherrschten vor allem Lkws den Straßenverkehr. Von den 1951 zugelassenen 2 583 781 Kraftfahrzeugen waren nur 715 904 Pkws. Zehn Jahre später hatte sich das Verhältnis bereits umgekehrt: 5 342 940 Pkws, 3 482 425 Lkws.

Ab 1955 wurde in der Bundesrepublik der Bau der Autobahnen fortgesetzt; ab Juli 1957 war in geschlossenen Ortschaften die Höchstgeschwindigkeit von 50 Stundenkilometern vorgeschrieben. Mit den so genannten Zonenkennzeichen – weiße Schrift auf schwarzem Grund – konnte man noch bis 1958 fahren.

Ein Auto konnte sich noch nicht jedermann ohne weiteres leisten. Für die Anschaffung mussten die Familien lange sparen. Verlockende Finanzierungsangebote der Händler setzten sich erst später durch. Zunächst hieß noch die Devise: Schulden werden keine gemacht.

Der erste Schritt vom motorisierten Zweirad zum eigenen Wagen führte über einen erschwinglichen Klein(st)wagen: »Wer den Tod nicht scheut, fährt Lloyd!«, riefen Lausbuben einem Lloyd LP 300 hinterher. Beliebt waren auch die BMW-Knutschkugeln »Isetta« oder die Kabinenroller von Messerschmidt und Heinkel.

Wer sich schon etwas mehr leisten konnte, fuhr – mit oder ohne Zwischengas – einen robusten VW-Käfer, einen DKW oder Ford Taunus. Zu den Nobelmarken zählten Mercedes, Borgward, BMW oder der Opel Kapitän. Im Arbeiter- und Bauernstaat fuhr man, wenn man nach langjähriger Wartezeit einen zugeteilt bekam, den Kleinwagen P 70, später einen Trabant. Hohe Kader fuhren IFA F 8 oder Wartburg 311.

Für den Privatmann war der eigene Wagen sehr schnell zu einem Statussymbol geworden. Es war das Familienauto. Für einen Zweitwagen für die Gattin oder die erwachsenen Kinder war die Zeit noch nicht reif.

Die westdeutsche Automobilindustrie entwickelte sich sehr schnell zu einem wichtigen und bedeutsamen Wirtschaftsfaktor: Sie war der Motor des Wirtschaftswunders im Westen. Die jährliche Produktion belief sich 1952 in der Bundesrepublik auf 301 000 Pkws und 110 000 Lkws. Deutsche Autos wurden bald auch Exportschlager.

Mit dem Namen Miele verbindet man Haushaltsgeräte: Waschmaschinen, Kühlschränke, Staubsauger, Mixer. – In den 50er-Jahren baute die Firma aus Ostwestfalen auch flotte Mopeds. Der Markt war groß. Nur der wohl als modisch empfundene Begriff »Moped« wurde vermieden: Man nannte die 98-ccm-Maschinen »Motorfahrräder«.

Ein Ausflug im Sommer an den Strand. Die neue Leichtigkeit des Fahrens – der VW als Cabrio. Wer einen fuhr, fuhr nicht lange allein. Doch auf Deutschlands Straßen war er zunächst nur selten zu sehen. Der Markt war für Autos mit derartigen Extras noch nicht vorhanden. Der Käfer sollte nach dem Willen der Wolfsburger Manager ein Wagen für das Volk, für die Familie bleiben – zu erschwinglichen Preisen – und kein Luxusgefährt werden.

Rechte Seite: Heinkel 103 A2, 174 ccm Hubraum, 9,5 PS, Höchstgeschwindigkeit 92 Stundenkilometer (oben links). – NSU-Quickly, Baujahr 1954, 1,4 PS (oben rechts). – NSU-Quickly, Baujahr 1959, 3 PS, Zwei-Gang (unten links). – Vespa, Baujahr 1956, 125 ccm Hubraum, 4,3 PS, Höchstgeschwindigkeit 70 Stundenkilometer (unten rechts). – Bella-Zündapp, Baujahr 1958, 198 ccm Hubraum, 1 Zylinder, 11 PS (ganz unten).

Vespa 125 (oben); Victoria-Super-Luxus, 1. Serie, Baujahr 1959, 49,64 ccm Hubraum, Höchstgeschwindigkeit 40 Stundenkilometer (unten links); Lambretta 1954, 125 ccm Hubraum, Höchstgeschwindigkeit 70 Stundenkilometer (unten rechts).

Ein kleiner Ausschnitt aus der Entwicklung des Mopeds. Der Begriff leitet sich von der Zusammenfassung der Abkürzungen für Motorrad und Veloziped (franz. Fahrrad) ab. In den dreißiger Jahren gab es bereits Herren- und Damenräder mit Sachsmotoren. 1951 stellte dann erneut die Firma Rex ein Fahrrad vor, bei dem am Rahmen ein Motor angebracht werden konnte. Zur gleichen Zeit entwickelte die Firma Kreidler die K 50. Sie galt aber zunächst als Motorrad.

Ein Moped durfte nicht schwerer als 33 Kilogramm sein und war auf 50 ccm Hubraum beschränkt. Dafür durfte es ohne Führerschein gefahren werden, musste aber versichert sein. Aus dieser Frühzeit stammt zum Beispiel die Heinkel Perle. 1956 fiel die Gewichtsbeschränkung, und ein Moped durfte mit einer Höchstgeschwindigkeit von 40 Stundenkilometern gefahren werden. Die Modelle der Hersteller Hercules, Rabeneick, Panther, Miele und Dürkopp liefen alle mit Motoren von Sachs. Die NSU-Quickly und die Puch-MS-50 waren sehr beliebte Maschinen für den Alltag. Kreidler baute dagegen Sportmopeds und entwickelte sogar recht futuristische Modelle.

Ende der 50er-Jahre profitierte der Mopedbau von der Absatzschwäche der schweren

Nicht ohne Stolz fotografierten die Besitzer von Motorrädern ihr Gefährt – möglichst so aufgestellt und abgelichtet, dass die kraftvolle Maschine gut zur Geltung kam. Damals wie heute waren die Ausflüge auf einem Motorrad ein tolles Erlebnis, verbunden mit Gefühlen von Freiheit und Abenteuer. Die Fahrer und Mitfahrer trugen Lederschutzkleidung. Auf dem Kopf saß eine Lederkappe, ein Riemen lief unter dem Kinn entlang und sorgte für den festen Halt der Kappe. Helmpflicht gab es noch nicht. Für weniger sportliche, eher ängstliche Mit- oder Beifahrer konnte seitlich am Motorrad ein Beiwagen montiert werden, der auch die Mitnahme von Kindern ermöglichte.

Die Begeisterung für Motorräder kennt keine Altersgrenzen: noch nicht aus den Windeln, fühlt sich der kleine Mann ganz groß. Mit Vater und Mutter war er 1952 auf dem Motorrad (im Beiwagen) zu den Großeltern gekommen. Ein Auto konnte sich die Familie noch nicht leisten. Auch das Motorrad war nur geliehen. Der Sohnemann findet aber an der Maschine schon einen großen Gefallen und deutet an: Später, ja später komme ich auf meiner eigenen Maschine angebraust.

Ein Traum wird wahr, wenn auch erst nur für wenige: Eine schicke Opel-Limousine vor traumhaftem Bergpanorama, die Insassen in passender Kleidung in Eintracht mit der Landschaft. Ein Traum wird wahr für die, die nicht in der Nähe der Alpengipfel wohnen. Der individuelle und sehr bequeme Ausflug mit dem Auto machte einen Stopp für Pausen zu jeder Zeit und an jedem Ort möglich.

Der schnittige Karmann-Ghia wurde 1957 um eine Cabriolet-Version ergänzt. Ein luxuriöses Gefährt der Volkswagen-Familie. Entworfen hat das Zweisitzer-Coupé der Italiener Luigi Segre, Chefdesigner der Turiner Firma »Ghia S.p.A.«. Ab Juli 1955 war die leicht verspielte Antithese zum Käfer in Serie gegangen.

Die Firma Glas in Dingolfing, die eigentlich Landmaschinen herstellte, antwortete auf die Herausforderung aus Wolfsburg mit dem Goggomobil. Der häufig bespöttelte Kleinwagen fand aber seine Liebhaber in 68 Ländern. 1967 übernahm BMW das Werk und beendete die Produktion. Heute werden in Dingolfing weltweit begehrte Luxuslimousinen gebaut.

Nicht nur der VW sollte ein preiswertes Automobil für jedermann sein. Die Messerschmitt AG in Augsburg, die eigentlich Flugzeuge baute, antwortete auf die Herausforderung aus Wolfsburg mit dem Kabinenroller. Das häufig bespöttelte Kleinfahrzeug fand aber seine Liebhaber.
Geschlossener Messerschmitt TG 500 Baujahr 1958, 490 ccm Hubraum, 19,9 PS, Stückzahl 320, Preis DM 3 650.

Ein Borgward-Modell: Hansa 1500 Isabella, Baujahr 1955; 4 Zylinder mit 1493 ccm Hubraum. Mit 60 PS kam man auf eine Höchstgeschwindigkeit von 135 Stundenkilometern. Und der Preis: DM 7 275 – der fast zehnfache Monatslohn eines Facharbeiters.

Auf einer schönen Allee im Brandenburgischen: der legendäre F8 – der Vorgänger des Trabant – hier in Cabrio-Ausführung. Das Fahren mit dem Auto wurde mit den besser werdenden Ausführungen auch gleichzeitig über den reinen Zweck der Fortbewegung hinaus immer mehr zum Freizeitvergnügen. Das Autofahren brachte Spaß.

In der Werbung für den Wartburg 311 Cabrio wollte man in der DDR auch nicht auf das entsprechende elegante Ambiente verzichten. Im Eisenacher Motorenwerk wurde ab Dezember 1955 ein völlig neuer Fahrzeugtyp mit einem 3-Zylinder/2-Takt-Motor ausgerüstet. Den Wartburg 311 gab es in elf Modellvarianten und er wurde in 55 Länder exportiert! In den Vereinigten Staaten kostete 1959 das 311 Wartburg Cabrio 2 315 US-Dollar.

Sportliches und Rasantes sollte auch schon in den 50er-Jahren ein Werbeargument für den Autokauf sein. Die Automobilbauer in Eisenach wollten da mit ihren Modellen nicht zurückstecken, und ihre Werbeabteilung sekundierte mit den entsprechenden Prospektbildern wie diesem: Ein Wartburg 313 Sport-Coupé lässt am Strand die Gischt spritzen.

Der Combi, hier ein Wartburg-Combi um 1958, ist neben den Transportmöglichkeiten für Lasten im Alltag auch für Ausflüge mit größerer Familie und Picknickkorb, Campingstuhl und -liege hinreichend geeignet. Frisch geputzt und spiegelnd zeigt er die Bedeutung, das Prestige, das mit dem Besitz eines Autos verbunden wird. Daran hat sich auch heute nichts geändert.

Ein kleiner Junge steht neben dem Wartburg und wartet auf seine Eltern. Er versucht die Ungeduld zu verbergen, bis er endlich ins Auto einsteigen darf. Auch für Kinder war das Autofahren ein besonderes Ereignis. Sie gingen meistens zu Fuß oder fuhren mit dem Fahrrad zur Schule.

Was gibt es für einen Autoliebhaber schöneres, als mit einem Cabrio in den Frühling, in den Süden zu reisen. Opel brachte eine Fülle von Modellvariationen auf den Markt. Das Fahrzeugdesign gewann immer mehr an Bedeutung.

1957 präsentierte Opel den Olympia Rekord P1, von dem innerhalb von drei Jahren 850 000 Stück verkauft wurden.

Mit dem Opel Kapitän 1951 ans Mittelmeer. In den 50er-Jahren wurden dann Jahr für Jahr modernisierte Karosserieformen präsentiert.

Mit dem Olympia-Rekord in die Weinberge. Dieses Auto war eines der Flaggschiffe der Autobauer in Rüsselsheim. 1953 war es der Star der IAA. Besonders geschätzt wurde das großzügige Platzangebot und der geräumige Kofferraum.

Freizeit

Das hat Spaß gemacht

Was für den einen der Blick in die Ferne war – ob von einem Berg aus oder aus einem Fenster – war für den anderen ein Kinobesuch oder das Tanzvergnügen. Für den »Stubenhocker« war es das Lesen oder Basteln. Auch das Kartenspiel in geselliger Runde oder ein Fernsehabend bei Bekannten hat in der knapp bemessenen Freizeit Spaß gemacht. Der Urlaub war auf ein bis zwei Wochen begrenzt und führte noch nicht in die große weite Welt. Begriffe wie »Massentourismus« oder »Freizeitgesellschaft« waren noch unbekannt.

En vogue – war das schick!

Zwischen Cocktailkleid, Petticoat und Strickpullover

Mode ist Inszenierung, sie illustriert die Verbindlichkeit von herrschenden Konventionen. Und sie kommt nicht ohne Vorbilder aus.

Nach dem Ende des Zweiten Weltkriegs standen eher rundliche Formen hoch im Kurs bei Männern wie bei Frauen. Das war ein Reflex auf die entbehrungsreiche Zeit. Ein eher vollschlanker Typ repräsentierte nicht nur Gesundheit, sondern auch einen gewissen Wohlstand. Die italienischen Schauspielerinnen Sophia Loren und Gina Lollobrigida standen für dieses Schönheitsideal. Die Ikone des amerikanischen Films, Marilyn Monroe, hatte übrigens die Konfektionsgröße 42 – ein für diese Zeit durchschnittliches Maß.

Die Damenwelt der beginnenden Wohlstandsgesellschaft verlangte – wenn sie es sich leisten konnte – bald nach mehr, und zwar nach Opulenz und Raffinement, wie sie in Abend- und Cocktailkleidern, später sogar in der Tages- und Bademode, in Dessous und Accessoires zum Ausdruck kamen. Es war der Wunsch nach Eleganz und Vornehmheit.

Modeträume waren aus Samt und Seide, aber auch aus Nylon und Perlon. Ein Petticoat, ein bauschig-weiter Halbrock mit Rüschenstufen, wurde unter schwingenden Röcken getragen und betonte so die Taille.

Die prächtigen Kleider der Haute Couture wurden zum Ideal eines neuen Lebensgefühls. Das, was man in den Modezeitschriften sah, wollte man auch tragen. Schnittmuster halfen den geschickten Händen mancher jungen Frau, sich Kleider nach der neuesten Mode zu schneidern. Nichts wurde weggeworfen, alles konnte wiederverwendet werden, was gerade für Stoffe galt.

Die eigene Erscheinung im neuen Kostüm wurde durch entsprechende Gesten und Verhaltensweisen noch unterstrichen.

Inbegriff der Eleganz der 50er-Jahre war Christian Diors »New Look« mit Wespentaille, Korsagen und weit schwingenden Röcken.

Der Petticoat, mit Rüschen und Spitzen versehen, war unter weiten, schwingenden Röcken nicht wegzudenken. Die neuen Kunststoffe der Textilindustrie wie Nylon und Perlon machten ihn zum Modehit. Er war in verschiedenen Farben, meistens in Pastelltönen, zu haben.

Schuhe in allen Variationen, hier aus dem Otto-Katalog: flach und bequem für die Arbeit, aber trotzdem elegant. Mit etwas dickerem, höherem Absatz für den Nachmittag; der schmale, hohe Absatz für die, die nicht so viel laufen müssen. Dieser Schuh war verantwortlich für den vermeintlich vornehmen Trippel-Gang, wobei sich die Hüften wiegten. Der Farbenvielfalt waren keine Grenzen gesetzt. Die Schuhe sollten farblich zur Kleidung passen.

Modenschau von Christian Dior in der Villa Hügel, Essen, 1953. Er entwarf den »New Look«, der die Damenbekleidung der 50er-Jahre bestimmte. Manche empfanden dies als Pariser Modediktat; doch langsam wurde diese Linie auch von deutschen Modeschöpfern wie Heinz Oestergaard übernommen.

Ein unerschöpfliches Thema: Haare. Frauen konnten sich glücklich schätzen, wenn sie selbst oder mit Hilfe von Freundinnen mit Lockenwicklern umgehen konnten. Der Föhn, die Föhnhaarbürste und Föhnfrisur waren noch nicht bekannt – die Haare waren bei Männern und bei Frauen kurz geschnitten. Die Männer: kurze Seiten, exakt geschnitten, längeres Deckhaar – das war der modische Männer-Haarschnitt. Für Frauen kam der Kurzhaarschnitt in Mode. Halblanges Haar wurde gewellt und zu luftigen Frisuren mittels Lockenwicklern geformt.

Nicht praktisch, aber nützlich und wärmend. Der Muff als Kleidungszubehör für den Winter ist heute fast vergessen. Das Fellkäppchen ist sicherlich schick, aber die Ohren bleiben kalt. Neckisch ....

Ein eleganter Hut sollte selbstverständlich nicht die Frisur verdecken, sondern die gesamte elgante Erscheinung der Dame von Welt unterstreichen. Die Kreativität der Hutmacher war gefordert, denn ...

... ein Hut tut gut bei Sonne und bei Regen. Hier zeigen Modezeitschriften modische Accessoires. Nützlichkeit ist nicht Thema, – sondern Eleganz, Pfiff und Witz, verschiedene Formen und Farben unterstreichen nicht nur die Persönlichkeit, sondern ergänzen auch die Kleidung in individueller Form.

Kittel, Schürzen und Kittelkleider aus dem Versandhaus. Die typische Arbeitskleidung der Hausfrauen. An Vielfalt in Farben, Mustern und Formen nicht zu übertreffen, waren sie in jedem Haushalt zu finden und schonten die gute Kleidung.

P
S
Q
R

Kleider, mal schulterbedeckend, mal schulterfrei, für den sommerlichen Tag oder Nachmittag, für die Freizeit. Ob in Kleid oder Rock, die weiten, saloppen Röcke ermöglichten eine größere Bewegungsfreiheit, betonten aber weiterhin die Figur.

Kleider mach(t)en Leute und Modezeitschriften setz(t)en neue Akzente, mach(t)en Trends – damals wie heute: Vor allem nach den entbehrungsreichen Jahren spiegelte nun auch die Kleidung das gesellschaftliche Bedürfnis nach Veränderung, ja nach Beschwingtheit und Farbenfreude sowie Leichtigkeit wider. Der Fantasie bei Stoffen, Mustern und Schnitten waren damals wahrlich keine Grenzen mehr gesetzt. (Fast) alles war erlaubt, wenn es gefiel! Die in einigen Zeitschriften angebotenen Schnittmuster inszenierten die schönsten Modeträume, die sich viele Frauen mit der eigenen Nähmaschine selbst verwirklichen konnten: Selbst war die Frau – als Modeschöpferin.

Gestylt von Kopf bis Fuß: Hüte, Schuhe, Schleifen und Täschchen – passende Accessoires für die Frau. Ob elegant oder sportlich, die Modezeitschriften boten für jede Frau zu jeder Jahreszeit und zu jedem Anlass vielfältige Anregungen.

Die bunten Faschingskostüme setzten nicht so sehr auf Fantasie, sondern spiegelten eher Wünsche nach ferneren Welten wider: der Gondoliere aus Venedig, der Scheich aus dem Orient, Strandkleidung, Hausfrau, elegante Dame, Pippi Langstrumpf, kurze Röckchen ...

Hut und Handschuhe waren für die schicke junge Frau obligatorische Accessoires. Zugeknöpft, die Schultern durch einen kleinen Ärmelansatz bedeckt, war dieses Kleid geeignet für manches gesellschaftliche Ereignis.

Gestricktes war en vogue. Hier ergänzen die bunten Strickstolen mit Karo- und Streifendesign das schlichte Schwarze.

Eleganz im Pullover beim Nachmittagstee. Die gestrickte Mode in ihren vielfältigen Formen war aus dem Alltag nicht wegzudenken.

Handschuhe und Hut zum quer gestreiften Sommerkleid: Noblesse und Distanziertheit.

Duft und Frische für den ganzen Tag: ein anmutiges wie keusches Werbeplakat der Firma Beiersdorf für ihre Toilette- und Badeseife »8x4« im Jahr 1952.

Korsett und Unterkleid aus einem Guss, diese Eleganz war für viele Frauen sicherlich ein unerfüllbarer Wunsch. In der Regel reichte das Geld nur für die Oberbekleidung. Darunter wurde Altes aufgetragen.

Das krönende Darunter: Die weiblichen Linien wurden geformt, gefestigt und betont – unliebsame Pölsterchen gemildert oder versteckt – eine Voraussetzung, ein Muss, aber nicht von jeder Frau geliebt, wenn in der figurnahen Kleidung dem damaligen Schönheitsideal entsprochen werden wollte.

Hin und weg – Reisen und Erholung

Sommer, Sonne, Strand

Hin und weg - Bewegung und Begeisterung für das nahe oder ferne Urlaubsziel. Hin zu Abenteuern und einem anderen Leben, Ferien vom Ich, weg aus dem Alltag, der gewohnten Umgebung. Und dann ist man auch hin und weg vor Begeisterung über die schönsten Tage des Jahres – in der Regel.

Mallorca wurde Anfang der 50er-Jahre von etwa 100 000 Urlaubern (weltweit) besucht. Heute verbucht allein Palma jährlich 20 Millionen Touristen. Der Begriff »Massentourismus« war noch ein Fremdwort. Die Sehnsucht zu reisen und fremde Länder zu sehen ist seit eh und je der Wunsch eines jeden Menschen, gerade derer, die schwere Zeiten hinter sich haben. Für viele wurde die Erfüllung dieses Wunsches erst allmählich möglich.

Der Titel »Zwischen Hamburg und Haiti« einer beliebten sonntäglichen Radiosendung des Norddeutschen Rundfunks brachte es für viele Hörer auf den Punkt: Die Sehnsucht nach fernen Ländern wurde in Hörbildern akustisch vorübergehend gestillt, doch zugleich auch wieder geweckt. Schlager verstärkten die Wünsche nach einem Urlaub im Süden und die Werbung versprach, der Genuss einer Zigarette biete den Duft der großen weiten Welt.

Der gesetzliche Mindesturlaub betrug 1954 in Ost und West zwölf Arbeitstage bei Lohnfortzahlung. Die später erkämpften kürzeren Wochenarbeitszeiten waren dann der Anschub für eine neue, bald selbst boomende Industrie: die Freizeitindustrie, sie weckte Bedürfnisse. Die Mode hatte das schon früh erkannt.

Im Sommer ging man zum Schwimmen an einen See oder Fluss, der Familienurlaub fand an der Ost- oder Nordsee in einem der zahlreichen Seebäder statt. Im Winter fuhr man zum Skilaufen in nahe Mittelgebirge; wer in der Nähe der Alpen wohnte, konnte schon höher hinaus. Kinder und Jugendliche fuhren in so genannte Ferienlager oder mit der Landverschickung in heimatnahe Gefilde. Mütter konnten mit Hilfe des Müttergenesungswerkes einmal Urlaub von der Familie machen. Große Firmen und Behörden stellten ihren Arbeitern und Angestellten in den schönsten Gegenden Deutschlands Ferienheime für einen preiswerten Aufenthalt zur Verfügung. Wander- und Sportvereine, Alpenverein und die Naturfreunde veranstalteten für ihre Mitglieder Fahrten und Ausflüge. In ihren Heimen konnten mehrere Familien zur gleichen Zeit ihre Ferien verbringen. Gut hatten es die Stadtkinder, deren Großeltern auf dem Land lebten. So war der Urlaub gleichzeitig auch Familienbesuch, die Eltern machten Urlaub von den Kindern und umgekehrt.

1956 waren bereits etwa 4,5 Millionen Deutsche auf dem Weg in den Süden: mit Bahn, Bus, dem eigenen Wagen oder mit Motor-Rollern. Das Flugzeug war noch sehr exklusiv.

Sinnbilder für die Sehnsucht und Reiselust sowie Fernweh: Die Werbung für Tourismus setzte auf Reisen in den Süden. Für viele blieb es noch lange ein Traum, die Sehnsucht war jedoch geweckt.

Die *Italia* der »Hamburg–Amerika Linie« wurde von 1952 bis 1960 im Atlantikdienst zwischen Cuxhaven und New York eingesetzt. Diese Überseeverbindungen bekamen bald große Konkurrenz durch den immer stärker werdenden Luftverkehr und der damit verbundenen Zeitersparnis.

Freude und Freiheit pur: Sonne und Wasser und dazu noch ein topmoderner Badeanzug, was konnte man sich darüber hinaus noch wünschen? Vielleicht die im Schlager besungenen zwei kleinen Italiener, doch davon durfte man in den 50er-Jahren nicht einmal träumen …

Urlaub für alle. In der DDR kümmerten sich vor allem staatliche oder gewerkschaftliche Organisationen um die schönsten Tage des Jahres. Hier ein Plakat des FDGB aus dem Jahr 1954, das für eine Kur wirbt.

Sonntagsvergnügen auf dem Neckar, eine Ruderpartie vor der romantischen Stadtkulisse Heidelbergs.

Wer nicht verreisen konnte oder wollte, blieb zu Hause und richtete sich im Liegestuhl auf Balkonien gemütlich ein. Die Garten- bzw. Terrassenmöbel waren noch aus Holz, weniger aus Plastik; hier aus einem Otto-Katalog von 1959. Die Industrie hatte längst einen neuen Markt entdeckt.

Sommer, Sonne, Sand, Wind und Meer – das waren und sind die Sommerfreuden seit eh und je. Und: Warum in die Ferne schweifen ... die beliebtesten Reiseziele in Ost und West waren die Küsten und Inseln. Ideal für den Familienurlaub, ein jeder kam auf seine Kosten.

Rechts: Hier ein Vorschlag aus einer Modezeitschrift zur Strandkleidung: bequeme Shorts und ein Sonnenhut, der aber nicht bei allzu starkem Wind getragen werden konnte. Eleganz durfte auch am Strand nicht fehlen.

Ob groß oder klein, Wasser musste sein: Badevergnügen zu Hause im Garten. Junge Nichtschwimmer begnügten sich mit der Zinkbadewanne im Garten. Die Wanne diente übrigens nicht nur dem Freizeitspaß, sondern vielfach auch zur Erledigung der großen Wäsche.

Der Geschmack von Salz und Meer. Die Sonne brennt, eine Creme soll schützen und das Sonnenbaden ungefährlich machen. Von Ozonbelastung war noch lange keine Rede.

Nahtlose Bräune bei FKK und Spiel in den Dünen. Noch war die Freikörperkultur gesellschaftlich nicht so akzeptiert, ja sie wurde bespöttelt. Natürlichkeit wurde noch schamvoll verdeckt und versteckt.

Der Familienausflug am Sonntag ins Grüne. Gingen die Eltern auf die Wünsche ihrer Kinder bei so einem Ausflug ein, durften die Kinder auch mal die Wege zwecks eigener Erkundung verlassen oder entschloss man sich sogar zu einer Schnitzeljagd, gelang der Familienausflug zur Zufriedenheit aller.

Motorisiert auf zwei Rädern, das Zelt fand Platz auf dem Gepäckträger. So wurde ein Ausflug mit Freunden möglich. Viele naturnahe Orte waren gut zu erreichen und »wildes« Campen war noch möglich.

Sperrschilder, wie sie in heute schützenswerter Landschaft überall zu finden sind, benötigte man aufgrund des geringeren Verkehrsaufkommens zu jenen Zeiten nicht.

Der Kurgarten in Bad Kissingen: Nachmittägliches Kaffeetrinken, danach ein kleiner Spaziergang durch die gepflegte Grünanlage – das ist nach wie vor das richtige Programm für Menschen, die bei einer Kur genesen und neue Kräfte schöpfen wollen.

Nichts als Schaum und ein nettes, eher schüchternes, verschmitztes Gesicht. Vielleicht gehörte das erholsame Schaumbad dieser Badenden in Bad Kissingen schon zum Kurpaket, aber doch zumindest zu einem – ein für uns heute geläufiger Begriff – »Wellnesspaket«.

Nach Plänen von Max Littmann wurde die Wandel- und Brunnenhalle 1911 gebaut. Mit 90 Metern Länge und 3 240 Quadratmetern Fläche ist die Bad Kissinger Wandelhalle die größte in Europa. Kurgäste flanieren auf und ab, während sie ihr Heilwasser trinken.

Ein junges Paar schaut in die Glaskuppel. Architekt Max Littmann hat den neoklassizistischen Bau geplant. Im Treppenhaus befinden sich bleiverglaste Fenster, im Foyer die rötliche Terrakotta-Verkleidung der Wände aus Nymphenburger Porzellan und ein Gedicht von Theodor Fontane, der in Bad Kissingen kurte.

Fahren, halten, ruhen! Bequemer geht es wirklich nicht. Dem Bequemen macht's nichts aus, gleich neben der Straße zu liegen. So etwas kann nur das Auto bieten. Der DKW mit seiner fließenden Form, der Vorläufer der späteren Audi-Modelle, ist heute von den Straßen verschwunden, die Mentalität, sich gleich neben dem Auto niederzulassen, nicht.

Vom Fahren und Fliegen

Eisenbahn- und Flugreisen

Einsteigen! Die Türen schließen, der Zug fährt ab! Oder es hieß: Bitte nehmen Sie ihren Sitz ein, schnallen Sie sich an, die Maschine rollt zum Start ...

Ob mit der Bahn oder mit dem Flugzeug, die Reisemöglichkeiten nahmen in den 50er-Jahren zu, jedoch lag die Realisierung der Reiseträume für die meisten noch in weiter Ferne. Doch bald sollten die schönsten Tage des Jahres immer mit einer Reise verbunden sein.

Dafür gab es zum Beispiel die Angebote des so genannten Sozialtourismus. Er förderte Urlaubs- und Erholungsreisen für wirtschaftlich schwache Bevölkerungsgruppen, organisiert vor allem von der Gemeinschaft für Sozialtouristik und Reisesparen e.V. (GESOREI), die 1951 gegründet worden war, und der Deutschen Feriengemeinschaft GmbH (DFG) des Deutschen Gewerkschaftsbundes.

Die Grundidee: preiswert reisen durch Mengenrabatt. Die GESOREI zum Beispiel gab Reisesparmarken aus. Beim Kauf einer Eisenbahnfahrkarte wurden diese dann in Zahlung gegeben.

Der Kilometer bei der Deutschen Bundesbahn kostete 1953 in der preiswertesten der drei »Komfortklassen« ca. 7 Pfennige. Die Fahrkarte war ein dickes rechteckiges Stück Pappe, das der Schaffner bei seiner Kontrolle lochte. Eine Bahnsteigkarte musste derjenige lösen, der jemanden zum Zug bringen oder abholen wollte.

Eine Bahnreise war im Verhältnis zum durchschnittlichen Einkommen teurer als heute. Reisen war ein Ereignis, keine Selbstverständlichkeit. Und man kleidete sich für eine Reise eher sonntäglich als bequem.

Eine Zugfahrt von Hamburg nach München dauerte gute zehn Stunden. Heute haben sich die Fahrzeiten fast halbiert. Lange Zeit war die Bahn das einzige Massenverkehrsmittel für lange Strecken.

Erst neun Jahre nach dem Zweiten Weltkrieg wurde die deutsche Zivilluftfahrt wieder zugelassen. Die Lufthansa gründete sich als erste Fluggesellschaft neu. Bereits ein Jahr nach ihrer Gründung nahm die staatliche Luftverkehrsgesellschaft Flüge nach Fernost und Südamerika in ihr Angebot auf.

Im Linienverkehr flog eine Lockheed Super Constellation mit 90 Passagieren an Bord in einer Reisegeschwindigkeit von rund 500 Kilometern pro Stunde nonstop über den Atlantik. Sie brauchte 13 Stunden von Düsseldorf nach New York. 1957 hatte der internationale Luftverkehr auf der Atlantikstrecke mit zwei Millionen Passagieren den Schiffsverkehr überrundet. Das Fliegen war jedoch für große Teile der Bevölkerung noch keine Selbstverständlichkeit. Die Preise für Flugtickets lagen für den Otto-Normalverbraucher in unerschwinglichen Höhen; die meisten Passagiere waren Geschäftsreisende. Pilot oder Stewardess wurde für viele junge Leute zu einem Traumberuf.

Der Traum von fernen Welten – erreichbar mit dem Flugzeug. Das Reisen mit dem Flugzeug war noch ein exklusives Ereignis. Das Fliegen war aufregend, spannend, abenteuerlich. Ein Blick in die 1. Klasse einer Lockhead Super Constellation L 1049, die von 1955 bis 1957 von der Lufthansa geflogen wurde.

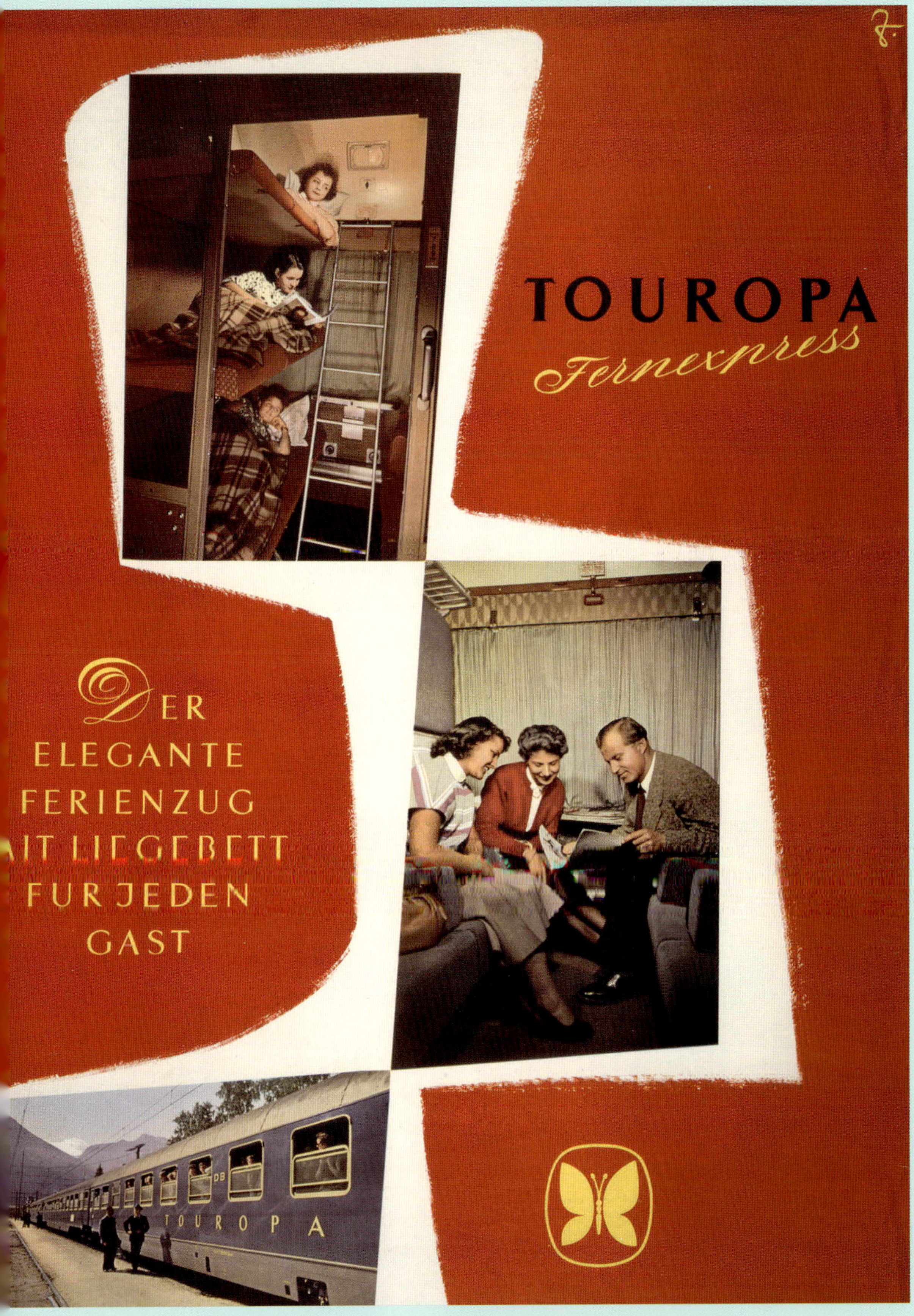

Hier wirbt die Touropa 1954 für ihren »eleganten« Ferienexpress, für entspanntes wie geselliges Reisen. Touropa, eine 1948 gegründete Reisebürogemeinschaft, bot verbilligte Ferienreisen im In- und Ausland an. 1956 verfügte sie über 80 Liegebettwagen der Deutschen Bundesbahn und wurde von über 350 Reisebüros vertreten. Sechs Jahre nach ihrer Gründung hatte sie bereits eine Million Personen befördert.

Eine Convair CV-440 Metropolitan auf dem Rollfeld wird für den nächsten Start vorbereitet. Der von zwei Kolbentriebwerken angetriebene Tiefdecker war von 1957 bis 1968 bei der Lufthansa als Passagierflugzeug im Einsatz. Die Ruder und die Tragflächenhinterkante waren bei dieser Maschine aus Fiberglas, der kreisrunde Flugzeugrumpf aus Metall war druckbelüftet.

Die Stewardessen Uniform der Lufthansa von 1955 bis 1965. Die hellen Damen mussten strenge Kriterien erfüllen, bevor sie den Traumberuf einer Stewardess ergreifen konnten. Richtige Körpergröße und -gewicht gehörten neben den erforderlichen Fremdsprachenkenntnissen bereits damals zu den unabdingbaren Voraussetzungen für den Beruf einer Flugbegleiterin.

Start des Südamerika-Liniendienstes am 15. August 1956. Die Lufthansa erweiterte ein Jahr nach ihrer Neugründung ihre Linienflug-Angebote. Der Wunsch, ferne und fremde Länder zu sehen, »in der Welt herumzukommen«, begründeten oftmals die Entscheidung junger Menschen, Pilot oder Steward(ess) zu werden.

1955 nahm die gerade neu gegründete Lufthansa mit Stolz fabrikneue Convair 340 und Lockheed I 1049 G Super Constellation in Betrieb. Die erste Flugverbindung mit Propellermaschinen ging am 1. April 1955 von Hamburg über Düsseldorf, Frankfurt nach München und zurück. Die Ära der Propellermaschinen neigte sich jedoch zu dieser Zeit allmählich ihrem Ende zu. 1952 war bereits ein erstes Düsenflugzeug im Linienflug gestartet.

D-ALAP

Mit Dampf geht es im Autozug über den legendären Hindenburgdamm, der 1927 eingeweiht worden war. Der elf Kilometer lange Eisenbahndamm ragt in seiner Krone 6,30 Meter aus dem Wasser und verbindet das Festland mit der Insel Sylt.

Abschied am Bahnsteig, Aufbruch zu großen Zielen. Von Reisefieber gepackt werden die Abteilfenster noch einmal nach unten geschoben, um den Zurückbleibenden zuzuwinken.

Der erste Nachkriegs Rheingold Zug im Kölner Hauptbahnhof 1951. Auch hier sind noch teilweise Kriegszerstörungen an der Bahnhofshalle sichtbar. Der Bahnhof, ein Ort der Ankunft oder Abfahrt, des Umsteigens, aber nicht des Aufenthalts. Über viele Jahrzehnte veränderte sich diese Funktion nicht. Heute laden Bahnhöfe in Großstädten immer mehr zum Essen, Shoppen und Verweilen ein.

Sport, Spiel, Spannung
Von Weltmeistern und anderen Sportlern

Brot und Spiele – die antike Losung hat zu jeder Zeit Gültigkeit. Herausragende, ja spektakuläre Sportereignisse waren auf wenige Großveranstaltungen begrenzt. Und deshalb erinnert man sich an sie auch so genau.

Sicherlich ist der Gewinn der Fußballweltmeisterschaft 1954 als das zentrale Ereignis im kollektiven Gedächtnis der Deutschen in Ost und West haften geblieben. Dieser Sieg wurde als das »Wunder von Bern« zu einem Mythos. Ungerechterweise verblassen dahinter andere sportliche Siege. Wer kennt die Namen, wer weiß noch, welche Siege oder Niederlagen mit ihnen verbunden sind: Da sind der Schwimmer Herbert Klein, das Eiskunstlauf-Ehepaar Falk, die Motorsportler Karl Kling und Werner Haas, die Reiter Fritz Thiedemann und Hans Günter Winkler, die Leichtathleten Manfred Germar, Heinz Fütterer und Martin Lauer sowie der Radrennfahrer Gustav-Adolf Schur. Sie alle waren einmal Sportler des Jahres zwischen 1950 und 1959. Der Boxer des Jahrzehnts hieß Bubi Scholz. Er war mehrfacher deutscher Meister und Europameister im Mittelgewicht.

Sportler waren keine Profis, sondern Amateure, die einen Beruf ausübten. Sponsoring durch große Firmen gab es noch nicht. Straßenfußballer wurden Vereinsspieler von der Kreisklasse bis zur Regionalliga und Stars der Nationalmannschaft.

An den Olympischen Spielen 1952 in Helsinki durften die Sportler aus der DDR nicht teilnehmen, weil ihre Sportfunktionäre aus politischen Gründen eine gesamtdeutsche Mannschaft ablehnten. Bei den Spielen 1956 in Melbourne, die zwar vom Ungarn-Aufstand überschattet waren und zu den ersten Boykotts in der Geschichte der olympischen Bewegung geführt hatten, trat jedoch eine gesamtdeutsche Mannschaft an.

Der Sport in der DDR wurde im Gegensatz zur Bundesrepublik staatlich wesentlich stärker gefördert und organisiert. Die 1958 von Walter Ulbricht ausgegebene Losung lautete: »Jeder Mann an jedem Ort – in der Woche einmal Sport«. Der führende Politiker des Arbeiter- und Bauernstaates ließ auch keine Gelegenheit entgehen, sich fotografieren zu lassen, wenn er selbst, z. B. beim Volleyball, diesen Grundsatz befolgte.

Der Springreiter Hans Günter Winkler ist einer der erfolgreichsten und populärsten Sportler des Jahrzehnts: 1952 gewann er seine erste deutsche Meisterschaft, wurde 1954 und 1955 Weltmeister, 1956 Olympiasieger im Einzel- wie im Mannschaftsspringreiten in Stockholm, da die Pferde in die Olympiastadt Melbourne nicht eingeführt werden durften. Es war ein legendärer Ritt. Winkler konnte sich wegen eines Muskelrisses nur mühsam im Sattel halten. Seine Stute Halla trug ihn dennoch siegreich ins Ziel.

Kunstradfahren 1958 in Bad Schussenried, einer Hochburg des Radsports. Die Kunstradsportgruppe des Rad- und Motorsportvereins ist sehr erfolgreich. Sie war u. a. zweimal Weltmeister.

»Das Wunder von Bern«: Die deutsche Fußball-Nationalmannschaft gewinnt 1954 die Fußballweltmeisterschaft in der Schweiz. Links: Helmut Rahn schießt das entscheidende dritte Tor zum 3:2 gegen die favorisierte ungarische Mannschaft.
Rechts: Fritz Walter, der Kapitän des Weltmeisters, präsentiert stolz begeisterten Fans in München den WM-Pokal.

Freizeit-Paddler auf der Elbe zwischen Dresden und Meissen 1957. Ein beliebter und vergleichsweise preisgünstiger Wassersport für Jung und Alt. Ob in der Gruppe oder allein, der Blick vom Wasser aus bietet immer wieder eine abwechslungsreiche Perspektive.

Die alljährliche Friedensfahrt. Sie war das größte internationale Etappen-Straßenrennen für Amateurradsportler von 1948 bis 1993. Bis 1951 fand das Rennen nur zwischen Prag und Warschau statt. Eine DDR-Mannschaft nahm zum ersten Mal im Mai 1950 teil. 1952 wurde die Streckenführung auch auf das Gebiet der DDR ausgeweitet. Seitdem war sie eine Dreiländerfahrt. Die Finanzierung des Rennens übernahmen die kommunistischen Parteien der drei Länder.
Pablo Picassos »Friedenstaube« schmückte die Trikots der jeweils in den verschiedenen Wertungen führenden Fahrer. Kam die Etappe durch einen Ort, fiel für die Schulkinder der Unterricht aus und sie konnten die Rennfahrer vom Straßenrand aus anfeuern.
Gustav-Adolf (Täve) Schur und Olaf Ludwig waren die erfolgreichsten DDR-Radsportler.

Schick auf der Piste: Noch beherrschte die Strickmode die Wintersportkleidung. Mütze und Pullover sind selbstverständlich aufeinander abgestimmt. Neben dem Sommerurlaub gewann auch der Urlaub im Winter mit seinen sportlichen Möglichkeiten immer mehr an Bedeutung. Die Sport- und Modeindustrie hatte sich sehr schnell darauf eingestellt und entwickelte neben den Sportgeräten vor allem auch eine spezielle Wintersportmode.

Die Skier waren noch Allrounder: Die Bindung, mit der sich heute wohl niemand mehr auf die Piste trauen würde, erlaubte es nicht nur im Parallelschwung abzufahren, sondern man konnte sich auch im Langlauf versuchen, wenn der Seilzug seitlich vom Ski gelöst wurde.

Feste feiern

Bier, Milchshake und Tanzvergnügen

Zum Feiern gibt es immer einen Anlass. Traditionell standen die Familienfeste noch in hohem Kurs. Kein Geburtstag ohne die bucklige Verwandtschaft, an Ostern und Weihnachten kam der festlich gekleidete Familienkreis zusammen. Für die Hausfrau waren größere Festivitäten wie Hochzeit, Taufe, Kommunion, Konfirmation oder Jugendweihe eine besondere Herausforderung und Belastung. Tage, manchmal Wochen vorher wurden die Familienzusammenkünfte vorbereitet. Denn in der Regel traf man sich in den häuslichen vier Wänden. Da wurden Tische zusammengestellt und sich von den Nachbarn Stühle geborgt. Party-Service (oder neudeutsch Catering) war noch nicht erfunden, das Restaurant in der Regel zu teuer.

Nachdem sich das Lebensmittelangebot im Laufe der Jahre ausgeweitet hatte, wurde auch schon mal was Neues ausprobiert, denn das Essen stand – genau wie heute – im Vordergrund. In der Regel gab es jedoch die gute alte Hausmannskost: einen guten Braten mit Gemüse und Kartoffeln als Hauptgericht.

Und wo traf man sich? Die Jugend in der Milchbar oder Eisdiele, die älteren Semester in einem Café. Am Wochenende ging man zum Tanz. Discotheken sind Etablissements einer späteren Zeit: Junge Leute trafen sich in Jugendheimen, die Erwachsenen in Tanzlokalen oder in Gaststätten mit einem angegliederten Saal. Hier spielte eine Kapelle auf. Der magere Geldbeutel erlaubte meistens nur ein Getränk am Abend.

Durch den zunehmenden amerikanischen Einfluss wurde das Angebot an Getränken reichhaltiger. Gegen Ende der 50er-Jahre setzten sich raffiniert zubereitete Cocktails durch, die beim Feiern zu Hause für die nötige Stimmung sorgten.

Der Mohr als Werbeträger für Schokolade war zu jener Zeit noch nicht anstößig. So ändern sich die Zeiten: Heute ist ein Schwarzer als dienende Figur undenkbar.

Anfang der 50er-Jahre beschloss das Ministerium für Lebensmittelindustrie in Ostberlin, erstmalig Bier ins Ausland zu exportieren. Die Radeberger Exportbierbrauerei hatte in der Zeit vor dem Zweiten Weltkrieg entsprechende Erfahrungen gesammelt und sich dabei einen guten Ruf erworben. 1954 erhielt die Brauerei den Staatsauftrag ein Bier herzustellen, das hinsichtlich Vollmundigkeit, Kälte- und Tropenstabilität Spitzenprodukten gleichkommen sollte. Es gelang schnell, Weltniveau zu erreichen.

Bockbier-Anstich in Bayern: Der einundzwanzigste Hubertus-Ausschank von Pschorr-Bräu in Planegg bei München mit der Bräurosl. Die Bräurosl war der Überlieferung nach eine Brauerstochter, die täglich am Abend bei einem Rundritt auf einem Bräuross eine Maß Bier trank. 1953 wurde die Bräurosl von der jungen Vroni Fitz, die später als eine beliebte Schauspielerin bekannt wurde, dargestellt.

Gruppenbild mit Tanzlehrer. Die jungen Damen frisch frisiert, der Konfirmationsanzug für die jungen Herren. Festlich wurde der Abschlussball einer Tanzschule in Schwenningen begangen. Nelkensträuße waren typisch für die 50er-Jahre.

Oft ging es beim Faschingfeiern zu Hause hoch her: Auch in Norddeutschland traf man sich im Freundes- oder Familienkreis, um einmal ausgelassen zu sein und den Alltag hinter sich zu lassen. Bei den Kostümen wurde mit viel Fantasie improvisiert. Mit sehr bescheidenen Mitteln schlüpfte man in eine andere Rolle.

Die Damen links, die Herren rechts: Darf ich bitten? Kräftig wird das Tanzbein geschwungen. Die Tänzer zeigen, was sie gelernt haben. Auch das Einmaleins des guten Benehmens war eingeübt worden. Hatte man/frau den Tanzkurs absolviert, waren sie gesellschaftsfähig.

Ein nachmittägliches Treffen von Freundinnen in der örtlichen Milchbar. In der Milchbar gab es keinen Alkohol. Neben Milchshakes wurde vor allem Speiseeis serviert. Mitte der dreißiger Jahre waren die ersten Milchbars in den USA eröffnet worden. In den fünfziger bis sechziger Jahren waren sie in Deutschland als Treffpunkte sehr beliebt.

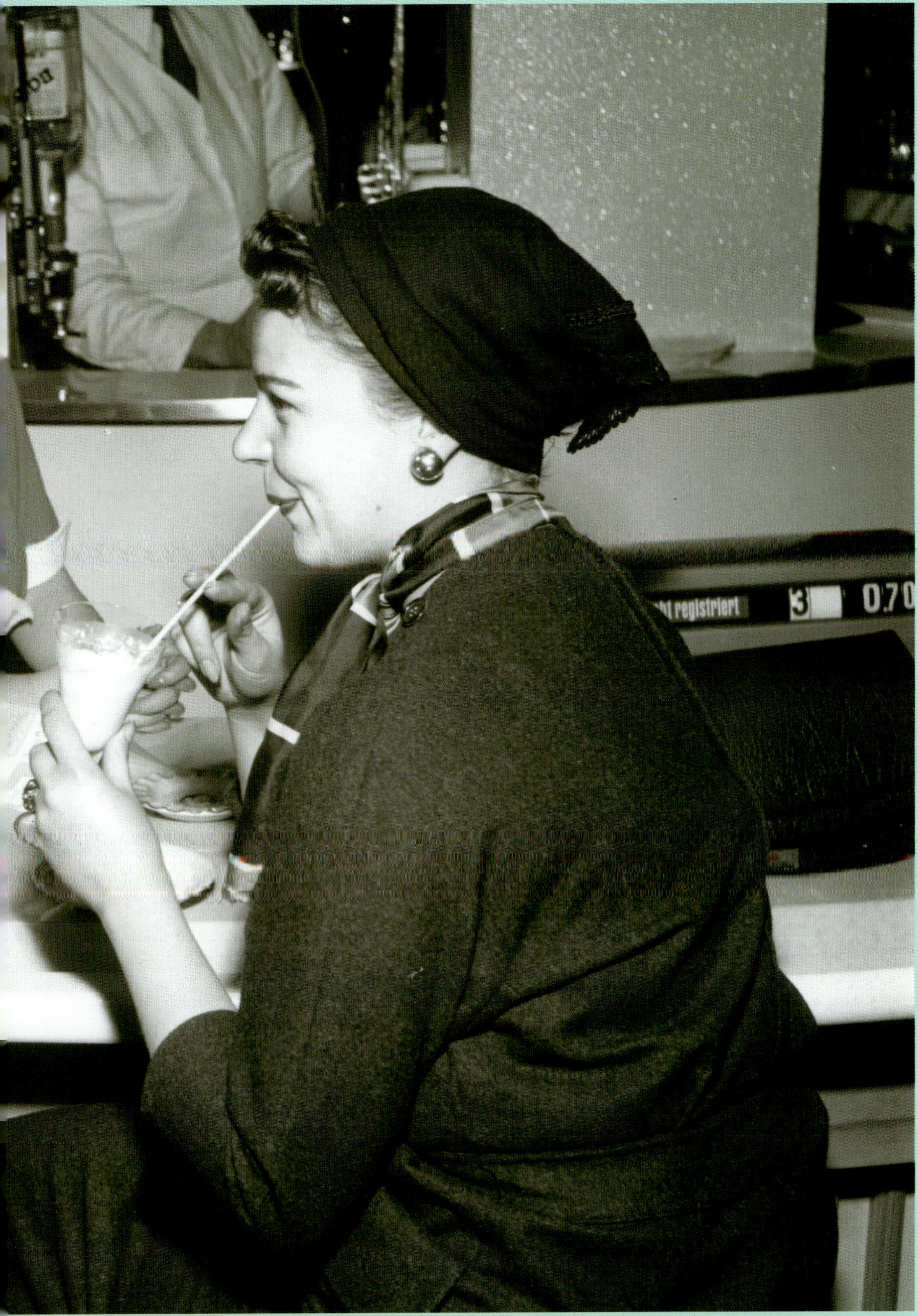
registriert

Grundig

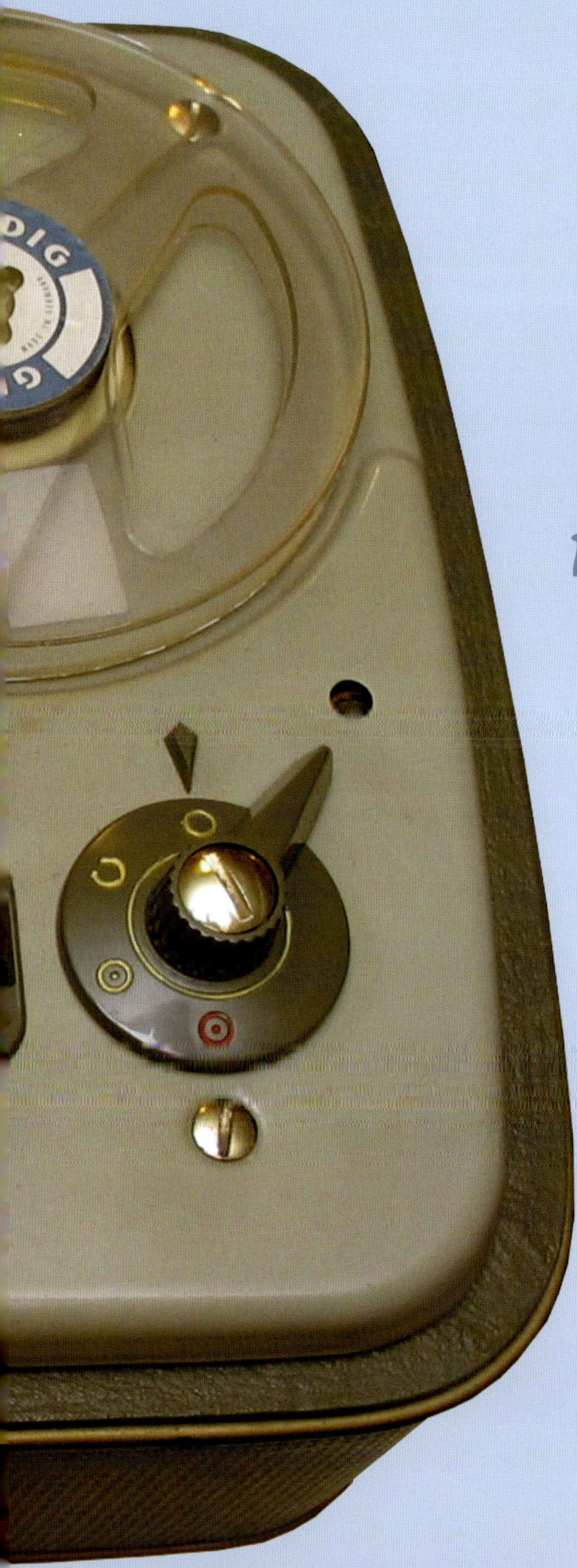

Kultur

Lesen, hören und sehen

Die Literatur machte einen Neuanfang und in bunten Blättern zeigte sich die glamouröse Welt. Die neuen Medien brachten Bühne und Konzertsaal ins Wohnzimmer. Immer mehr Musik kam aus dem Radio, von der Schallplatte oder vom Tonband, und das Kino bekam Konkurrenz.
Am 25. Dezember 1952 startete das erste Fernsehprogramm – für zwei Stunden am Abend. Welch ein Weihnachtsgeschenk. In der DDR flimmerte es ab 1955 zum ersten Mal. Doch wer konnte es schon sehen? Geräte gab es nur wenige: Ein Fernseher kostete noch mehr als DM 1 000.

Was man sah

Fernsehen und Kino – Von Sünderinnen und Halbstarken

Das deutsche Nachkriegskino bediente zunächst alle Filmgenres vom Problem- über den Gesellschafts- bis zum Unterhaltungsfilm. Im Osten wie im Westen entstanden jedoch keine Produktionen von internationalem Rang. In der DDR produzierte die DEFA neben Literaturverfilmungen wie Heinrich Manns »Der Untertan« (1951) und Kinderfilmen (z. B. »Die Geschichte vom kleinen Muck«, 1953) auch Politfilme wie die beiden »Ernst Thälmann«-Filme (1954/55).

Im Westen verursachte »Die Sünderin« (1952) einen veritablen Skandal. In erster Linie wegen des Euthanasiethemas und einer kurzen Nacktszene von Hildegard Knef. Vor allem leichte Komödien, Musik- und Heimatfilme waren zu sehen, zu den Stars gehörten u. a. Maria Schell und Liselotte Pulver, Curd Jürgens und O. W. Fischer, später Horst Buchholz. Heinz Rühmann und Hans Albers konnten ihre Karriere fortsetzen. Christine Kaufmann rührte als Kinderstar das Publikum in Heimatfilmen, dem vielleicht einzigen originalen Genre, das der deutsche Film hervorgebracht hat.

Der Heimatfilm war ein Spiegel der gesellschaftlichen Tendenzen der 50er-Jahre. Er stellte den Mühen und den Sorgen des Alltags idyllische Bilder eines anderen Lebens gegenüber. Er zeigte die heile, intakte Welt der Natur. Kriegsruinen wollte man nicht auch noch im Kino sehen. Der Heimatfilm war Balsam für die wundgescheuerten Seelen. Die Sissi-Filme mit Romy Schneider und Karl Heinz Böhm waren Leinwand-Märchen, Projektionen eines verklärten Geschichtsbildes von der guten alten Zeit. Ein Paradox im Zeitalter des wirtschaftlichen Aufschwungs, der aber wohl gefühlsmäßig nicht so ohne weiteres mitgetragen wurde.

Dennoch gab es vereinzelte Abrechnungen mit der jüngsten deutschen Vergangenheit: Peter Lorres einzige Regiearbeit »Der Verlorene« (1951), die Zuckmayer-Verfilmung »Des Teufels General« (1955) oder Bernhard Wickis »Die Brücke« (1959). Mit Georg Dresslers »Die Halbstarken« (1956) hatte ein neuer Trend künstlerisch ambitionierter Filme eingesetzt. Und Rolf Thieles »Das Mädchen Rosemarie« (1958) und Kurt Hoffmanns »Wir Wunderkinder« (1958) gingen auf Distanz zum Wirtschaftswunder-Deutschland.

Bevor das Fernsehen in die Wohnzimmer einzog, zeigten die Kino-Wochenschauen Nachrichten. Die »Neue deutsche Wochenschau« oder »Fox tönende Wochenschau« und andere mehr waren eine sehr lange Zeit aus den Kinos nicht wegzudenken. Sie lieferten Zwei-Minuten-Berichte aus Politik, Sport und vom Boulevard. In den Anfangsjahren des bundesrepublikanischen Fernsehens lieh sich der TV-Sender nicht nur den Titel »Blick in die Welt«, sondern auch Filmrollen bei den gleichnamigen Kinonachrichten aus. So wurde »Blick in die Welt« zur »Mutter aller Tagesschauen«.

In der SBZ und späteren DDR gab es die DEFA-Wochenschau »Der Augenzeuge«. Sie begann am 18. Januar 1946 mit dem Bericht über einen Boxkampf im Berliner Friedrichstadtpalast.

Am 26. Dezember 1952 ging die »Tagesschau«, zunächst dreimal wöchentlich, auf Sendung. Die erste Ausgabe berichtete von Eisenhowers Rückkehr aus Korea, dem Richtfest für das Hamburger Fernsehstudio, der Eisrevue Baier und dem Fußball-Länderspiel Deutschland–Jugoslawien. Doch keine Nachrichtensendung ohne Wettervorhersage. Nur die Darstellungsmittel waren andere: Der Wetterverlauf wurde damals noch gezeichnet und nicht wie heute digital animiert.

Die Halbstarken (1956) – Regie: Georg Tressler; Musik: Martin Böttcher; in den Hauptrollen Horst Buchholz und Karin Baal. – Ein Großstadt- und Problemfilm. Schauplatz ist Berlin. Der 19-jährige Freddy ist von zu Hause abgehauen und Anführer einer kriminellen Jugendbande. Er plant seinen »größten Coup«, einen Postraub, doch der misslingt. Um sein beschädigtes Image als Bandenführer wiederherzustellen und um seiner Freundin Sissy zu imponieren, bricht Freddy in eine Villa ein. Er wird vom Hausherren überrascht ....

Vorhergehende Doppelseite: Tonbandgerät Grundig TK 5 1956. Fast jeder junge Mann wünschte sich ein Tonbandgerät. Wer eines besaß, legte sich eine umfangreiche Musiksammlung zu und war auf jeder Party stets willkommen (links). Für diese »Phonotruhe« aus dem Otto-Katalog von 1953 wurden »besondere Zahlungsbedingungen« annonciert: Mit einer Anzahlung von DM 79 und 42 Wochenraten à DM 10 konnte man das Gerät erwerben (rechts).

Die Sünderin (1950) – Regie: Willi Forst; in den Hauptrollen Hildegard Knef und Gustav Fröhlich. – Der »Skandalfilm« der 50er-Jahre. Aber nicht allein wegen der kurzen Nacktszene der jungen Knef. Eine junge Prostituierte lernt ihre große Liebe kennen. Es ist der ältere und schwerkranke Maler Alexander, der nur durch eine sehr teure Operation gerettet werden kann. Martina geht für ihn »anschaffen«. Es gibt jedoch keine endgültige Heilung. Martina kann ihn nicht leiden sehen, tötet ihren Geliebten und sich mit Schlaftabletten. Wegen des Euthanasiethemas empörten sich zahlreiche Vertreter von Kirche und Staat.

Das Mädchen Rosemarie (1958) – Regie: Rolf Thiele; Drehbuch: Erich Kuby u. a.; in den Hauptrollen Nadja Tiller, Peter van Eyck, Carl Raddatz, Gert Fröbe, Hanne Wieder, Mario Adorf, Horst Frank, Karin Baal. – Ein authentischer Kriminalfall und kritischer Streifen über die Wirtschaftswunderzeit: Rosemarie Nitribitt stammt aus ärmlichen Verhältnissen. In Frankfurt will sie ihr Glück machen. Sie ist ehrgeizig, sieht blendend aus und lernt zahlreiche wichtige Leute aus der Wirtschaft kennen. Ihr Streben nach gesellschaftlicher Anerkennung und ihr Wissen werden ihr zum Verhängnis. Sie wird in ihrer Wohnung ermordet.

Der Hauptmann von Köpenick (1956) – Regie: Helmut Käutner; in den Hauptrollen: Heinz Rühmann, Martin Held, Hannelore Schroth, Leonard Steckel, Walter Giller, Wolfgang Neuss. – Verfilmung des gleichnamigen Theaterstücks von Carl Zuckmayer.
Der Schuster Carl Voigt wird nach jahrelanger Haft aus dem Gefängnis entlassen. Da er keine Wohnung hat, bekommt er keine Arbeit und umgekehrt. Bei einem Einbruch in ein Polizeirevier fälscht er notwendigen Papiere. Er wird überrascht und kommt wieder ins Gefängnis. Hier liest er Bücher über Militärgeschichte und ist fasziniert von den militärischen Umgangsformen. Nach seiner Entlassung findet er eine alte Uniform und gibt sich nun als Hauptmann aus. Selbst der Bürgermeister von Köpenick steht vor ihm stramm …

Am 30. August 1953 begann eine Fernseh-Legende: Sechs Journalisten aus fünf Ländern diskutierten bei einem Glas Wein jeden Sonntagmittag um 12.00 Uhr das politische Thema der Woche. Gastgeber war Werner Höfer (Vierter von links). Nun konnte man die Journalisten auch sehen, die seit Januar 1952 in wechselnder Besetzung im Hörfunk debattierten. Produziert wurde die Sendung vom Westdeutschen Rundfunk in Köln, angeschlossen waren zahlreiche Rundfunkanstalten. Höfer moderierte (fast) ununterbrochen bis Ende 1987. Nur im Sommer 1954 pausierte die Sendung für einige Wochen. Es gab unzählige Proteste. Danach wurde jeden Sonntag aus Köln gesendet: Nur einmal musste Höfer die Diskussion telefonisch aus Sylt leiten: 1962 während der Katastrophenflut.

6. Juni 1954: Die erste offizielle Eurovisionssendung. Es handelte sich um eine Übertragung vom Narzissenfest in Montreux. die Eurovision war im selben jahr in Genf als eine einrichtung der Union der Europäischen Rundfunkorganisationen (European Broadcasting Union, EBU) zum Austausch von Fernseh- und Rundfunkprogrammen gegründet worden.

Die späteren Fernsehstars Joachim Fuchsberger und Margot Hielscher in jungen Jahren in dem musikalischen Lustspiel »Eduard und Caroline«, aufgezeichnet und gesendet vom Süddeutschen Rundfunk Stuttgart 1955. Es war ein Remake des gleichnamigen Films von Jaques Becker aus dem Jahr 1950.

Am 25. Dezember 1952 wurde das Fernsehprogramm täglich abends für zwei Stunden ausgestrahlt. Der Nordwestdeutsche Rundfunk hatte auch schon an die Kinder gedacht und sendete ein halb- bis einstündiges Nachmittagsprogramm. Dafür produzierte man selbstverständlich Kindersendungen. Hier proben zwei Schauspieler eine Max-und-Moritz-Szene.

Ursula von Manescul war eine der beliebtesten Fernsehansagerinnen der ersten Stunde. Die gebürtige Polin aus rumänischem Adel war Schauspielerin in Berlin und später am Stadttheater in Baden-Baden. Sie drehte auch zahlreiche Filme. Von 1954 bis Ende 1973 war sie Chefansagerin beim Südwestfunk-Fernsehen. Im Hörfunk moderierte sie u. a. die Sendung »Von der Operette zur Oper« (oben links).

Angelika Feldmann war neben Irene Koss die erste Ansagerin der deutschen Fernsehgeschichte. Sie führte von 1956 bis 1959 für den Nordwestdeutschen Rundfunk (NWDR) durch das TV-Programm, das aus einem Hamburger Bunker am Heiliggeistfeld gesendet wurde. Nach ihrer Tätigkeit als Ansagerin arbeitete sie wieder als Schauspielerin auf verschiedenen Bühnen, aber auch fürs Fernsehen (oben).

Das Theater kam ins Fernsehen: Schon früh brachten die Fernsehanstalten eigene Produktionen. Zunächst inszenierte man fernsehgerecht Theaterstücke wie zum Beispiel hier »Unsere kleine Stadt« von Thornton Wilder. In den Anfangsjahren wurde auch live vor der Kamera in einem Studio vor Publikum gespielt. Hatten die Schauspieler zu Anfang noch Bedenken gehabt, für das neue Medium zu arbeiten, so folgten sie bald bereitwillig dem Ruf ins Studio.

Was man hörte

Zwischen Sonne bei Capri und Rock 'n' Roll

Musik lag schon immer in der Luft. Nach der Genehmigung der Rundfunkstationen und der Ablösung der alten Volksempfänger durch neue Hörfunkgeräte begann nun auch die Plattenindustrie wieder kräftig zu produzieren.

Es ist ein Irrtum zu glauben, die 50er-Jahre seien entweder musikalisch langweilig oder nur rebellisch gewesen. Gesungen, gepfiffen, getanzt wurde allerorten, nicht mehr oder weniger als in anderen Jahrzehnten. Das Klischee will uns weismachen, dass es entweder stupide Schlager oder nur den Rock 'n' Roll gab.

Der Rock 'n' Roll war das Neue, die Musik der Jugend. Er kam aus den USA. Verächtlich sprachen Ältere noch im Nazi-Jargon von »Neger- oder Hottentotten-Musik«, so wie sie auch schon über Swing und Jazz, der erst nach dem Ende des Zweiten Weltkriegs in Deutschland öffentlich gespielt werden durfte, abfällig sprachen.

Das waren die Töne der neuen Zeit, und es waren die Töne der »Besatzer«, der Sieger. Für die junge Generation hingegen waren sie Ausdruck eines neuen Lebensgefühls. Doch der deutsche Schlager war nicht weniger beschwingt und wurde häufig mit einem Augenzwinkern präsentiert.

Die »Capri-Fischer« von Rudi Schuricke, zwar 1943 schon aufgenommen, waren ab 1950 ein Dauerbrenner, und damit war bereits die Sehnsucht nach Bella Italia, nach dem Süden thematisiert. »Ja, für eine Fahrt ans Mittelmeer« waren Friedel Hensch & die Cyprys bereit, Lys Assia schwärmte von Neapel (»O mia bella Napoli«) und Rocco Granata von »Marina«: In der DDR sang Günter Hapke von »A-mi-amore« und Abschied nahmen Caterina Valente mit »Ciao, ciao Bambina«. Freddy Quinn hatte »Heimweh« und landete einen Hit nach dem anderen mit seinen Seemannsliedern. Doch der Schlager verband sich sehr bald mit einer Amerikanisierungswelle: Zuerst frischten Rumba und Samba, später Calypso, Mambo, Cha-Cha-Cha und Rockelemente den deutschen Schlager auf.

Ende der 50er-Jahre wurde der Hula-Hoop-Reifen aus verschiedenen Materialien zu einem populären Spiel- und Sportgerät. In den USA entwickelt, löste er bald ein Hula-Hoop-Fieber in der ganzen Welt aus. Er wurde zum Symbol eines befreiten Lebensgefühls. Hier führt ihn Marilyn Monroe vor.

Die aus einer italienischen Artistenfamilie stammende Caterina Valente bei einer Aufnahme in den Studios des Südwest-Rundfunks in Baden-Baden. »Ganz Paris träumt von der Liebe«, »Tipitipitipso« oder »Wo meine Sonne scheint« gehörten zu ihren großen Hits. Die Sängerin mit großer internationaler Karriere drehte auch zahlreiche Filme. In Deutschland nahm man sie jedoch vor allem als Schlagersängerin wahr.

Er war der King of Rock 'n' Roll und neben dem Schauspieler James Dean das Jugendidol der Zeit. Die Musik von Elvis Presley elektrisierte. »Elvis the pelvis« (Elvis, das Becken) wurde er wegen seines legendären Hüftschwungs auf der Bühne genannt. Das erregte Anstoß. Kirche und Eltern befürchteten den Verfall der guten Sitten. Nicht zuletzt wegen seines großen Erfolges bei der Jugend wurde er als »musikalischer Abschaum« und »Botschafter des schlechten Geschmacks« diffamiert.

Er war schon längst zum Weltstar geworden, als er zum Militärdienst eingezogen wurde. Am 1. Oktober 1958 kam er als Soldat nach Deutschland und war bis zum Februar 1960 in einer Kaserne im hessischen Friedberg stationiert.

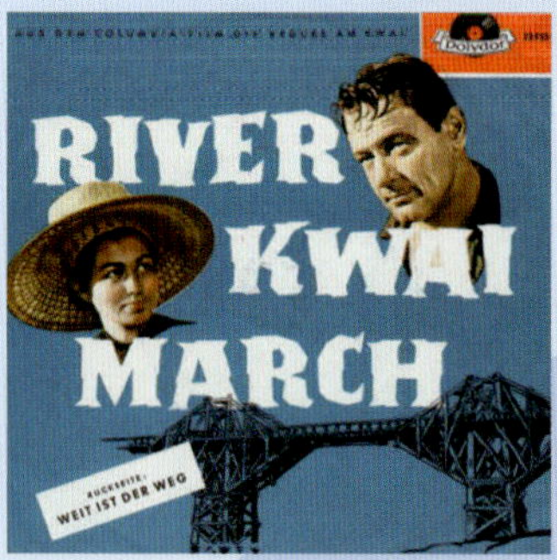

Der deutsche Schlager wurde mit Rumba und Samba, Calypso und Mambo oder Cha-Cha-Cha sowie später mit Rockelementen international. Hinzu kamen die entsprechenden Tanzmoden. Den Anfang hatte schon 1950 Theo Lingen mit »Der Theodor im Fußballtor« im Boogie-Woogie-Rhythmus gemacht, ihm folgte Bully Buhlan mit seinem durchaus auch politisch gemeinten »Ich hab noch einen Koffer in Berlin«. Zu Stars des neuen deutschen Schlagers wurden Margot Eskens mit »Tiritomba«, Ivo Robic sang von »Morgen«, Bruce Low vom »Alten Haus von Rocky Docky« und Vico Torriani über »Siebenmal in der Woche«. Dazu spielte das Hazy Osterwald Sextett einen »Kriminal-Tango«. – Im Uhrzeigersinn: Ted Herold, Ich bin ein Mann/Carolin (1959); aus dem Columbia-Film »Die Brücke am Kwai«, River Kwai March (1958); Peter Alexander, Titino Tinn/Baby Schokolad' (1959); Peter Alexander, Wunderbare Mädchen/Bambina (Wie wärs, wie wärs mit uns zwei) (1958); Hazy Osterwald Sextett, Kriminal-Tango (1959); Freddy Quinn, Die Gitarre und das Meer (1959); Alice, Ellen und Peter (Kessler-Zwillinge, Peter Kraus), Honey-Moon/Schreib' mir eine Karte (1959); Lolita, Eine blaue Zauberblume, (Fahre mit mir in die Südsee)/Melodia Ba-Bahia (1958 /59); Margot Eskens, Auf meiner kleinen Hazienda; Frank Wojnarowski and his Orchestra, Hula Hoop Polka (o.J.).

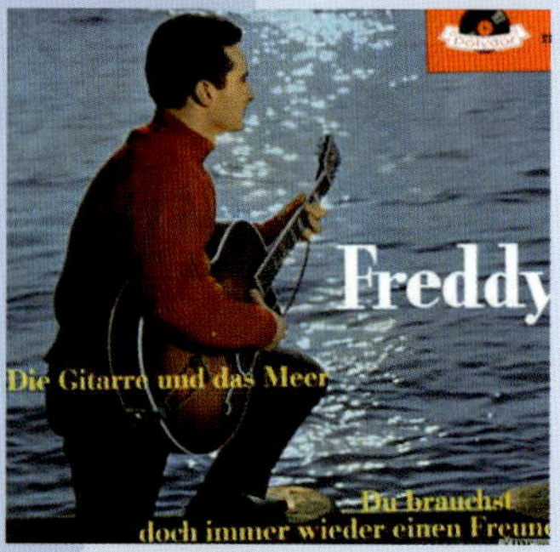

Der Entertainer, TV-Showmaster und Conférencier Peter Frankenfeld in seinem großkarierten Jackett, das zeit seines Lebens zu seinem Markenzeichen wurde. Er trug es vor allem in den 50er-Jahren vor den Fernsehkameras. 1938 hatte er im »Kabarett der Komiker« begonnen und nach dem Krieg moderierte er eigene Ratesendungen im Hörfunk. Mit dem Start des Fernsehens in der Bundesrepublik 1952 begann auch seine Fernsehkarriere. Seine originelle Show »Schöne Bescherung« gehörte zu den populärsten Unterhaltungssendungen der Zeit.

Was man las

Literatur, Boulevard und Comics

Schutzumschlag der Erstausgabe des ersten Romans von Günter Grass »Die Blechtrommel« (1959), der seinen Weltruhm begründete. Der geradezu barocke Roman erzählt die Geschichte von Oskar Matzerath, der im zarten Alter von drei Jahren beschlossen hatte, nicht mehr wachsen zu wollen. Vor dem Leser wird ein weit gespanntes Panorama der 30er- bis 50er-Jahre ausgebreitet. Aus der »Froschperspektive« entsteht eine kritische Bestandsaufnahme der Geschichte Deutschlands dieser Epoche.

»Trümmer- oder Kahlschlagliteratur« waren die literarischen Schlagworte der Zeit. Das Lesepublikum orientierte sich zunächst noch an den überlieferten, unverdächtigen Klassikern von Thomas Mann bis Goethe. Doch auch die neuen deutschen Schriftsteller, unter ihnen Heinrich Böll, Günter Grass, Martin Walser oder Siegfried Lenz, fanden ihre Leser, wenn auch nicht sogleich im traditionsbewussten Bildungsbürgertum.

Der neue Ton, die neuen Themen, das unerschrockene Auftreten der jungen deutschen Literaten wurde sogar vehement bekämpft. Sie galten vielen, vor allem in konservativen Kreisen, als Nestbeschmutzer. Sie waren die Chronisten dieser Zeit und wurden in den folgenden Jahrzehnten zu den Stimmen des neuen Deutschlands. Die beiden Nobelpreise für die Autoren dieser Generation, Heinrich Böll (1972) und Günter Grass (1999), sind Ausdruck der Anerkennung der deutschen Nachkriegsliteratur.

Die Teilung Deutschlands hatte auch eine oberflächliche Teilung der Literatur zufolge. Bert Brecht, Leiter des Berliner Ensembles im Theater am Schiffbauerdamm in Ostberlin und heute ein anerkannter Klassiker der Moderne, war durch seine marxistische Grundhaltung eine der großen Reizfiguren in der deutschen Kulturlandschaft: im Osten gefeiert, im Westen in den 50er-Jahren noch verpönt. Der Kalte Krieg überlagerte alles.

Die Hochliteratur war das eine, doch die Massen lasen anderes: Bunte Blätter, Illustrierte wie den »Stern«, die »Revue« oder »Quick«. Und vor allem eine neue Tageszeitung für nur 10 Pfennige: Die Bildzeitung, Deutschlands erste wirkliche Boulevardzeitung nach dem Zweiten Weltkrieg.

Die »Bild« erschien am 24. Juni 1952 mit dem Aufmacher »Grenze bei Helmstedt wird gesichert!« zum ersten Mal. Sie hatte nur vier Seiten Umfang, und die Auflage von 250 000 Exemplaren wurde kostenlos verteilt. Text spielte eine untergeordnete Rolle, geboten wurden vor allem Bilder, Horoskope und Witze. Als Vorbild diente ihr der englische »Daily Mirror«. Schon ein Jahr später stieg die Auflage enorm an, und ab 1956 erschien dann sogar noch eine Sonntagsausgabe der »Bild«.

Dieser neue Zeitungstyp traf den Nerv vieler Leser – bis heute, wo sie werktags in 33 verschiedenen Stadt- oder Regionalausgaben erscheint und inzwischen die größte Tageszeitung Europas mit einer Auflage von etwa 4,7 Millionen Exemplaren ist.

Großer Beliebtheit erfreuten sich insbesondere bei Kindern Comic-Hefte. Die westdeutsche Antwort auf Walt Disneys Mickymaus & Co., seit 1951 auch in Deutschland zu haben, waren ab 1953 Rolf Kaukas Fuchs-Zwillinge »Fix und Foxi«.

Einer der größten Zeitschriftenerfolge war die »Bravo«. 1956 war sie noch eine Filmzeitschrift, mit Marilyn Monroe auf dem ersten Titelblatt. Ihr erster Chefredakteur war übrigens der spätere »Bild«-Chef Peter Boenisch. Die Bravo entwickelte sich zu der Zeitschrift der Heranwachsenden. Und von Anfang an drehte sich alles in ihr um Stars.

FAHNDUNG nach Hamburger Frauenmörder | GROSSE DREI beraten die Viererkonferenz | FUNKER Marshall steht vor dem Richter | BANDITEN fordern 12 Mill. Lire Lösegeld

30000-DM-Bild-Wettbewerb
Grenze bei Helmstedt wird gesichert!

10 Pfg **Bild** ZEITUNG

Dienstag, 24. Juni 1952 · Hamburg · Nr. 1

Ist Churchill zu alt! Englische Presse diskutiert den Rücktritt des britischen Premierministers

In dem gleichen Augenblick, in dem heute die drei Außen- [illegible] Der Premier wird nicht nur von der Labour-Opposition, sondern – hinter den Kulissen – auch von einflußreichen Konservativen [illegible] erforderlichen Tatkraft entgegenwirkt. Als Lösung fordert man größere Vollmachten für Eden, der nicht nur dem Namen nach [illegible]

Malik präsidiert im Sicherheitsrat der Vereinten Nationen, der seit Montag in New York tagt. Es geht um die sowjetische Beschwerde gegen den angeblichen Bakterienkrieg der UNO-Streitkräfte in Korea, und der sowjetische Delegierte – für Juni turnusmäßig Präsident – schwingt verbissen den Hammer. Die Amerikaner haben Untersuchung an Ort und Stelle durch eine Rotkreuzkommission verlangt. Malik versucht, den Vorschlag mit Geschäftsordnungs-Bedenken zu Fall zu bringen. 5

Bild Deutschlands modernste Zeitung
Täglich aus Hamburg – Heute kostenlos
Ab morgen überall für 10 Pfennig

Rassenkämpfe in Südafrika bringen dem Lande täglich neue Aufregungen: In Veerdedorp-Transvaal sprengten Hunderte von Nationalisten eine im Fackelschein unter freiem Himmel abgehaltene Versammlung von 3000 Gegnern der Rassengesetze Malans. Mit einem Steinhagel und Stockschlägen trieben sie die Demonstranten auseinander. Es gab 32 Schwerverletzte und zahllose Leichtverletzte. Am Wochenende mußte die Regierung starke Polizeitruppen nach Odendaalsruus im Oranjefreistaat schicken, wo die Eingeborenen alle Zufahrtsstraßen und Amtsgebäude blockiert hatten und der Polizei blutige Straßenschlachten lieferten, weil den Negerfrauen das Betreten der Goldfelder verboten worden war. Man vermutet hinter den Unruhen kommunistische Drahtzieher. 3

Das „Idealbild der heutigen Frau“ wollten Hollywoods Schönheitsexperten herausbekommen. Sie machten eine Photomontage aus den schönsten Augen, den schönsten [illegible] Was herauskam, das war das Ebenbild der Ava Gardner. Niemand war erstaunter als sie selbst. Wir werden sie bald in dem großen Operetten-Farbfilm „Mississippi-Melodie“ sehen.

Drei Männer in London – drei weltpolitische Schicksalsthemen

Mit Trumans Privatflugzeug landete US-Außenminister Acheson gestern nachmittag in London und begab sich ins Foreign Office [illegible] Kollegen Anthony Eden. Am Donnerstag kommt auch der französische Außenminister Schuman. [illegible] Woche lang wird in London beraten über weltpolitische Fragen von höchster Tragweite: Viererkonferenz mit Stalin, Deutschland-Problem und Korea! Was wird dabei herauskommen? In London glaubt man, die Sowjetunion sei möglicherweise bereit, Konzessionen zu machen, um die Einbeziehung der Bundesrepublik [illegible] Am Wochenende fliegt Acheson wahrscheinlich nach Berlin. Und vermutlich wird er dort Staatssekretär Hallstein sprechen. 4

So viel Bild für nur zehn Pfennige. Die Titelseite der ersten Ausgabe der Bildzeitung vom 24. Juni 1952 aus dem Axel Springer Verlag. Sie war das erste Boulevardblatt Deutschlands.

Titelblatt der ehemaligen Wochenzeitschrift »Revue«. Sie erschien in den frühen Jahren der Bundesrepublik Deutschland bis Mitte der 60er-Jahre und fusionierte dann mit der »Neuen Illustrierten« zur »Neuen Illustrierten Revue«. Heute erscheint das Blatt der Regenbogenpresse unter dem Titel »Neue Revue«.

Bertolt Brecht und Helene Weigel auf dem Dach »ihres« Theaters am Schiffbauerdamm (Berlin Ost), dem Berliner Ensemble. Brecht wurde erst in den 60er-Jahren in Westdeutschland zu einem Klassiker der Moderne. Zuvor wurde er bekämpft.

Heinrich Böll verkörpert wie wohl kein anderer deutscher Autor die deutsche Nachkriegsliteratur. Hier in einer Aufnahme beim so genannten »Kölner Mittwochgespräch« am 2. Dezember 1953. Diskutiert wurde über das Thema »Ansprüche des Publikums an uns Schriftsteller«.
Mit seinen Erzählungen und Romanen wie »Wo warst du, Adam?« (1951), »Und sagte kein einziges Wort« (1953) oder »Haus ohne Hüter (1954)« schilderte er das Leben im zerbombten Nachkriegsdeutschland. Ein großer Publikumserfolg wurde sein »Irisches Tagebuch« (1957).

Das erste Pixi-Buch mit dem Titel »Miezekatzen« erschien 1955. Start für eine bis heute erfolgreiche Kinderbuchreihe im Klein-Format. Einer der Klassiker ist Band 114 »Petzi besucht seinen Großvater«.

Die erste Geschichte von Fix und Foxi erschien in Heft 6 des seit 1953 von Rolf Kauka herausgegebenen Comics »Till Eulenspiegel«. Ab dem zehnten »Till-Eulenspiegel«-Heft wurde bereits auf der Titelseite auf die beiden Füchse hingewiesen, ab Nr. 29 dieser Reihe hieß das Heft nur noch »Fix und Foxi«.

Worüber man sprach

Klatsch und Tratsch

Die Welt, ob in Ost oder West, liebt den Klatsch. Und was wäre unser Alltag, aber vor allem unsere Medienwelt ohne Klatsch? Prominente sind immer interessant, damals und heute: Schauspieler, Adlige oder Menschen, die etwas Besonderes oder Spektakuläres getan oder erlebt haben, ziehen das Interesse auf sich. In der so genannten Yellow Press (Regenbogenpresse) nahm eine begierige Leserschar an diversen Schicksalen Anteil. Glamour und Sensationen aus aller Welt rückten enger zusammen und waren für jeden miterlebbar.

Insbesondere war das 1951 der Fall bei der Traumhochzeit von Soraya mit dem Schah von Persien. Dieses Ereignis hatte für die deutschen Leser einen besonderen Reiz, da die Mutter der unglücklichen persischen Kaiserin eine Deutsche war. Bald hatte sich für die Art der Berichterstattung, der Begriff »Soraya-Presse« durchgesetzt.

Nicht wesentlich anders verhielt es sich bei Neuigkeiten über Evita, die Gattin des argentinischen Präsidenten Juan Domingo Peron, die 1952 starb, oder bei der »Hofberichterstattung« über die Krönung der englischen Königin Elisabeth II. 1953. Selbst das politische Nachrichtenmagazin »Der Spiegel« konnte sich der Faszination der Windsors nicht entziehen und brachte bereits 1952 eine Titelgeschichte über den Thronfolger Prinz Charles mit der Überschrift »Plumpudding«.

Auch andere Themen sorgten für Sensationsberichte: die Erstbesteigung des Mount Everest durch Edward Hillary 1953 oder 1955 die Todesfahrt des US-Schauspielers und Jugendidols James Dean mit seinem Porsche sowie die Heirat des Fürsten Rainier von Monaco mit der amerikanischen Filmschauspielerin Grace Kelly 1956. Und wer nahm nicht Anteil an der Karriere von Marilyn Monroe oder an der von Marlene Dietrich, die zwar aus ihrem amerikanischen Exil zurückgekehrt war, sich aber nicht in Deutschland, sondern in Paris niedergelassen hatte. Beiden Filmdiven widmete »Der Spiegel« jeweils eine Titelgeschichte.

Margit Nünke, Miss Germany 1955. Im Herbst 1950 hatte die erste Miss-Wahl in Baden-Baden stattgefunden. Diese Schönheitsköniginnen waren ein anderer Frauentyp. Sie bildeten einen geradezu glamourösen Gegensatz zum Klischee des blonden NS-Mädchens oder der hart arbeitenden Trümmerfrau der Nachkriegszeit. Amerikaner sprachen gern vom deutschen Fräuleinwunder.

Karin Baal bei den Dreharbeiten zu »Die Halbstarken« (1956). In dem Film spielte sie die Rolle der Sissy, der Freundin des Bandenchefs Freddy.

Horst Buchholz in einem Berliner Schwimmbad bei den Dreharbeiten zu »Die Halbstarken« (1956). Die Rolle des kriminellen Freddy machte ihn berühmt. Er stieg zu einem der wenigen deutschen Weltstars auf.

Marlene Dietrich war in den 20er- und 30er-Jahren in Deutschland ein Star, emigrierte in die USA und wurde zum Weltstar. Während des Zweiten Weltkriegs engagierte sie sich bei der US-Truppenbetreuung in Afrika und Europa, worauf die »Spiegel«-Titelgeschichte »Beine, Beine! riefen die Soldaten« (1/1951) anspielt. In den 50er-Jahren trat die Schauspielerin fast nur noch als Sängerin auf.

Auch ein Nachrichtenmagazin konnte sich der Faszination des englischen Königshauses nicht entziehen. »Plumpudding« hieß die Titelgeschichte (11/52) über den dreijährigen Prinz Charles. Im Heft stand zu lesen: »Er wird es schwer haben, sich an der Heirat mit einer jener stumpfsinnigen und verschlafenen Schönheiten vorbeizudrücken, die in britischen Landschlössern geboren werden ...«

Der amerikanische Filmstar Marilyn Monroe war bereits Anfang der 50er-Jahre in Deutschland populär. Bekannt geworden war sie mit den Filmen »Niagara« (1953), »Wie angelt man sich einen Millionär?« (1953) und »Blondinen bevorzugt« (1953), die ihren Starruhm und ihren Ruf als Sexsymbol begründeten, was den »Spiegel« zu seiner Titelgeschichte (40/1953) »Herren bevorzugen blond« inspirierte.

Die persische Kaiserin Soraya im März 1955 in Düsseldorf. Die Tochter eines iranischen Fürsten und seiner deutschen Ehefrau heiratete 1951 den Schah Mohammad Reza Pahlavi. Da ihre Ehe kinderlos blieb, wurde sie aus Gründen der Staatsräson 1958 geschieden. Das Schicksal der glücklosen Kaiserin bewegte die Herzen der Deutschen und war über Jahre Thema der Regenbogenpresse.

Ellen und Alice Kessler bei einem Auftritt im Pariser »Lido«. Die beiden Sängerinnen, Tänzerinnen und Schauspielerinnen aus Nerchau sind wohl das berühmteste Zwillingspaar des deutschen Showgeschäfts. 1947 waren sie im Kinderballett der Leipziger Oper. 1952 floh die Familie Kessler in die Bundesrepublik. Die Karriere der Schwestern begann im Düsseldorfer Revuetheater »Palladium«. 1955 wurden sie für das weltberühmte Pariser »Lido« engagiert. 1959 nahmen die Zwillinge für Deutschland am Grand Prix d' Eurovision de la Chanson teil. Sie spielten in zahlreichen Spielfilmen mit und hatten eigene Fernsehshows.

17. Juni 1953 27

A
Adenauer, Konrad 9, 26, 28, 30
Adorf, Mario 137
Albers, Hans 134
Alexander, Peter 144
Assia, Lys 142
Auto 62
Autobahnen 10
Automobilfabriken 24
Automobilindustrie 10, 74

B
Baal, Karin 135, 137, 150
Bad Kissingen 46, 108, 109
Bad Säckingen 16
Bad Schussenried 121
Bahn 10
Becher, Johannes 16
Becker, Jacques 140
Berlin 38, 44
Besatzungszonen 26
Bildzeitung 10, 146
Bochum 38
Boenisch, Peter 146
Böhm, Karl Heinz 134
Böll, Heinrich 146, 149
Borgward 74, 81
Böttcher, Martin 135
Brandt, Willy 28, 29
Braunschweig 37
Bräurosl 128
Bravo 146
BRD 26
Brecht, Bertold 146, 148
Buchholz, Horst 134, 135, 151
Buhlan, Bully 144
Bundesbahn 112
Bundesrepublik Deutschland 9, 34, 69

C
Campen 107
CDU 28, 29, 32
Coca-Cola 71
Cocktailkleid 88
Cocktailsessel 48, 50, 52
Comics 146
CSU 29
Cuxhaven 11, 101

D
DDR 9, 10, 16, 24, 25, 26, 27, 30, 31, 34, 56, 69, 77, 102, 120, 123, 134
Dean, James 150
Der Spiegel 150
Design 10, 49
Designer 48
Dietrich, Marlene 150, 152
Dinkelsbühl 11
Dior, Christian 88, 89
DKW 74, 111
Dresden 36, 122

E
Eames, Charles und Ray 52, 53
Eisenbahn 112
Emailleschilder 66, 67
Erfurt 1 3
Erhard, Ludwig 9, 26, 28, 29
Erziehung 56
Eskens, Margot 144
Essen 89
Evita 150

F
F8 82
Falk 120
Fasching 95, 129
FDP 29, 32
Feldmann, Angelika 141
Fernsehapparat 50
Fernsehen 10, 134
Feste 126
Fischer, O. W. 134
Fix und Foxi 146, 149
FKK 105
Fluchtbewegung 26
Flüchtlinge 34
Flug 112
Flugzeug 10
Ford 40, 74
Forst, Willi 136
Frank, Horst 137
Frankenfeld, Peter 145
Frankfurt 7
Freizeitlook 57
Friedensfahrt 123
Fitz, Vroni 128
Fröbe, Gert 137
Froboess Conny 57
Fröhlich, Gustav 136
Fuchsberger, Joachim 140
Fünfjahrplan 31, 33
Fürst Rainier 150
Fußballweltmeisterschaft 1954 10
Fütterer, Heinz 120

G
Germar, Manfred 120
Geschirr 55
GESOREI 112
Gestricktes 96
Giller, Walter 137
Granata, Rocco 142
Grass, Günter 146
Großfamilie 56
Grothe, Franz 16

H
Haare 90
Haas, Werner 120
Hagen 42
Hamburg 45
Hanseatic 11
Hapke, Günter 142
Haushaltsgeräte 68, 74
Hazy Osterwald Sextett 144
Heidelberg 43, 103
Heidenreich, Fritz 49
Heimatfilm 10, 134
Heinkel 76, 77
Held, Martin 137
Hensch, Friedel & die Cyprys 142
Herold, Ted 144
Heuss, Theodor 28, 29
Hielscher, Margot 140
Hillary, Edward 150
Hindenburgdamm 118
Höchstgeschwindigkeit 74
Höfer, Werner 138
Hoffmann, Kurt 134
Hula-Hoop 142
Hut 91

I
Industrie 24
iga 13

J
Jürgens, Curd 134

K
Käfer 17, 74, 81
Kalter Krieg 8, 26
Karmann-Ghia 81
Kaufmann, Christine 134
Kaugummi 71
Kauka, Rolf 149
Käutner, Helmut 137
Kelly, Grace 150
Kessler, Ellen und Alice 144, 154
Kinder 62, 63, 65, 106
Kindheit 60
Kittelkleider 92
Klein, Herbert 120
Kleinfamilie 56
Knef, Hildegard 134, 136
Köln 34, 119
Kraus, Peter 144
Kreidler 77
Kriegsgefangene 8
Küche 16, 50, 53, 54
Küchenmaschinen 54

L
Lambretta 76
Landarbeit 22, 23
Landwirtschaft 26
Lauer, Martin 120
Leipzig 39, 40
Lenz, Siegfried 146
Lingen, Theo 144
Literatur 146
Littmann, Max 109
Lloyd 74
Lockheed 112, 116
Loewy, Raymond 55

Lolita 144
Lorres, Peter 134
Low, Bruce 144
Ludwig, Olaf 123
Lufthansa 112, 114, 115, 116

M
Meissen 122
Mercedes 74
Messerschmitt 81
Mickimaus 146
Milchbar 130
Möbel 52
Mode 10, 58, 90, 94, 97
Modeindustrie 58
Monatslohn 66
Monroe, Marilyn 88, 146, 150, 152
Moped 77
Motorrad 78, 79
Motorroller 77
Müller, Wolfgang 16

N
Nachkriegskino 10
Neumann, Günter 16
Neuss, Wolfgang 16, 137
Nierentisch 8, 48, 51
Nordwestdeutscher Rundfunk (NWR) 140
NSU 76, 77
Nünke, Margit 150

O
Oestergaard, Heinz 89
Olympische Spiele 120
Opel 74, 80, 84
Otto-Versand 66, 88

P
Petticoat 88
Picasso, Pablo 123
Pielert, Klaus 30
Pixi-Buch 149
Poltiniak, Kurt 30
Potsdam 35
Presley, Elvis 143
Prinz Charles 152
Puch 77
Pulver, Liselotte 134

Q
Quick 146
Quinn, Freddy 142, 144

R
Raddatz, Carl 137
Radeberger 20, 127
Rahn, Helmut 121
Reisen 100
Restauration 8
Revue 146, 147
Rheingold-Zug 119
Rhiele, Rolf 134, 137
Rock 'n' Roll 8, 10, 142
Rosenthal 48
Rovic, Ivo 144
Rücken kehren 9
Rühmann, Heinz 134, 137

S
Schlager 10, 100, 102
Schneider, Romy 134
Scholz, Bubi 120
Schroth, Hannelore 137
Schur, Gustav-Adolf (Täve) 120, 123
Schuricke, Rudi 142
Schwerindustrie 24
SED 29, 33
Senator 11
Soraya 150, 153
SPD 29, 33
Spielzeug 56
Sport 120
Stechuhr 16
Steckel, Leonard 137
Stern 146
Strauβ, Franz Josef 28, 29
Strick 96, 124
Strickpullover 88
Stube 50
Stundenlohn 66
Südwestrundfunk (SWR) 140, 141, 142
Sylt 104, 110, 130

T
Tagesschauen 134
Tante-Emma-Läden 66
Tanz 126
Tanzschule 129
Tempo-Dreirad 74
Thiedemann, Fritz 120
Tiller, Nadja 137
Torriani, Vico 144
Touropa 113
Trabant 74, 82
Tressler, Georg 134, 135
Trümmer- oder Kahlschlagliteratur 10
Tüten 49
Tütenlampe 48

U
Ulbricht, Walter 26, 28, 29, 31, 120
Ungarn-Aufstand 120
Urlaub 10, 56, 100

V
Valente, Caterina 142
Van Eyck, Peter 137
VEB Stahl- und Walzwerk in Brandenburg 25
Vespa 74, 76, 77
Volkswagenwerk 24
Von Manescul, Ursula 141
VW 74, 75

W
Währungsreform 69
Walser, Martin 146
Walter, Fritz 121
Warenwelt 70
Wartburg 74, 82, 83
Waschmaschine 51
Weigel, Helene 148
Weihnachten 63
Weiser, Grete 48
Werbung 9, 58, 59, 66, 67, 72, 98, 126
Wernigerode 47
Westdeutscher Rundfunk in Köln (WDR) 138, 141
Wetterkarte 134
Wicki, Bernhard 134
Wieder, Hanne 137
Wilder, Thornton 141
Winkler, Hans Günter 120
Wintersport 124
Wirtschaftswunder 8
Wohnungsbau 31
Wohnungseinrichtung 48
Wohnzimmer 52
Wojnarowski, Frank 144
Wolfsburg 17
Wuppertal 39, 43

Z
Zonenkennzeichen 74
Zuckmayer, Carl 137, 134
Zündapp 76
Zwangskollektivierung 26
Zweiter Weltkrieg 8, 26

	Bundesrepublik	DDR	Welt
1950	**31. Januar** Lebensmittelkarten werden abgeschafft. **13. Juli** Mitgliedschaft im Europarat. **Juni** Die ersten rororo-Taschenbücher erscheinen im Rowohlt Verlag. **17. August** Erster UKW-Radioempfänger auf der Funkausstellung in Düsseldorf.	**8. Februar** Volkskammer beschließt die Bildung des Ministeriums für Staatssicherheit (MfS). **4. April** Verbot des öffentlichen Abspielens anglo-amerikanischer Tanzmusik. **25. Juli** Walter Ulbricht wird SED Generalsekretär. **17. August** Die Regierung billigt den ersten Fünfjahrplan.	**13. Mai** Erste Formel-1-Weltmeisterschaft. **15. Mai** Die Sowjetunion erlässt der DDR und der BRD die Hälfte der noch zu zahlenden Reparationsleistungen. **25. Juni** Beginn des Koreakriegs. **16. Juli** Uruguay wird Fußball-Weltmeister
1951	**1. Januar** Neue Nationalhymne. **15. Januar** Konrad Adenauer lehnt Otto Grotewohls Vorschlag eines »Gesamtdeutschen Konstituierenden Rats« ab. **29. Juni** Eröffnung der ersten Richard-Wagner-Festspiele in Bayreuth nach dem Krieg.	**5. August** Eröffnung der 3. Weltfestspiele der Jugend und Studenten in Berlin. **31. August** Premiere des DEFA-Films »Der Untertan« von Wolfgang Staudte. **8. Oktober** Aufhebung der Lebensmittelrationierung bis auf Fleisch, Fett und Zucker.	**12. Februar** Schah von Persien heiratet Soraya. **18. April** Abschluss des Montanunion-Vertrages. **13. Mai** Jacqueline Auriol durchbricht als erste Frau die Schallmauer.
1952	**2. Januar** Ford in Köln baute wieder Autos. **24. Juni** erste »Bild«-Zeitung erscheint im Springer Verlag. **14. August** Beitritt zum Internationalen Währungsfond. **25. Dezember** Start des Fernsehens; 1000 Geräte sind registriert.	**3. Februar** Grundsteinlegung für erste neue Wohngebäude an der Berliner Stalinallee. **28. April** Die Sowjetunion übergibt 66 von 213 SAG-Betrieben an die DDR. Die Betriebe werden in VEB umgewandelt. **8. Juni** Gründung der ersten LPG in Merxleben. **27. November** Der Verkauf von Lebensmitteln und Industrieerzeugnissen an Westberliner wird verboten.	**10. März** Die Sowjetunion unterbreitet den Westmächten die Stalin-Note. **27. Mai** Unterzeichnung des Vertrags zur Gründung der Europäischen Verteidigungsgemeinschaft. **26. Juli** Evita Peron stirbt in Buenos Aires. **31. Oktober** Zündung der ersten amerikanischen thermonuklearen Bombe.
1953	**3. Mai** Die Deutsche Welle nimmt ihren Sendebetrieb auf. **18. März** Der Deutsche Bundestag in Bonn verabschiedet das deutsch-israelische Wiedergutmachungsabkommen. **9. Oktober** Beginn der zweiten Amtszeit von Bundeskanzler Konrad Adenauer.	**1. Januar** Die DDR erklärt das neue Jahr offiziell zum Karl-Marx-Jahr. **9. April** Die Rationierung von Schuhen wird aufgehoben. **17. Juni** Volksaufstand. **23. August** Die Sowjetunion erklärt den Verzicht auf weitere Reparationszahlungen.	**5. März** Tod Josef Stalins. **2. Juni** Krönung von Königin Elisabeth II. **29. Mai** Erstbesteigung Mount Everest durch Edmund Hillary und Tenzing Norgay **12. August** Die Sowjetunion zieht mit der Zündung einer Wasserstoffbombe im Rüstungswettlauf mit den USA gleich.
1954	**21. April** Grenzverkehr mit Frankreich ohne Visum möglich. **4. Juli** Die Fußball-Nationalmannschaft von Trainer Sepp Herberger wird mit einem 3:2-Final-Sieg über Ungarn Weltmeister. **22. Oktober** Mit den Pariser Verträgen wird die BRD souverän.	**20. Juli** Otto John, Präsident des westdeutschen Bundesverfassungsschutzes, flüchtet in die DDR. **27. März** Souveränitätserklärung der DDR. **14. Mai** Das Internationale Olympische Komitee lehnt die Aufnahme des Nationalen Olympischen Komitees der DDR ab.	**13. März** Viet Minh kämpfen bei Dien Bien Phu gegen die Franzosen. **17. Mai** USA Der Supreme Court der Vereinigten Staaten von Amerika verbietet die Rassentrennung an öffentlichen Schulen. **5. Juli** Elvis Presley beginnt mit den Song »That's All Right, Mama« seine Karriere.
1955	**5. März** Ende der Besatzungszeit. **1. April** Der erste Nachkriegs-Lufthansa-Flug. **9. Mai** Betritt zur NATO.	**27. März** Erste Jugendweihe in Berlin. **14. Mai** Gründung des Warschauer Pakts. **4. Juni** Röntgenstrahlen durchleuchten zum ersten Mal Pakete aus der BRD.	**12. April** Salk-Impfstoff gegen Kinderlähmung erfolgreich in den USA getestet. **17. Juli** 1. Disneyland eröffnet Kalifornien. **30. September** James Dean verunglückt tödlich.
1956	**9. Juni** Das Wehrpflichtgesetz wird vom Deutschen Bundestag verabschiedet. **17. August** Verbot der KPD in Deutschland. **25. Oktober** Adolf Hitler wird vom Amtsgericht Berchtesgaden amtlich für tot erklärt.	**1. Januar** Der freie Verkauf von Kirchenzeitungen wird verboten; das Fernsehen der DDR nimmt seinen regulären Sendebetrieb auf. **18. Januar** Die Volkskammer beschließt die Schaffung der Nationalen Volksarmee (NVA). **14. August** Bertolt Brecht stirbt in Berlin.	**26. Januar bis 5. Februar** VII. Olympische Winterspiele in Cortina d'Ampezzo. **23. Oktober** In Ungarn beginnt ein Volksaufstand. **22. November bis 8. Dezember** XVI. Olympische Sommerspiele in Melbourne.
1957	**1. Januar** Das Saarland wird elftes Bundesland; die Rentenreform tritt in Kraft. **1. April** Erste Wehrpflichtige rücken ein. **15. September** Konrad Adenauer gewinnt mit absoluter Mehrheit die Bundestagswahlen.	**18. Januar** Gesetz über die 45-Stunden-Woche verabschiedet. **16. Juni** Die Deutsche Lufthansa der DDR nimmt ihren Inlandsflugverkehr auf. **27. Juli** Die DDR-Regierung schlägt eine Konföderation zwischen DDR und BRD vor.	**1. Januar** Österreich startet die regelmäßige Fernsehausstrahlung. **4. Oktober** Die Sowjetunion startet den Satelliten Sputnik. **2. Dezember** Der erste Atomreaktor geht in Shippingport, Pennsylvania in Betrieb.
1958	**1. Januar** Verkehrssünderkartei in Flensburg wird eröffnet; in Berlin beginnt das Bundeskartellamt mit seiner Arbeit. **1. Oktober** Elvis Presley kommt als US-Soldat nach Deutschland. **27. November** Die Sowjetunion richtet sich mit dem Berlin-Ultimatum an die Westmächte.	**28. Mai** Abschaffung der Lebensmittelkarten. **8. September** Gründung der Interflug. **16. Oktober** Erste Messe der Meister von morgen in Leipzig. **27. Oktober** Walter Ulbricht erklärt, ganz Berlin läge auf dem Territorium der DDR.	**1. Januar** Römische Verträge zur Gründung der EWG treten in Kraft. **1. Oktober** Gründung der NASA. **29. Juni** Der Gastgeber Schweden unterliegt im Finale der Fußball-WM mit 2:5 gegen Brasilien. Der damals 17-jährige Pelé erzielte dabei zwei Tore.
1959	**15. Februar** Erste Radar-Geschwindigkeitskontrollen in Düsseldorf. **12. September** Ende der Amtszeit Th. Heuss. **15. November** Godesberger Programm der SPD wird verabschiedet.	**3. Juni** LPG-Pflicht wird per Gesetz eingeführt. **1.Oktober** Der Fünfjahrplan wird abgebrochen und durch den Siebenjahrplan ersetzt **22. November** Erster Auftritt des Sandmännchens im Deutschen Fernsehfunk	**1. Januar** Fidel Castro kommt an die Macht. **1. Oktober** Die sowjetische Raumsonde »Lunik 3« wird gestartet, um erstmals Bilder der erdabgewandten Seite des Mondes zu machen.

Die Autoren
Renate Lüdde (Jahrgang 1955) und Rüdiger Dingemann (Jahrgang 1951) wurden in Braunschweig geboren und leben heute beide als Sachbuchautoren in Oberbayern. Renate Lüdde studierte Architektur in München. Der gelernte Verlagsbuchhändler Rüdiger Dingemann studierte Germanistik und Geschichte, arbeitete mehrere Jahre als Lektor und war Chefredakteur für die Microsoft Encarta Enzyklopädie. Renate Lüdde und Rüdiger Dingemann veröffentlichten im Bucher Verlag unter anderem »Deutschland. Sechs Jahrzehnte, die uns bewegten« und »Endlich Ferien. Wie die Deutschen das Reisen entdeckten«.

Dank
Die Autoren und der Verlag bedanken sich bei allen Fotografen, Firmen und Institutionen, die uns ihr Material zur Verfügung gestellt haben. Ganz herzlich möchten wir uns namentlich bei Herrn Gerd Blüthmann, Hans Joachim Krohberger und Eric Welch bedanken.

Literatur
Albrecht Bangert: Die 50er-Jahre, Möbel und Ambiente in Design und Kunsthandwerk. München 1990.
Jürgen Brater: Generation Käfer. Unsere Besten Jahre. Frankfurt/M. 2005.
Der Grosse Brockhaus. 16., völlig neubearbeitete Auflage. Wiesbaden 1952–1958.
Frank Ehrhardt (hg.): Aufbauzeit, Perlonkleid & Tanzvergnügen. Braunschweig 1998.

Web-Hinweise
Gerd Blüthmann:
http://www.die-rock-and-roll-ag.de
Manfred Günther:
http://www.memory-magazin.de

Andreas Henseler:
http://www.emailleschilder.com

Hans Joachim Krohberger:
http://www.epoche-3.de/index.html

Eric Welch: http://www.ericwelch.de/50er1.htm

Bildnachweis
Adam Opel AG, Rüsselsheim: 8, 80, 84/85
Archiv für Kunst und Geschichte, Berlin: 154/155
Axel Springer Verlag, Berlin: 147o.
Winfried Bahnmüller, Geretsried: 6/7, 11u., 159
Bauknecht Hausgeräte GmbH, Schorndorf: 18, 73
BDF Beiersdorf AG, Hamburg: 59r., 98l., 105l.
Horst Biernoth, Dortmund: 103
Gerd Blüthmann, Bremen: 16, 19ru., 49or , 50u., 51u., 52u., 53r., 54l.o., 55u., 69u., 70r.,u., 71, 76/77, 81ro und u., 126, 132, 147u. Umschlagvorderseite 2., 3., 4., 5. oben
Robert Bosch GmbH, Stuttgart: 54r., 69o.
Carlson Verlag, Hamburg: 149o.
DER SPIEGEL, Spiegel-Verlag Rudolf Augstein GmbH&Co.KG, Hamburg: 28/29, 120, 145, 152
Deutsche Lufthansa, Frankfurt: 112, 114–117
Deutsches Historisches Museum, Berlin: 27o., 89, 100, 102r., 113, 121 u., 130/131, 143, 148, 149o.l., 150/151
Filmmuseum, Berlin: 5r., 135-137
Friedrich Ebert Stiftung, Archiv der sozialen Demokratie der Friedrich-Ebert-Stiftung, Bonn: 33l.
Friedrich Naumann Stiftung, Archiv des Liberalismus, Gummersbach: 32r.
Johannes Glöckner, Dortmund: 1, 24o.l. und o.r., 38u., 43u., 118o.
Günther, Oberschleißheim: 144 (Polydor 24027, 23733, 24042, 24048, 23699, Dana Records)
Haus der Geschichte der Bundesrepublik Deutschland, Bonn: 26, 27u., 30/31, 33r.
Henkel, Düsseldorf: Umschlagvorderseite l.o., 4, 17, 19o. und u., 59l., 67u., 90o.l. und o.r.
Henschel, Ebersdorf: 23
Henseler, Hattingen: 67o., 70o.l.
Rudolf Heym, Ingersleben: 9u., 12/13, 64/65, 82o., 83u., 106, 123, 157
Hilmer, Hermannsburg: 22o.
Kauka Promedia, Kerken-Aldekerk: 149u.
Konrad Adenauer Stiftung e.V. Archiv für Christlich-Demokratische Politi, Plakatsammlung, St. Augustin: 32l.
Günter Korbel, Göttingen: 110/111
Krohberger, Brand-Erbisdorf: 40l., 56u., 118u.
Harald Lange, Bad Lausick: 25, 36
Monika Lustig, Karlsruhe: 56o.
Miele, Gütersloh: 51o., 67r., 68, 74
Jörg Mortsiefer, Wuppertal: 39o.
Michael Otto Hamburg: 104l., 105r.
Otto-Versand, Hamburg: 54u., 66, 88o., 92/93, 103u., 133
Paulaner Brauerei GmbH&Co.KG, Unternehmensarchiv, München: 128
Pingel, Braunschweig: 62o.
Poggenpohl Möbelwerke GmbH, Herford: 14, 50o.
Presse- und Informationsamt der Bundesregierung/Bundesbildstelle/Perlia-Archiv: 27o.
Privat: 38o., 60/61, 63, 72, 79, 104o., 129u., 146
Radeberger Exportbrauerei: 20/21, 127
Erich Reinheckel, Dresden: 39u., 41, 83o., 122
Rheinländer Wartburgfreunde: 82m., u.
Rosenthal AG, Selb: 48, 49ol. 55o.
Helmut Säuberlich, Wuppertal: 11o. und M., 34, 44, 45, 101, 119, 153
Hans-Joachim Schreckenbach, Potsdam: 35, 47, 78, 107, 156
SWR Südwestrundfunk, Baden-Baden: 140o., 141 o.l., 142u.
Spieler, Braunschweig: 49u.
Stadt Bad Kissingen: 46, 108, 109
Stadt Bad Säckingen: 15, 22u., 62u.
Stadt Bad Schussenried: 121o.
Stadt Braunschweig: 37
Stadtarchiv Villingen-Schwenningen: 129 o. und M.
Triumph International AG Deutschland, Heubach: 98r., 99
Vitra Collections AG / Hans Hansen, Birsfelden: 53l., 52o.
Volkswagen AG, Wolfsburg: Umschlagvorderseite, großes Bild, 17u., 24 u., 75, 81 o.l.
Dieter Waltking, Düsseldorf: 42, 43 o.
WDR, Köln: 134, 138, 139, 140u., 141o.r. und u.
Eric Welch, Nürnberg: 5l., 9o., 57, 58, 86/87, 88u., 90l.u.+r.u., 91., 94–97, 102l., 104r.u., 124, 125

Wir danken allen Rechteinhabern und Verlagen für die Abdruckgenehmigung. Trotz intensiver Bemühungen war es nicht möglich, alle Rechteinhaber zu ermitteln. Wir bitten diese, sich an den Verlag zu wenden.

Impressum

Für Hinweise und Anregungen sind wir jederzeit dankbar. Bitte richten Sie diese an:
C. J. Bucher Verlag
Produktmanagement
Postfach 80 02 40
D-81673 München
E-Mail:
lektorat@bucher-verlag.de

Bibliografische Information der Deutschen Nationalbibliothek
Die Deutsche Nationalbibliothek verzeichnet diese Publikation in der Deutschen Nationalbibliografie; detaillierte bibliografische Angaben sind im Internet über http://dnb.d-nb.de abrufbar.

»Unsere besten Jahre« ist eine stark preisreduzierte Neuauflage der beiden 2006 im Bucher Verlag erschienenen Titel »Deutschland in den 50er-Jahren« und »Deutschland in den 60er-Jahren«. Die beiden Einzeltitel sind nicht mehr lieferbar.

Konzeption:
Rüdiger Dingemann
Lektorat: Joachim Hellmuth
Grafische Gesamtgestaltung: h3a GmbH, München
Herstellung: Bettina Schippel
Technische Produktion: Repro Ludwig, Zell am See

Gesamtherstellung: Verlagshaus GeraNova I Bruckmann

ISBN 978-3-7658-1887-5

UNSERE BESTEN JAHRE

60er

RÜDIGER DINGEMANN · RENATE LÜDDE

DAS WAREN NOCH ZEITEN!

Deutschland in den 60er-Jahren

Inhalt

6 **Vorwort**

Das magische Jahrzehnt
Eine Zeitreise

9 Kalter Krieg und zerstörte Hoffnungen
Von Welt- und deutschen Krisen

12 Alles könnte so weitergehen
Wohlstand ohne Sorgen

16 Die Revolte oder We had a dream
Der Muff unter den Talaren und die APO

20 Rock und Pop oder Es wird lauter
Beatlemania und Rollende Steine

26 **Alltag**

Alles so schön bunt hier

28 Wirtschaft
Genug Arbeit und Gastarbeiter helfen

32 Politik Ost und West
Zwischen Mauerbau und Machtwechsel

38 Stadtbilder
Die Unwirtlichkeit der Städte

46 Verkehr
Die rasende Gesellschaft

56 Familie
Vater, Mutter und rebellische Kinder

68 Wohnen
Die eingerichtete Gesellschaft

76 Warenwelt
Die Konsumgesellschaft

Vorhergehende Seite:
»Sinalco-Kola«-Werbung aus der Zeitschrift »twen« 6/1968.

84 **Freizeit**

Let's go – Zwischen Tradition und Flower-Power

86 Mini, Midi, Maxi
Die Röcke werden kürzer, die Haare länger

94 Reisen – Die Weite suchen
Nach Italien und auf nach Indien

114 Sport – Boxer, Läufer, Kicker
Olympische Spiele und verpasste Chancen

120 **Kultur**

Lesen, hören und sehen

122 Was man sah
Die Glotze wird bunt

130 Was man hörte
Rock-Pop und Marmor, Stein und Eisen bricht

138 Was man las
Deutschstunde und Publikumsbeschimpfung

146 Worüber man redete
Alles ist Politik, selbst der Klatsch

156 Anhang
Chronik
Register
Bildnachweis
Impressum

DER LACK

Für die Dichterin Else Lasker-Schüler war sie »ein stahlharter Drachen mit vielen Bahnhofsköpfen und sprühenden Augen«: Die Wuppertaler Schwebebahn wurde zum Wahrzeichen der Stadt: Bereits 1900 eingeweiht, transportiert sie heute 75000 Fahrgäste 12 Meter über der Wupper kreuzungsfrei durch die bergische Stadt. Mit einer Geschwindigkeit bis zu 60 Stundenkilometern benötigt sie für die 13,3 Kilometer lange Strecke mit 20 Bahnhöfen 35 Minuten.

Das magische Jahrzehnt
Eine Zeitreise

Die beschleunigten Jahre

An den 60er-Jahren scheiden sich die Geister. Die einen, die damals jung waren, bekommen leuchtende Augen, andere, die damalige Elterngeneration, schütteln manchmal heute noch den Kopf. Was war passiert?

Die Deutschen hatten sich in die »Erlebnisgesellschaft« aufgemacht. Es waren sehr politische Jahre und für manchen sogar »wilde«; doch damit sind vor allem die späten 60er-Jahre gemeint, insbesondere das Jahr 1968. Heute, vier Jahrzehnte später, sollen nun die so genannten 68er dafür verantwortlich gemacht werden, dass es so gekommen ist, wie es in den Jahren danach kam. Diese Meinung ist heftig umstritten. Unbestritten ist, dass es ein an Veränderungen reiches Jahrzehnt war. Politische, gesellschaftliche und private Konventionen wurden »hinterfragt«, wie man damals im Slang des Zeitgeistes sagte, und auch manche Konvention wurde gesprengt.

Der Minirock musste in einer Zeit schocken, in der das Händchenhalten in der Öffentlichkeit noch als unsittlich angesehen wurde und unverheiratete Frauen »Fräulein« genannt wurden. Erst allmählich wurde Prüderie durch einen offeneren Umgang mit der Sexualität abgelöst. Die langen Haare der jungen Leute und ihre Musik wurden als widerlich und störend empfunden, Demonstrationen in Hörsälen und auf der Straße schienen den Untergang des Abendlandes einzuläuten: Diesem bunten Treiben musste Einhalt geboten werden!

Doch nicht längst alle jungen Leute trugen diese neumodischen Frisuren oder hörten Beatmusik. In diesem Jahrzehnt musste sich zwar der deutsche Schlager angelsächsischer Konkurrenz erwehren, und er unterlag, doch die Mehrheit der Jugend saß noch brav mit den Eltern vor dem heimischen Fernsehgerät – wenn sie schon eins besaßen – und sahen der »Familie Hesselbach« zu oder erfreuten sich an den Späßen und Sprachspielereien von Heinz Erhardt, bestaunten die Klugheit der Kandidaten bei Hanns-Joachim Kulenkampffs »Einer wird gewinnen« und unterhielten sich prächtig bei Rudi Carrells Shows.

Zukunftsvisionen und -euphorie wurden nicht zuletzt durch die Weltraumfahrt ausgelöst. Am 12. April 1961 hatte ein neues Zeitalter begonnen. Der erste bemannte Weltraumflug der Geschichte war erfolgreich gestartet worden. Und als die Raumkapsel »Wostok« mit dem Kosmonauten Juri Gagarin an Bord im All unterwegs war, bedeutete dies nicht nur einen Triumph der sowjetischen Forscher, sondern in Ost wie West setzte eine geradezu übergroße Erwartungshaltung ein, was nun alles technisch machbar zu sein schien. Und mit dem Spaziergang von Neil Amstrong und Edwin Aldrin auf dem Mond am Ende des Jahrzehnts war ein erneuter wichtiger Meilenstein gesetzt, nicht nur in der Weltraumfahrt, sondern auch für die Technik- und Menschheitsgeschichte. Würde man bald unter Wasser oder im All leben können? Wer wollte daran zweifeln? Der Staat begann stärker als früher Wissenschaft und Bildung zu fördern. Publizistisch begleitet wurde die Zukunftseuphorie von der Illustrierten »Stern« mit ihrem Wettbewerb »Jugend forscht«. Die neuen Genies und zukünftigen Nobelpreisträger sollten schon in der Schule entdeckt und gefördert werden.

Das Lebensgefühl war optimistisch, Konsumwünsche und -träume waren erfüllbar geworden. Die Mehrheit nahm an dem seit dem Ende der 50er-Jahre anhaltenden Wirtschaftswunder teil – jeder nach seinen Möglichkeiten. Viele sahen die Zukunft rosig. Doch auch erste Wolken zeichneten sich am Horizont ab ...

Für die Deutschen war es darüber hinaus ein Jahrzehnt der Internationalisierung, das aufregendste, bunteste und lauteste der Nachkriegszeit, auch wenn der Kalte Krieg immer noch den Frieden in Europa bedrohte und eine Mauer durch Berlin gebaut wurde.

26. Juni 1962: US-Präsident John F. Kennedy hält seine erste Rede auf deutschem Boden. Er wurde vom Berliner Regierenden Bürgermeister Willy Brandt auf dem Flughafen Tegel begrüßt. In der Mitte Kennedys Dolmetscher Robert Lochner.

Schon immer träumte der Mensch vom Fliegen, von der Eroberung des Weltraums und von Reisen zum Mond. Am 20. Juli 1969 war es so weit: Der US-Astronaut der »Apollo 11«, Neil Armstrong, betrat als erster Mensch die Mondoberfläche mit den berühmten Worten »Dies ist ein kleiner Schritt für einen Menschen, doch ein großer Sprung für die Menschheit.« Diese Aufnahme von ihm machte sein Kollege Edwin Aldrin, der nach ihm aus der Landefähre gestiegen war.

Kalter Krieg und zerstörte Hoffnungen

Von Welt- und deutschen Krisen

Die 60er-Jahre begannen zunächst behäbig, kamen aber zur Mitte des Jahrzehnts mächtig in Fahrt. Am Anfang lastete noch die Vergangenheit über den Gesellschaften hüben wie drüben. Eine Vergangenheit, die, wie man in einer unglücklichen Wortwahl sagte, nicht »bewältigt« oder über die man nicht getrauert hatte oder nicht trauern wollte, wie es die Psychoanalytiker Alexander und Margarete Mitscherlich in ihrem berühmten Buch »Die Unfähigkeit zu trauern« beschrieben haben. Dies sollte auch noch lange so bleiben.

Daneben war bereits das große Ziel dieser Jahre von der Jugend formuliert worden: Es sollte eine Gesellschaft ohne Zwang und Autoritäten entstehen. Die Ziele der Französischen Revolution »Freiheit, Gleichheit, Brüderlichkeit« galt es zu verwirklichen, erweitert um Gerechtigkeit und Frieden. Freiheit hatte der Westen; den besten Beweis lieferten die jungen Revolutionäre an den Universitäten.

Mit der Gleichheit und Brüderlichkeit, die dann »Solidarität« hieß, war es in der saturierten Gesellschaft des Westens nicht weit her. Gerechtigkeit stand in der Verfassung, dem Grundgesetz der Bundesrepublik Deutschland, doch war auch den Opfern der nationalsozialistischen Gewaltherrschaft Gerechtigkeit widerfahren? Noch lange nicht waren alle Täter dingfest gemacht worden, einige der berüchtigten Schreibtischtäter oder opportunistischen Mitläufer, die wesentlich zur Stabilisierung des Unrechtsregimes mit beigetragen hatten, waren schon lange wieder in Amt und Würden. Dies konnte gesellschaftspolitisch nicht lange gut gehen.

Und Frieden? Mit der Ermordung des US-Präsidenten John F. Kennedy 1963, seines Bruders Robert fünf Jahre später und des farbigen Bürgerrechtlers Martin Luther King schienen die Hoffnungen auf eine andere, friedlichere Welt begraben zu sein.

Frieden gab es in Mitteleuropa, wenn auch durch den Kalten Krieg stets bedroht, der durchaus auch ein heißer werden konnte. Doch in Asien, Afrika, Süd- und Mittelamerika herrschte Krieg sowie Rassendiskriminierung in den USA. Dort war es zu bürgerkriegsähnlichen Zuständen in den Großstädten gekommen. Reichtum und Wohlstand auf der Welt waren nach wie vor ungleich verteilt, die Schere zwischen Arm und Reich ging zwischen den Industriestaaten und der Dritten Welt immer weiter auseinander. Der Hunger auf der Erdkugel war damals nicht besiegt und ist es noch heute nicht. Die nigerianische Ostregion Biafra wurde zum Synonym für Elend und Hoffnungslosigkeit, als sie versucht hatte, in einem blutigen Bürgerkrieg 1967 bis 1970 unabhängig zu werden. Und wie in allen Kriegen der Welt, hatte die Bevölkerung am meisten zu leiden.

Angesichts dieser Ungerechtigkeit in der Welt wollte die junge deutsche (und nicht nur diese) Generation sich nicht mehr nur mit sich selbst beschäftigen; interessanterweise auch nicht mit der Teilung ihres Landes. Die Teilung war trotz der großen öffentlichen Empörung über den Mauerbau in Berlin (1961), der weltweiten Kriegsgefahr während der Kubakrise (1962), bei der es indirekt auch um die Berlinfrage ging, als ein Ergebnis des Zweiten Weltkriegs von den meisten Westdeutschen stillschweigend hingenommen worden. Daran änderten auch die wiederholten Appelle der westdeutschen Politiker nichts, an der Wiedervereinigung festzuhalten. Damit dieses Verfassungsziel nicht in Vergessenheit geriet, wurde auch der 17. Juni als nationaler Gedenktag (Tag der Deutschen Einheit) in Erinnerung an den Volksaufstand von 1953 in der DDR seit 1954 begangen.

Der Alltag sah anders aus: Im Westen sprach man abschätzig von der »Ostzone« oder »SBZ« (Sowjetische Besatzungszone), in der DDR gern von »Westdeutschland«, womit der Begriff auf das gesamte Gebiet der »BRD« angewandt wurde. Die einen sprachen von den »Brüdern und Schwestern« in der »Zone« und schrieben lange Zeit DDR in Anführungszeichen, die anderen sprachen vom »kapitalistischen Ausland«, das von »Militaristen« und »Revanchisten« regiert werde.

An gegenseitige Besuche von West nach Ost war nicht zu denken; diese waren in wenigen Ausnahmefällen möglich. DDR-Bürger durften prinzipiell nicht in den Westen ausreisen. Und wer vom Westen in den Westteil von Berlin reisen wollte, konnte dies auf dem Landweg nur über die sogenannten Transitstrecken. West-Berliner durften nicht in den Ostteil der Stadt.

Darüber hinaus war der Transitverkehr sehr störanfällig: Ständig gab es politische Repressalien und Behinderungen seitens der DDR-Behörden. Das lag in den ersten beiden Jahrzehnten nach der Teilung an den nur unzureichend vertraglich fixierten Regelungen. Seit 1951 mussten Straßenbenutzungsgebühren bezahlt werden, 1968 führte die DDR den Pass- und gebührenpflichtigen Visazwang auch für den Reiseverkehr nach West-Berlin ein.

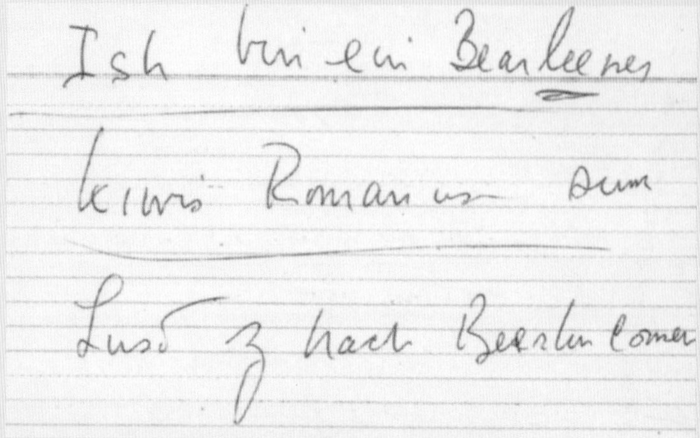

Auf diesem Zettel hatte sich der amerikanische Präsident John F. Kennedy die Aussprache seiner berühmten Worte »Ich bin ein Berliner« notiert. [In seiner Rede vor dem Schöneberger Rathaus am 26. Juni 1963 hatte er die amerikanische Garantie für die Sicherheit und Freiheit West-Berlins bekräftigt:] »Alle freien Menschen, wo immer sie leben mögen, sind Bürger Berlins, und deshalb bin ich als freier Mann stolz darauf, sagen zu können: Ich bin ein Berliner.«

Dabei wollten beide deutsche Staaten (eigentlich) die gewaltsame Trennung eines Tages wieder aufheben. Das schrieb der eine in sein Grundgesetz, der andere in seine Nationalhymne. Doch die Einheit war abhängig von den Großmächten, die beide deutschen Staaten alimentierten und zu Frontstaaten im Ost-West-Konflikt gemacht hatten: Die Bundesrepublik Deutschland war ökonomisch wie politisch ein Teil des Westens, die Deutsche Demokratische Republik fest verankert in der sozialistischen Staatengemeinschaft.

Deutschlands Zweistaaten-Existenz wurde auf beiden Seiten innenpolitisch ausgespielt: Die Anhänger der studentischen Opposition im Westen, ideologisch links beheimatet, wurden von den etablierten Parteien und ihren Medien als Kommunisten beschimpft, und sie sollten doch gleich »rüber gehen«. Doch der real-existierende Sozialismus der DDR und der sowjetischen Blockstaaten löste bei der Mehrheit der westdeutschen Linken keine Begeisterung aus und stellte auch kein Vorbild dar. Das sah man eher in China oder Kuba. Die Niederschlagung des sogenannten »Prager Frühlings«, der einen Sozialismus mit menschlichem Antlitz verwirklichen wollte, durch Truppen des Warschauer Paktes im August 1968, fand wahrlich nicht den Beifall der westdeutschen Linken.

Die Konservativen im Westen wurden dagegen gern als die Ewiggestrigen tituliert oder als verkappte Nazis verunglimpft: vor allem die Vertreter der Flüchtlingsverbände der Schlesier und Sudetendeutschen, die auf ihren Treffen häufig zu markige Worte fanden und offensichtlich das Ergebnis des Zweiten Weltkriegs rückgängig machen wollten. Erst die Ostpolitik Anfang des nächsten Jahrzehnts, heftig bekämpft, brachte durch die Losung »Wandel durch Annäherung« auch ein entspannteres Verhältnis zu den osteuropäischen Staaten.

Nach dem Zweiten Weltkrieg und der Bildung zweier deutscher Staaten hatte es nicht wenige gegeben, die in der Gründung der DDR die Chance für ein anderes, besseres Deutschland sehen wollten. Es war der Anspruch dieses Staates, demokratisch und antifaschistisch zu sein. Und der Antifaschismus war für viele, die ihre Erfahrungen mit dem Dritten Reich gemachten hatten, ein neuer Weg. Jahrelang galt offiziell das Ideal des Kantschen kategorischen Imperativs, dass jeder Einzelne so zu handeln habe, dass ein besseres und neu strukturiertes Gemeinwesen entstehen könne: demokratisch und antifaschistisch. Dieser Anspruch verkam zu einer Phrase, zumal der zweite deutsche Staat keine wirklichen demokratischen Strukturen hatte.

Am 13. August 1961 wurde mit dem Bau der Berliner Mauer begonnen: hier an der Zimmerstraße. 155 Kilometer Stacheldraht auf einer Betonmauer von einer durchschnittlichen Höhe von 3,60 Metern.
Hinzu kamen Elektrozäune und Wachtürme. 254 Menschen starben allein in Berlin an der Grenze, die Deutschland teilte.

Die Mode macht's: Etwas kapriziös vielleicht, doch junge Damen verstehen es, sich geschickt in Szene zu setzen. Hier etwas orientalisch, etwas parisesrisch-verspielt, auf jeden Fall auffällig. Glitzernde Paillettenstoffe und spinnwebfeine Spitzen, dazu Schmuck wie aus Tausendundeiner Nacht.
Das sorgfältige Make-up kokettiert mit zurückhaltender Blässe, nicht mit sportlicher Bräune.

Auch in der Kulturpolitik wollte man in der DDR ganz andere Akzente setzen als im Westen. Das Stichwort lautete: »Bitterfelder Weg«. Von dem Industrieort Bitterfeld bei Halle sollten nicht nur der industrielle Fortschritt ausgehen, sondern auch neue Wege in der Kulturpolitik: Entstehen sollte eine eigenständige »sozialistische Nationalkultur«, um die »wachsenden künstlerisch-ästhetischen Bedürfnisse der Werktätigen« zu befriedigen. 1959 und 1964 gaben Autorenkonferenzen im VEB-Chemiekombinat Bitterfeld die Richtung vor, wie die »vorhandene Trennung von Kunst und Leben« und die »Entfremdung zwischen Künstler und Volk« zu überwinden sei. Kunstschaffende sollten in den Fabriken arbeiten und Arbeiter die Kunstschaffenden bei ihrer Tätigkeit unterstützen. Walter Ulbrichts Direktive lautete: »Greif zur Feder, Kumpel, die sozialistische deutsche Nationalkultur braucht dich!« Denn in Staat und Wirtschaft sei »die Arbeiterklasse der DDR bereits Herr«, wie er 1958 verkündet und hinzugefügt hatte: »Jetzt muss sie auch die Höhen der Kultur stürmen und von ihnen Besitz ergreifen.« In der BRD hatte sich 1961 mit ähnlichen Intentionen der »Werkkreis Literatur der Arbeitswelt«, eine lose Verbindung von Dortmunder Arbeiterschriftstellern, die »Gruppe 61« gebildet.

Das Programm zur »Bildung des sozialistischen Bewusstseins« und der »sozialistischen Persönlichkeit« wurde bereits 1965 aufgegeben, auch wenn es noch 1967 auf dem VII. Parteitag der SED Teil des Parteiprogramms war und im Prinzip damit zur staatlichen Kulturpolitik wurde. Abweichler vom sozialistischen Realismus waren Sanktionen ausgesetzt. Vor allem prominente Autoren waren auf Distanz zum Bitterfelder Weg gegangen. Sie befürchteten eine Bevormundung in ihrer gesellschaftlichen Funktion als kritische Künstler sowie eine Instrumentalisierung der Kunst zur Parteipropaganda.

Die DDR hat es seinen Bürgern nicht leicht gemacht, sich zu ihr zu bekennen. Der Staat misstraute seinen Bürgern, auch wenn sie sich bei der Partei und in staatlichen oder halbstaatlichen Organisationen engagierten. Die Aktivitäten der »Krake« Stasi, der Staatssicherheit, im Volksmund »VEB Guck und Horch« genannt, vergifteten das innenpolitische Klima. Meinungsfreiheit gab es nicht, nur hinter vorgehaltener Hand.

Und Reisefreiheit? Die gab es nur in die sozialistischen Bruderstaaten. Reisen ins »kapitalistische« Ausland durften nur Reisekader, vor allem Angehörige aus dem Staats- oder Parteiapparat oder Sportler, Künstler und Wissenschaftler; stets begleitet und überprüft vom Staatssicherheitsdienst. Wer diese Reisen ins Ausland machen konnte, galt bei den Behörden als »zuverlässig«. Nach der Rückkehr war jedoch häufig dem Ministerium für Staatssicherheit ein sogenannter Pflichtbericht zu erstatten. Dieser Staat, der mit so vielen Idealen angetreten war, hatte seine Bürger zu Opfern und Tätern gemacht.

Mit den Jahren richteten sich die Bürger in einer Art Nischengesellschaft ein. Und niemand »hüben wie drüben« glaubte ernsthaft daran, dass man eines Tages wieder zusammenfinden würde.

Alles könnte so weitergehen
Wohlstand ohne Sorgen

Mit Beginn der 60er-Jahre hatten sich die westlichen Länder in ihrem Lebensstil einander angeglichen. Deutlich zu beobachten war das in der Mediennutzung und im Massenkonsum. Die dynamische Entwicklung des vorausgegangenen Jahrzehnts war noch ungebremst. Die Städte, die häufig durch die rasante Industrialisierung den Charme der Unwirtlichkeit hatten, sollten modernisiert und autogerechter werden, denn wer es schon zu etwas gebracht hatte, der hatte auch ein Automobil.

Es war die Zeit, als das Autowaschen am Samstag auf der Straße noch selbstverständlich war. Die Gesellschaften in Ost und West waren mobiler geworden, so mobil, dass es schon zu ernsthaften verkehrspolitischen Problemen kam. Neben den geopolitischen Unsicherheiten ging das Wirtschaftswunder weiter, viele technische Neuheiten erleichterten den Alltag.

In Deutschland herrschte Vollbeschäftigung, Löhne und Kaufkraft stiegen und trugen dazu bei, dass immer mehr Konsum- und Freizeitbedürfnisse befriedigt werden konnten. Die bescheidenen 50er-Jahre waren bald vergessen, zum ersten Mal ging es den Menschen in West-Deutschland mehrheitlich gut. Auch in der DDR stabilisierten sich die wirtschaftlichen Verhältnisse, wenn auch im Vergleich mit dem Westen auf relativ niedrigem Niveau, jedoch im Verhältnis zu den östlichen Bruderstaaten besser.

Doch noch wuchsen die Konsumwünsche nicht in den Himmel, man war eher auf Bestandsicherung aus und wollte auch noch in der arbeitsfreien Zeit arbeiten, um das Erreichte allmählich zu mehren. Überstunden und Nebentätigkeiten, man sprach noch nicht von Jobs wie heute, sollten den Kauf eines eigenen Wagens, nun kein Kleinwagen, sondern einen aus der Mittelklasse oder eines Eigenheims, das man mit Nachbarschaftshilfe selber baute, ermöglichen. Alle sollten da mit anpacken: die Großeltern, die Frau, die Kinder. Zwar war zu Beginn der 60er-Jahre die Wohnungsnot der Nachkriegszeit noch nicht endgültig behoben; das war sie aber gegen Ende des Jahrzehnts. Man konnte sich etwas leisten, da man in den vergangenen 20 Jahren seit Kriegsende

München leuchtet hier am Stachus. Schon damals war es nicht einfach, in der Innenstadt einen Parkplatz zu ergattern. Das Großstadtleben pulsierte. Im Restaurant des noblen Hotels Königshof herrscht Hochbetrieb und an der Straßenbahnhaltestelle drängeln sich die Fahrgäste. Die Leuchtreklamen an und auf den Häusern gehen die ganze Nacht nicht mehr aus.

etwas geleistet hatte. Im eigenen Haus schöner wohnen wollten nun viele und Kühlschrank und Waschmaschine wurden zur Selbstverständlichkeit in jedem Haushalt. Auch wenn es überraschen mag, dass Ende der 60er-Jahre nur ein Drittel der Haushalte ein Telefon und/oder einen Fernseher besaß, waren die Deutschen durch und durch Konsumenten geworden. Die neuen Wohnungen in den Städten und das permanente Häuslebauen am Stadtrand und auf dem Land führten zu einer immer weiter ausgeprägten Häuslichkeit. Die tarifliche Wochenarbeitszeit betrug für Arbeiter und Angestellte in der Industrie nun noch 44 Stunden, die Fünftagewoche wurde bald zur Regel. Die Wochenenden wurden zum Freizeitraum, der einen immer größeren Abstand zwischen der privaten und der Arbeitswelt schuf; auch wenn das Eigenheim und der eigene Pkw, der notwendig geworden war, um zum weiter entfernten Arbeitsplatz zu kommen, durch Überstunden abbezahlt werden musste.

Denn es ging schon lange nicht mehr nur um das existenzielle Überleben: Die »schlechte Zeit« lag jetzt schon 10 bis 15 Jahre zurück. Nun sollten andere Dinge im Vordergrund stehen, und das war das eigene Erleben. Der Erlebnishunger nahm zu und wurde immer anspruchsvoller. Hatte man das meiste erreicht, dann sollten nun auch endlich die Ferien genossen werden. Urlaub im eigenen oder im fremden Land, ob in den Bergen oder an der See, mit Auto oder Bus, Bahn oder Flugzeug wollte (und konnte) sich bald jede bürgerliche Durchschnittsfamilie »leisten«: [nicht alle!]. Wo man war, wurde gern erzählt und vor allem gern gezeigt. Man lud Freunde und Bekannte zu Dia-Abenden ein und erfreute (oder langweilte) seine Gäste mit den Schnappschüssen. Gab es statt Dias Papierabzüge, so wurden sie in ein Album geklebt, hinzu kamen Fahr- und Eintrittskarten, Hotelrechnungen oder das selbst gepflückte Edelweiß. Deutschland war auf dem Weg in eine Freizeitgesellschaft.

Begleitet wurde diese gesellschaftliche Erfolgsstory vom Kino und später vom Fernsehen. In vielen Filmen spielte der »kleine Mann« die Hauptrolle, in der Regel in Komödien. Mit Heinz Rühmann, Heinz Erhardt und Peter Alexander waren die Prototypen des Wirtschaftswunder-Märchens gut besetzt: Der eine, Publikumsliebling nach wie vor, spielte den verschmitzten Kleinbürger, der andere durfte den liebenswerten Trottel oder Spaßmacher mimen, der immer wieder auf die Beine kam und immer einen passenden Spruch parat hatte, und der dritte gab den jugendlichen feschen Mann, den idealen Schwiegersohn, weltgewandt und romantisch, für jede Lebenslage mit einem Lied zur Stelle.

Zu diesen deutschen Unterhaltungsfilmen kamen ausländische Filmproduktionen, nicht nur aus Hollywood, in die Kinos. Sie trugen zur Internationalisierung bei, die auch im Alltag begonnen hatte durch die Arbeitsmigration und der damit einhergehende höhere Anteil der ausländischen Bevölkerung, das Kennenlernen fremder Länder durch Schüleraustauschprogramme und zunehmenden Tourismus sowie die Verbesserung der Sprachkenntnisse (besonders des Englischen). Dies und die Medienentwicklung beeinflussten den Lebensstil – vom Konsum über die Gastronomie bis zur Musik – und prägten das Lebensgefühl vieler Menschen entscheidend mit.

Man war nun an einen Punkt angekommen, wo es einem gut ging. Und: Es konnte eigentlich doch nur so weitergehen – glaubte

Man gönnt sich ja sonst nichts, oder: Jetzt können wir uns auch das leisten. Das Wirtschaftswunder macht den Luxus möglich. Auch im Flugzeug sollte es an nichts fehlen. Doch dieser Luxus war nur für wenige bezahlbar geworden.

Der Komfort in den Lufthansamaschinen entsprach sehr schnell internationalen Standards. Passagiere der ersten Klasse ließen es sich an Bord sichtlich wohl ergehen.

man. Die ersten wirtschaftlichen kleineren Dellen hatte man gut »weggesteckt« und allenthalben ging es weiter voran. Doch Geschichte ist blind und die Menschen, die mit ihr leben müssen, realisieren nur schwer, dass es nicht nur eine steil aufsteigende Kurve des Positiven gibt.

Die ersten wirtschaftlichen Rückschläge hatten sich angekündigt, wenn auch noch sehr verhalten. Konsequenzen zog man daraus nicht, trotz der Warnung zum Beispiel des 1968 gegründeten Club of Rome über die Grenzen des Wachstums. Ökologie war ein Begriff der Wissenschaft und noch kein Allgemeingut. Die Zeitgenossen wollten die ersten Kassandrarufe überhören. Wer von derartigen Zukunftsproblemen sprach, wurde nicht ernst genommen. Im eigenen Selbstverständnis und Stolz auf das Erreichte war man der Überzeugung, man könne durch staatliche Planung Wirtschaftskrisen für alle Zeiten vermeiden, Wohlstand und Vollbeschäftigung für alle sichern. Die Rezepte gegen die erste Wirtschaftskrise waren die alten. In diesem Jahrzehnt plante und lenkte der Staat in zunehmendem Maß Wissenschaft und Technik, verknüpft mit großen Hoffnungen auf den technologischen Fortschritt. Doch gegen die »Unwirtlichkeit der Städte« und ihre »Wohnmaschinen«, gegen die Zerstörung der Natur regte sich auch erster Widerstand in der Konsum- und Wohlstandsgesellschaft, die sich immer mehr zu einer »Erlebnisgesellschaft« entwickeln sollte – bis in unsere Gegenwart. Erst gegen Ende des

Jahrzehnts begann ein Zeitalter der Reformen, so wie es die neue sozial-liberale Regierung 1969 angekündigt hatte: innen- wie außenpolitisch.

Wie unsicher der Frieden war, das hatten Mauerbau und Kubakrise gezeigt. Gegen den Krieg in Südostasien und die Befreiungskriege, in denen die Großmächte Stellvertreterkriege führten, protestierten Junge und Alte, Christen und Sozialisten: Die Menschen wollten keine kriegerischen Konfliktlösungen. Deutschland, Ost wie West, lebte nun fast ein Vierteljahrhundert in Frieden, wenn auch angespannt und zerbrechlich, aber in Frieden. Der sollte bewahrt und gesichert werden. Bei den Ostermärschen wandte man sich vehement gegen die atomare Aufrüstung. Die Nuklearwaffen sollten abgeschafft und die Atomkraft einer friedlichen Nutzung zugeführt werden. Kernenergie galt als »saubere« Energie der Zukunft. Man glaubte, sie im Griff zu haben und beherrschen zu können.

Vor allem die Jugend ging für den Frieden auf die Straße. Sie schien darüber hinaus die Progressivität gepachtet zu haben, im Politischen, Moralischen und im Kulturellen. Zum Teil standen sich bald Tradition und Fortschritt in einem fast unauflösbaren »Kulturkampf« gegenüber. Der Generationenkonflikt war unausweichlich.

Die Revolte oder We had a dream

Der Muff unter den Talaren und die APO

Das sechste Jahrzehnt des 20. Jahrhunderts war voller politischer und gesellschaftlicher Utopien. Der ehemalige Bundesaußenminister Josef (Joschka) Fischer hat einmal von dem »magischen Jahr 1968« gesprochen. Es war das Jahr des Aufruhrs.

Ihren Anfang genommen hatte die Protestbewegung mit der Unzufriedenheit an den Hochschulen über deren mangelnde Reformbereitschaft. Hinzu kam die Weigerung der Elterngeneration, sich der Vergangenheit zu stellen sowie der Wunsch und die Hoffnung auf eine bessere, gerechte und friedliche Welt, beflügelt von Utopien und sozialromantischen Illusionen.

In den Augen der Bürger bedeutete dies »Aufruhr« und »Revolte« . Die zunächst hochmoralisch motivierte Bewegung hatte sich darüber hinaus andere Leitbilder gesucht: Karl Marx und Friedrich Engels. Aber das waren nun die ideologischen Überväter der diktatorischen real-sozialistischen Ostblockländer. Ihr Rüstzeug holte sich die Protestgeneration bei der Kritischen Theorie der »linken« Soziologen und Politologen wie Jürgen Habermas und den berühmten, einst emigrierten und zurückgekehrten Vertretern der Frankfurter Schule, Theodor W. Adorno, Max Horkheimer und Herbert Markuse. In den Revolutionären Lateinamerikas wie Fidel Castro und Che Guevara sowie dem Führer der vietnamesischen Unabhängigkeitsbewegung Ho Chi Minh sahen sie die Vorbilder für die Praxis.

Im Zentrum stand die Kritik an Herrschaftsverhältnissen und am kapitalistischen System. Der Protest richtete sich gegen den »imperialistischen« Krieg der USA in Vietnam, die dort angeblich die Freiheit verteidigte. Es war ein weltweiter Protest. Die antiautoritäre Jugendbewegung war nicht nur auf ein Land begrenzt. Sie war in fast allen westlichen Staaten aktiv, auch im Osten, wie zum Beispiel in der Tschechoslowakei.

In der politisch engagierten Studentenschaft etablierten sich neue Protestformen wie »Teach-ins«, »Go-ins« oder »Sit-ins« in Hörsälen und bei Großdemonstrationen auf der Straße. Organisiert wurden die Proteste vor allem vom Sozialistischen Studentenbund (SDS), der ehemaligen Hochschulorganisation der SPD, die sich 1961 von ihren radikalen studentischen Parteimitgliedern getrennt hatte. Nach der Verabschiedung der Notstandsgesetze durch die Große Koalition 1968 fühlte sich die außerparlamentarische Opposition (APO) in ihrer Kritik der autoritären Verhältnisse in der Bundesrepublik Deutschland bestätigt und in ihrem Protestverhalten ermutigt. Der SDS entwickelte aufgrund dieser Kritik an

Symbole der Studentenrevolte: Am 9. November 1967 trugen Detlev Albers (links) und Gert Hinnerk Behmler bei der traditionellen Übergabe des Rektorats ihr später berühmt gewordenes Banner ins Audimax der Uni Hamburg. Rechts: Rudi Dutschke. Der Berliner Soziologie-Doktorand war der wichtigste Wortführer der APO und galt vielen Bürgern als der »Volksfeind Nr. 1«.

DER SPIEGEL
11. DEZEMBER 1967 · NR. 51
21. JAHRGANG · 1,50 DM
ERSCHEINT WÖCHENTLICH
IN HAMBURG · C 6380 C
Revolutionär
Dutschke

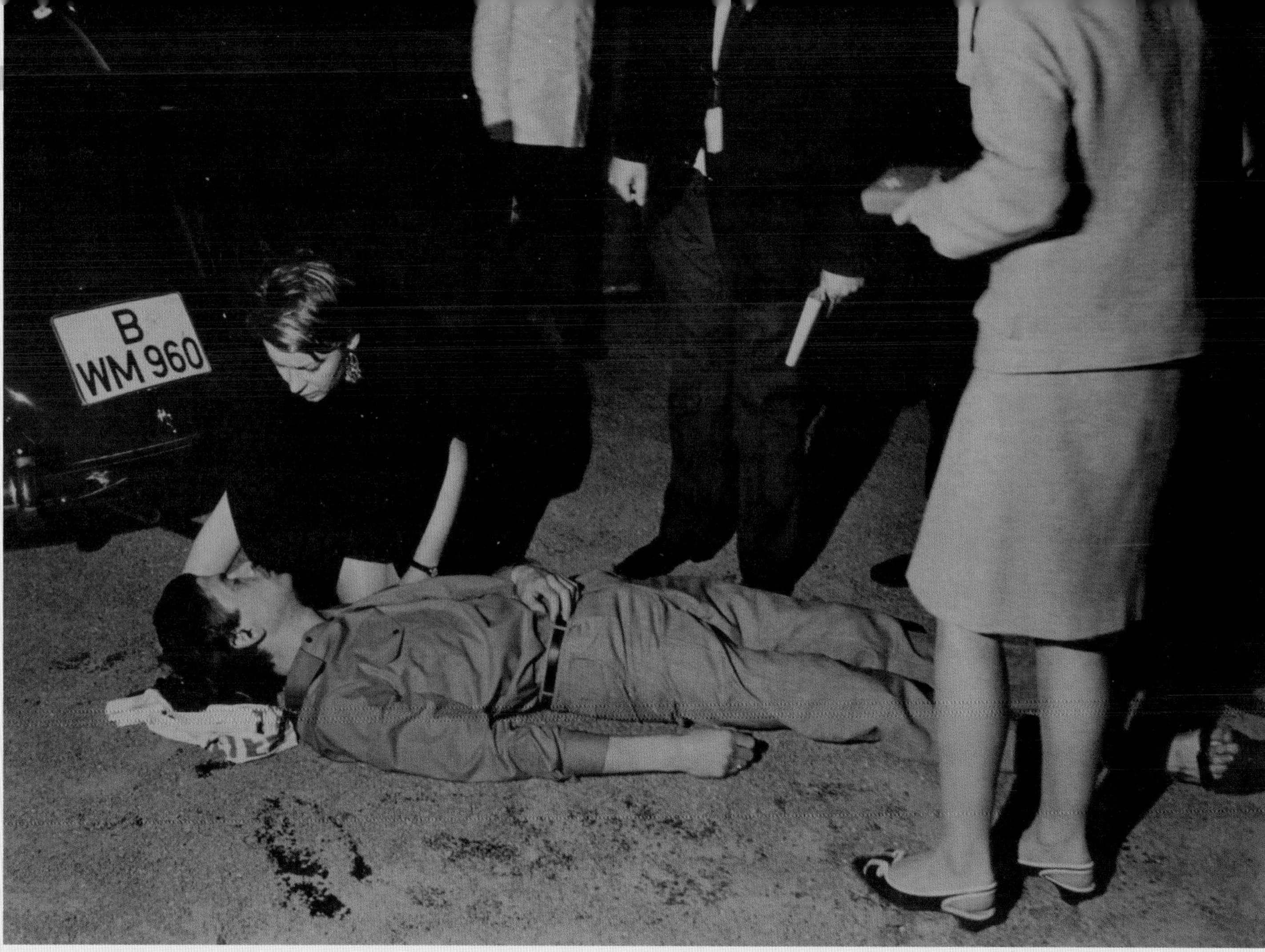

Berlin, 2. Juni 1967: Anlässlich eines Deutschlandbesuches des Schahs von Persien kam es zu Demonstrationen gegen dessen autoritäres Regime. Die Polizei war überfordert. Kriminalobermeister Karl-Heinz Kurras zog die Pistole und schoss. Der Romanistik- und Germanistikstudent Benno Ohnesorg, ein Unbeteiligter, wurde tödlich getroffen. Über den Sterbenden beugt sich die bis dahin unpolitische 22-jährige Studentin Friederike Dollinger. Der Tod Ohnesorgs sollte nicht nur ihr Leben verändern, sondern auch den weiteren Verlauf der Studentenbewegung.

den »hierarchischen Herrschafts- und Gesellschaftsstrukturen« politische Strategien, und ihr charismatischer Wortführer Rudi Dutschke hatte schon sehr früh den »Marsch durch die Institutionen« proklamiert. Von seinen Anhängern verehrt, von der konservativen Presse geschmäht, wurde der Berliner Doktorand der Soziologie sehr schnell zum prominentesten Gesicht der Studentenbewegung.

Am 2. Juni 1967 gab es den ersten Toten während einer Protestaktion. Der Student Benno Ohnesorg war während einer Demonstration gegen das autoritäre persische Schahregime erschossen worden. Er war ein Unbeteiligter, der sich eigentlich nur die Demonstration anschauen wollte. Sein Tod wurde zum Fanal und es kam zu einer ungeahnten Solidarisierungswelle. Viele schlossen sich nun der APO an, die bisher abseits gestanden hatten. Doch es wäre falsch zu glauben, dass alle Studenten oder gar die gesamte westdeutsche Jugend auf der Straße war. Die Boulevardpresse verhöhnte die Demonstranten als »radikale Minderheit«, was wiederum auf Protestumzügen gern ironisierend als »Wir – sind – eine – radikale – Minderheit« skandiert wurde.

Einen Höhepunkt stellten dann die Ereignisse nach dem 11. April 1968 dar. Es war ein Karfreitag. Auf dem Kurfürstendamm in Berlin wurde Rudi Dutschke niedergeschossen. (Er starb 1979 an den Spätfolgen.) Während der Ostertage kam es zu Unruhen mit über 400 verletzten Demonstranten und 54 verletzten Polizisten. Aus Friedens- und Bürgerrechtsbewegung entstand eine aggressive Rebellion, die phasenweise in Hass auf die kapitalistische Gesellschaftsordnung umschlug.

Aus friedlich begonnenen Demonstrationen wurden gewalttätige, weil die staatlichen Organe mit Hilflosigkeit auf diesen Protest der Straße reagiert und auch zu unverhältnismäßigen Mitteln gegriffen hatten: Wasserwerfer und prügelnde Polizisten zeigte die Tagesschau. APO und Staatsmacht standen sich nun unversöhnlich gegenüber. Es war damals schon nicht zu übersehen, dass sich eine gewisse Gewaltbereitschaft unter militanten Gruppen breit gemacht hatte. Die fahrlässige Unterscheidung zwischen »Gewalt gegen Sachen und Personen« legte die Zündschnur für spätere terroristische Aktionen. Eine sehr kleine Gruppe war gewaltbereit und sah sich durch einen überhöhten moralischen Anspruch legitimiert. Anfang April 1968 hatten in Frankfurt drei APO-Aktivisten (Andreas Baader, Gudrun Ensslin, Thorwald Proll) Kaufhäuser in Brand gesetzt, um ein Zeichen gegen die »Gleichgültigkeit der Gesellschaft gegenüber den Morden in Vietnam« zu setzen.

Heute mögen die Bilder aus den Tagen der Protestmärsche und Veranstaltungen in den Universitäten manchen überraschen: Die Demonstranten und Wortführer sind brave Bürgerkinder mit Schlips und Anzug oder in Rock und Kostüm. Die Bilder, die häufig heute noch zuerst assoziiert werden, sind jene von den Clowns der Politszene: Fritz Teufel und Rainer Langhans mit ihren Freunden und Freundinnen, allen voran das junge Münchner Fotomodell Uschi Obermaier, bildeten die anarchische bunte Begleitgruppe. Ihre Haare und ihr antibürgerliches Outfit (ein Modewort der Zeit) waren der fröhliche Kommentar gegenüber einer ansonst viel zu angepassten Gesellschaft. Viele sahen in der Kommune I (und später II in München) die Keimzelle(n) des abendländischen Untergangs.

Doch immer mehr Studenten bildeten Wohngemeinschaften, WGs genannt. Diese neuen Wohn- und Lebensformen wurden argwöhnisch beäugt. Es gab nicht selten Auseinandersetzungen mit den Eltern, wenn Tochter oder Sohn in eine WG ziehen wollten, anstatt in eine Studentenbude oder -wohnheim. In fast allen Universitätsstädten fanden sich Kommilitonen und Kommilitoninnen zusammen, wenn sie einen toleranten, nicht selten auch geschäftstüchtigen Vermieter einer Altbauwohnung fanden, um gemeinsam, deshalb preiswert zu wohnen und wohl auch zu lernen ... Der Fantasie waren bei Außenstehenden, was wohl dort noch so alles passierte, keine Grenzen gesetzt.

Mit der Emanzipation der Frauen war es in dieser Zeit noch nicht weit her. Sie wurde von den Frauen im Umfeld der Studentenbewegung in Gang gesetzt – und zwar in Auflehnung gegen die »Macho-Kommilitonen« in den Seminaren, Politzirkeln und WGs. Was vor dem Zweiten Weltkrieg noch selten und erst in den 50er-Jahren vermehrt anzutreffen war, das waren Frauen an den Hochschulen. Als Studentinnen, noch lange nicht als Lehrende. Immer mehr Mädchen hatten weiterführende Schulen besucht, obwohl das »Ach, du heiratest ja doch und bekommst einmal Kinder« noch in vieler Eltern Munde war und wohl auch heute noch ab und an in einigen Familien zu hören ist. In den Volks- und Mittelschulen war jedenfalls Handarbeits- und Kochunterricht für Mädchen Pflicht,

Ostern 1968: Nach dem Attentat auf Rudi Dutschke am Karfreitag kam es zu gewalttätigen Demonstrationen gegen den Springer-Konzern, den man für das Attentat mitverantwortlich machte. Wochen zuvor hatte die »Bild«-Zeitung sie Demonstranten kriminalisiert und als »Abschaum« beschimpft.

für Jungen gab es den Werkunterricht. In Ausnahmefällen durfte auch mal getauscht oder beides belegt werden.

In den 60er-Jahren war die deutsche Gesellschaft in Ost und West prüde und auf eine verquere Weise zwiegespalten: technisch modern und der Zukunft zugewandt, auf der anderen Seite in zwischenmenschlichen Beziehungen verklemmt. Lange noch hatte die bürgerliche Moral ein problematisches Verhältnis zum Sex. Die neue Generation forderte Lust und Freude, sprich: unbeschwerten Sex. Das Wort von der »Sexuellen Revolution« machte die Runde, Denunziert wurde es als Libertinage oder Pornografisierung der Gesellschaft, doch es veränderte das Jahrzehnt. 1960 hatte man Günter Grass noch den Bremer Literaturpreis verweigert, weil seine »Blechtrommel« zu pornografisch sei. Gegen Ende des Jahrzehnts hätte man sich mit einer derartigen Begründung der Lächerlichkeit preisgegeben.

Lang genug war die natürlichste Sache der Welt tabuisiert worden. Dieses zum Teil kollektive bewusste Verdrängen der Sexualität gebar manche Neurosen und eine bigotte Alltagsmoral, wo der Geschäftsmann ein Verhältnis mit seiner Sekretärin hatte, Vati ins Bordell ging oder heimlich unter der Ladentheke »schmutzige« Heftchen kaufte (die später der pubertierende Knabe dann doch entdeckte) und Mutti von feurigen südländischen Liebhabern träumte.

Die Mitte der 60er-Jahre einsetzende »Sexuelle Revolution« wurde von der Elterngeneration als Bedrohung empfunden. Für die jungen Leute von damals war es eine Befreiung. Doch mangelnder Aufklärungsunterricht an den Schulen und die Geschichte von den Bienen und den Staubgefäßen in den Blüten, von einigen Eltern noch gern erzählt, führten zu mancher unliebsamen Überraschung und unwillkommenem Nachwuchs. Ungewollte Schwangerschaften waren von alters her ein Problem, erst recht für ein junges Liebespaar oder eine unverheiratete Frau. In mancher Familie bedeutete das »Holland in Not«; doch gerade dort und nur dort wurde geholfen, denn im Nachbarland konnte man bis zum dritten Schwangerschaftsmonat straffrei abtreiben. In Deutschland war dies verboten. »Engelmacherinnen« hatten Hochkonjunktur und nahmen häufig unter unwürdigen Umständen und mit gesundheitlichen Schäden für die Frau Abtreibungen vor. Eine frühe Schwangerschaft bedeutete für eine Schülerin die Relegation von der Schule. Gesellschaftlich geächtet und vom BGB, dem Bürgerlichen Gesetzbuch, war jede unverheiratete Frau, die Kinder hatte, in ihrer Erziehungsberechtigung benachteiligt.

Ab 1961 sollte sich, zumindest was die ungewollte Schwangerschaft anbetraf, einiges ändern. In den USA hatte man die Anti-Baby-Pille entwickelt. Bereits 1951 war das Patent von dem aus Wien in die USA emigrierten Wissenschaftler Carl Djerassi angemeldet worden; zehn Jahre später brachte die Berliner Schering AG mit »Anovlar« die erste Pille auf den deutschen Markt. Wie heftig sie umkämpft war, zeigte die Tatsache, dass Schering sie als »Mittel zur Behebung von Menstruationsstörungen« einführen musste. Und: Die Pille wurde zunächst nur verheirateten Frauen ärztlich verschrieben! Ab 1965 produzierte der VEB Jenapharm für die DDR-Frauen »Ovosiston«.

Die katholische Kirche und konservative Kreise bekämpften die Pille. Doch es hatte eine gesellschaftliche Entwicklung eingesetzt, die von Tugendwächtern und Moralaposteln in Staat und Kirche nicht mehr rückgängig zu machen war. Die Lebenswirklichkeit war eine andere geworden. Die Jugend wollte lustbetont leben, nicht nur den Muff unter den Talaren beseitigen, sondern freiere, unbeschwertere Lebensformen ausprobieren.

Die Werbung reagierte schnell auf diese neue Entwicklung und schaltete zum Beispiel Anzeigen für neue Möbel mit der Schlagzeile »Es lebe das Schlafzimmer«. Häufig war nun auch unter jungen Männern die ironische wie chauvinistische Losung zu hören: »Wer zweimal mit derselben pennt, gehört schon zum Establishment« – in der Umkehrung galt dies natürlich auch für junge Frauen. Damit war freie Liebe ohne Schuldgefühle und Verklemmung gemeint. Diese neue Lebensart orientierte sich nach Westen. Die in den USA entstandene Hippiekultur übte eine große Attraktivität und Faszination aus: Flower-Power und Drugs and Rock 'n' Roll; die Parole der Blumenkinder hieß »Make Love not War«. Bald entwickelte sich daraus aber auch eine eher unpolitische Bewegung, die des Spirituellen. Ein Teil der jungen Generation suchte nicht mehr bei Marx und Engels seine (politischen) Antworten, sondern das Seelenheil in indischer Philosophie und Mystik.

Die Generation der 60er-Jugend ist mittlerweile um die 60 Jahre alt und älter. Sie bildet nun die etablierte Gesellschaft und führte in Gestalt der rot-grünen Koalition nach der Wiedervereinigung sieben Jahre die Regierungsgeschäfte. Ironie der Geschichte: Sie sind mit einem kurzen Umweg über Bonn wieder in Berlin, im Zentrum des damaligen Aufstands, angekommen. In der Person des Josef (Joschka) Fischer, einst Mitglied der Protestgeneration und Frankfurter Straßenkämpfer, dann hessischer Umwelt- und späterer Außenminister, scheint nicht nur eine sehr interessante persönliche Karriere, sondern auch die gesellschaftliche Entwicklung über vier Jahrzehnte ihren ganz speziellen Ausdruck gefunden zu haben.

Im wahrsten Sinne des Wortes hat der »Marsch durch die Institutionen« stattgefunden, und dies lässt sich nicht nur an einigen Politikerbiografien ablesen, sondern in der gesamtgesellschaftlichen Entwicklung: Viele der Aktiven von damals haben im Laufe der späteren Jahrzehnte in fast allen gesellschaftlichen und kulturellen Bereichen führende Positionen eingenommen und Intellektuelle haben die Zeitläufe mit beeinflusst. Deshalb spricht man gern von den Alt-68ern oder abfällig von APO-Opas. Nicht alle ihre Ziele von damals – die Schaffung einer neuen politischen Ordnung, die Verwirklichung sozialistischer Utopien – sind verwirklicht worden, vieles blieb Utopie, vieles blieb in Ansätzen stecken. Doch eines kann man sagen: Die Ereignisse der späten 60er-Jahre haben die Republik verändert.

Rock und Pop oder Es wird lauter
Beatlemania und Rollende Steine

In den 60er-Jahren begann eine wahrlich revolutionäre Erneuerung der Alltagskultur. Und das nicht nur in Deutschland. Das Aufbegehren und der Wunsch nach Veränderung war in vielen west-

Rainer Langhans hat sich einen Joint gedreht und seine Freundin Uschi Obermaier gönnt sich eine Zigarette: Sie gehörten zur »Kommune I«, die ihre Fortsetzung in München in der »Kommune II« in der Schwabinger Türkenstraße 68a (sic!) fand. Die Berliner Kommunarden machten durch spektakuläre Aktionen und durch ihre ungewöhnliche Lebensweise Schlagzeilen.

europäischen Ländern und in den USA virulent. Einen erheblichen Anteil hatten dabei Kunst und Literatur und vor allem die Musik. Sie war nicht mehr nur Unterhaltung oder Hochkultur, »E- oder U-Musik«. Sie entwickelte eine ganz eigene bis heute anhaltende Dynamik, die das Lebensgefühl der damaligen wie heutigen Generationen nachhaltig beeinflusst. Populäre Kultur war allgegenwärtig, wurde immer kommerzieller, was bei den kritischen Geistern der Zeit nicht sehr gut ankam, auch wenn sie Platten, Poster und Mode dann doch gekauft haben. Heute ist Popmusik in all ihren Facetten ein bedeutender Wirtschaftszweig.

Begonnen hatte es vor über 40 Jahren in den »Swinging Sixties«. Die Musik der vielen Gruppen aus England und Amerika bestimmte nun den Musikgeschmack. Eine Zeit lang sprach man noch von der Beatmusik, die ihre Wurzeln im Blues und Rock 'n' Roll der 50er-Jahre hatte. Die Mitglieder der jungen Bands – meist nur Schlagzeug, Bass-, Rhythmus- und Leadgitarre – verstanden sich als Rock 'n' Roller und das bis heute. Doch es ging bald über den Rock hinaus und es entstand eine ganz neue Musik, der Pop. Dazu kam eine neue Mode, da die Musiker für ihre Auftritte fantasiereiche Kostüme trugen. Die Pop-Kultur war geboren. (Falsch ist es übrigens, in diesem Zusammenhang von der »Beat Generation« zu sprechen. Dies war eine literarische Gruppierung, die sogenannten Beatniks um Jack Kerouac, Allen Ginsberg und William S. Burroughs in den 50er-Jahren in den USA.

Musiker wie Eric Clapton und Van Morrison oder die Beatles und Rolling Stones – die Seiten dieses Buches würden nicht aus-

An der Plattenbar in einer Musikalienhandlung 1962: So wollten die Eltern ihre Heranwachsenden sehen. Brav und ordentlich, mit Schlips und im Jackett, im kniebedeckenden Kräuselrock und hübscher Bluse. Neben dem Hocker: der obligatorische Match- oder Campingbeutel, der damals die Funktion des heutigen Stadtrucksacks hatte.

reichen, alle Gruppen und Musiker zu nennen – lieferten im wahrsten Sinne des Wortes den Sound der neuen Jugendkultur der 60er-Jahre. Überflüssig zu erwähnen, dass die Elterngeneration sich mehr als skeptisch zeigte und abfällig von »Neger- oder Hottentotten-Musik« sprach. Man verstieg sich sogar dahingehend, die damals noch relativ kurz getragenen längeren Haare als ein Zeichen von »geistiger Unterbelichtung« zu brandmarken. Die Beatles hatten einen neuen Haarstil kreiert und wurden deshalb gern als Pilzköpfe tituliert.

Lange Haare bei jungen Männern waren nicht nur das Markenzeichen von Musikern, sondern Ausdruck einer Protesthaltung. Damals kam es nicht selten vor, dass Mütter mit ihren kleinen Mädchen - oder auch Buben - auf die andere Straßenseite wechselten, wenn ihnen mal wieder so ein Langhaariger oder »Gammler« entgegen kam. Jahrelang konnten Kinder mit langen Haaren nur etwas »Böses« assoziieren.

In der Musik wurde nicht nur der Sound immer lauter wurde, sondern es veränderten sich auch die Texte: zunächst noch belanglose Songs über Liebe- und Herzeleid, dann literarischer, poetischer und vor allem politischer. Bob Dylan begann als Protestsänger und wurde zu einem der einflussreichsten Songwriter der neueren Musikgeschichte. Der programmatische Titel der britischen Gruppe The Who »My Generation« drückte das Aufbegehren gegen die Elterngeneration aus und der Stones-Titel »Street Fighting Man« (1968) war die Hymne der demonstrierenden Jugend.

Nicht nur durch die Parolen und Aktionen auf den Straßen und in den Hörsälen gerieten die Autoritäten ins Wanken und stürzten. In mancher Familie gab es nun über den üblichen Eltern-Sohn/-

Tochter-Konflikt hinaus »richtig Zoff«. Die Jugend ließ sich nicht mehr viel sagen und brach mit ihrer Musik zu neuen Erfahrungen, und wie sie meinte, neuen Horizonten auf. Doch diese Horizonte waren dann häufig vom Drogenrausch umnebelt. Bewusstseinserweiterung war »angesagt«. Um ein gutes »Feeling« zu bekommen, griff man nicht mehr auf den Alkohol zurück. Mit Hasch (grüner oder schwarzer Afghan) begann es. Einigen reichte das nicht mehr und sie besorgten sich die Wunderdroge LSD, die in den USA wortgewaltige Propagandisten wie Timothy Leary hatte und unter den Hippies sehr verbreitet war. Für viele endete ihre »Reise« bei Heroin und nicht selten tödlich.

Die politische Jugendkultur und die Popjünger vereinigten sich in ihrer Revolte und zielten auf eine Gegenkultur. Die unpolitischsten unter ihnen bezeichnete man gern als »Gammler«, die Hippies wollten Blumen sprechen lassen und propagierten »Love and Peace«. »Give Peace a Chance« sangen John Lennon und Yoko Ono. Wer konnte schon dagegen etwas haben! Es sollte ja immerhin eine bessere, friedlichere Welt entstehen.

Die bildende Kunst nahm sich, wie schon einmal in den 20er-Jahren, des gesellschaftlichen Lebens an. Die Pop-Art karikierte die Konsumgesellschaft: zum Beispiel Andy Warhol, der die Suppendosen der Marke Campbell's oder Coca-Cola-Flaschen abbildete; in der Op-Art wurde mit grafischen Mustern experimentiert. Beide Stilrichtungen beeinflussten zwangsläufig die Mode, und die war vor allem für die jüngere Generation. Die Mode verlor ihren elitären Charakter der Haute Couture. Lifestyle, Freizeit und Unterhaltung wurden nun für sie bestimmend. Das Zentrum der jungen bunten fröhlichen Mode war nicht Paris, sondern lag in der Londoner Carnaby Street. In vielen deutschen Großstädten entstanden kleine Modegeschäfte, sogenannte Boutiquen. Die Jugend wurde als Konsument immer interessanter: 1967 wurden bereits 60 Prozent aller Modeartikel von Teenagern gekauft.

Rock-, Pop- und Beat-Musik veränderte das Lebensgefühl einer ganzen Generation. Nach dem Twist kam der Beat und seitdem wurden die musikalischen Stile immer ausdifferenzierter. Musiker erhielten Vorbildfunktionen: Jimmy Hendrix war das Idol der Hippies und Bob Dylan das der politisch-engagierten Jugend. Die Beatles fanden dank ihres umfangreichen und vielfältigen Repertoires bald auch bei den Älteren Anklang, zumal ihre Songs auf verschiedenste Art und Weise arrangiert und nachgespielt wurden. Die Musik der Rolling Stones war härter. Doch die Stones sollten zur beständigsten und mittlerweile ältesten Rockgruppe der Welt werden, die noch 2006 weltweit Stadien füllt.

In den 60ern konnte man seine Gitarren-Heros noch in den kleinen Clubs für 5 bis 10 DM hören. Heute zahlt man 70 und mehr Euro für einen der hinteren Plätze im großen Stadion, um die nun zur lebenden Legende gewordenen Bands zu hören. Zu sehen sind sie nur auf riesigen Leinwänden. Damals, als alles anfing, war man nur ein paar Meter von ihnen entfernt. So wie im legendären Hamburger Starclub, in dem die Beatles 1960 wochenlang Nacht für Nacht auftraten und in einem hinteren Verschlag schlafen mussten.

Brandneues kam auch hier – wie so oft – aus den USA: Die Diskotheken, in denen die aktuellen Hits vom Plattenteller gespielt wurden. Der Discjockey war der unbestrittene Star in den neuen Lokalen. Die Bands selbst traten nun nicht mehr in den Clubs auf – diese konnten die enormen Gagen der Rockstars nicht mehr bezahlen –, sondern in größeren Hallen und auf immer gigantischer werdenden Festivals. Mit dem Monterey International Pop Festival im Juni 1967 war Janis Joplin bekannt geworden, und das Woodstock Art and Music Fair im August 1969 wurde unter anderem auch zum albtraumhaften Muster aller Open-Air-Konzerte. Der Utopie der rebellierenden Jugend hatte sich inzwischen die Unterhaltungsindustrie mit all ihren technischen wie ökonomischen Mitteln bemächtigt.

Der deutsche Schlager war eigentlich schon seit Beginn der 60er-Jahre in die Defensive geraten. Nicht nur, dass die amerikanische und englische Rock- und Beatmusik das deutsche Liedgut in den Hintergrund drängte, die globalisierte Musikindustrie dominierte den Schlagermarkt auch mit englischen, französischen, italienischen und skandinavischen Interpreten, die der deutschen Sprache kaum oder gar nicht mächtig waren. Zu ihnen gehörten Peggy March, Salvatore Adamo und Françoise Hardy.

Diese Art Unterhaltungsmusik erreichte die politisierte Jugend nicht. Im Gegenteil, sie war das Kontrastprogramm, es war die Musik der Älteren und der Jugend, die mit den Protestmärschen und dem gesellschaftlichen Aufbruch der APO nichts zu tun hatten. Und das waren nicht wenige, was heute immer wieder übersehen wird, wenn von den wilden 60er-Jahren die Rede ist. Die Mehrheit war eine schweigende Mehrheit, die den Wunsch nach einem Ausstieg aus der Leistungs- und Konsumgesellschaft nicht teilte, sondern darüber nur den Kopf schütteln konnte.

Vielen, selbst Sozialwissenschaftlern, erscheint die Protestbewegung in ihrer internationalen Verbreitung immer noch als sehr diffus. Um sie zu beschreiben, bemüht man sich eines Vokabulars, das aus dieser Zeit und ihrem Geist kommt: So spricht man von

Twiggy (Zweigchen), die teuerste Bohnenstange der Welt: Die Londonerin Lesley Hornby war Friseuse, legte sich 1966 mit 15 Jahren einen Bubikopf zu, färbte die Haare und wurde über Nacht das Gesicht von Swinging London. Das Minikleid verlängerte ihre Beine und mit ihrer knabenhaften Figur (78-55-80) beeinflusste sie die Mode der späten 60er-Jahre.

einer »Kernfusion von Gegenkultur und Kulturindustrie« oder von einer »Konvergenz von Protestgeneration und Popkultur«.

Treffender ist da eher der Titel eines Films von Jean-Luc Godard aus dem Jahr 1967: »Kinder von Marx und Coca-Cola«. Ihr Lebensstil war in Ansätzen anarchisch, im Wesentlichen unkonventionell, spöttisch und vor allem eines: jung oder, um es mit einem Song von Bob Dylan zu sagen, »Forever young«. Die Lebensformen dieser Jugend prägten eine neue Moderne, die die Kulturindustrie mit ihren vielfältigen Produkten vereinnahmte.

Eine Art von Ironie der Geschichte ist es dann auch, dass sich aus dem Protest letztendlich eine starke, enge politische wie kulturelle Westorientierung herausbildete. Die USA war (und bleibt) ein Sehnsuchtsland, auch wenn man sie heftig kritisiert(e). Dies war in Ablehnung der tradierten bildungsbürgerlichen Werte erfolgt und setzte auf anderem Wege und in anderer Weise die seit der Adenauer-Zeit politisch betriebene Westanbindung der Bundesrepublik fort.

Der Osten Deutschlands blieb von der ganzen Pop- und Rock-Kultur nicht unberührt. Über die Grenze war die Musik zu hören und im Westfernsehen konnte man die bunten Jünger sehen. Der DDR-Staats- und Parteiapparat verdammte diese »schädlichen« West-Einflüsse, verhindern konnte er sie nicht, weder mit Verboten noch mit Schikanen; Konzerte und andere Aktivitäten schon eher.

Letztendlich mündete der »jugendbewegte« gesellschaftliche Umbruch der späten 60er-Jahre in den neuen Ansätzen sozialer und politischer Reformen. Die Zeit des Wiederaufbaus war endgültig vorbei, das »Projekt Moderne« konnte beginnen.

The Fab Four auf dem Titel von Deutschlands populärster Jugendzeitschrift der Jahre: »Bravo« (22/1964). Noch sind die »wilden Zeiten« nicht angebrochen; die Vier aus Liverpool, adrett angezogen, mit gepflegter »Pilzkopf-Frisur«, könnten (noch) als die idealen Schwiegersöhne durchgehen. Ihr Hit des Jahres hieß »I Want To Hold Your Hand«, und Beatlemania kündigte sich an. Sie sollten die erfolgreichste Musikgruppe aller Zeiten werden.

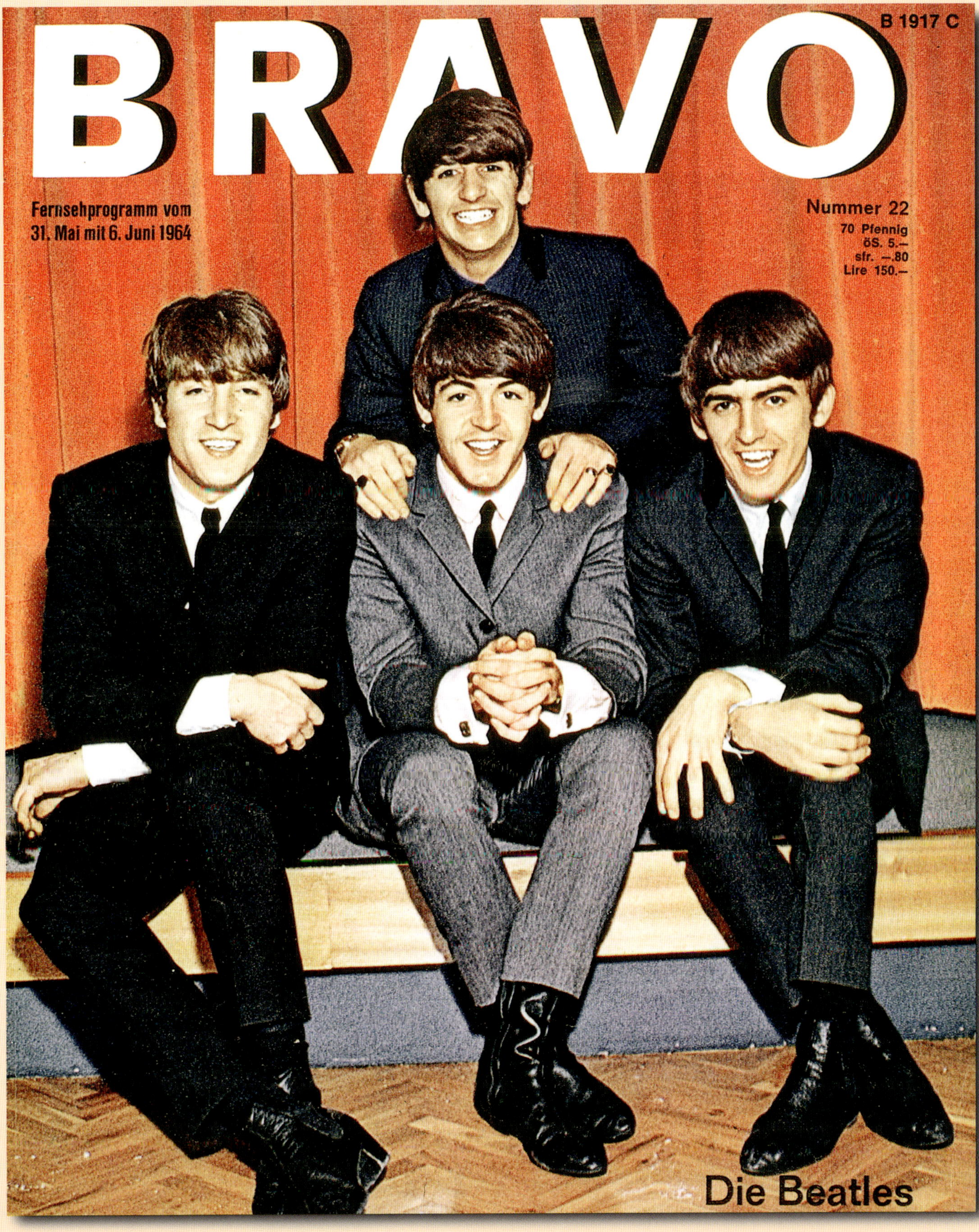
BRAVO
B 1917 C
Fernsehprogramm vom
31. Mai mit 6. Juni 1964
Nummer 22
70 Pfennig
öS. 5.–
sfr. –.80
Lire 150.–
Die Beatles

schneller
zur Stadt
S-Bahn
Vorsicht Tram
weberhaus
1721
AE

Alltag

Alles so schön bunt hier

Man war zufrieden: Der Wohlstand war gesichert, die Deutschen hatten sich wohnlich eingerichtet und immer mehr besaßen einen eigenen Wagen. Zwar konnte man sich (noch) nicht alles leisten, aber bald. Die Arbeitszeiten waren moderat, Gastarbeiter halfen, neue Märkte zu erschließen: Made in Germany galt wieder etwas in der Welt. Die Jahre wurden beschwingter …

Wirtschaft

Genug Arbeit und Gastarbeiter helfen

Die Industriegesellschaft war in eine neue Phase getreten. Das in den 50er-Jahren angeschlagene Tempo hatte nicht nachgelassen. Im Gegenteil: Die allgemeine Beschleunigung, die technische Entwicklung und die zunehmende Beherrschung des Alltags durch die Medien führten dazu, dass sich der moderne Lebensstil immer weiter ausbreitete – und dabei zugleich immer rascher wechselte. Nicht nur im Westen, sondern auch im Osten. Vieles war nicht nur vergleichbarer geworden, sondern zeichnete sich auch durch soziokulturelle Gemeinsamkeiten im Lebensstil aus: von der Mediennutzung bis hin zum Massenkonsum, der im Osten bescheidener ausfiel.

Bewirkt wurde dies durch eine dynamische Veränderung volkswirtschaftlicher Strukturen: In der Landwirtschaft arbeiteten zu Beginn des Jahrzehnts nur 14 Prozent der Erwerbstätigen, der Dienstleistungssektor wuchs stetig und es waren dort bald mehr Menschen beschäftigt als in Industrie und Handwerk. Und: Es gab mehr Beamte und Angestellte als Arbeiter. Vor allem traten auch immer mehr Frauen aus der häuslichen in die erwerbstätige Arbeitswelt ein.

Arbeiter hatte man gerufen, Menschen waren gekommen: Die Geschichte der Gastarbeiter in Deutschland hatte bereits Mitte der 50er-Jahre begonnen. Sie standen nicht nur auf dem Bau und an den Montagebändern in den Fabriken ihren Mann, sondern übernahmen auch die unangenehmen Arbeiten, die sich ein deutscher Arbeitnehmer nicht mehr zumuten wollte. Wie viele deutsche Büros wären nicht so sauber, wie sie waren und sind, wenn es nicht das große Heer der Putzfrauenkolonnen türkischer Frauen gäbe? Mit den Jahren qualifizierten sie sich immer mehr und heute gibt es zahlreiche erfolgreiche Geschäftsleute in den verschiedensten Branchen, die einen Migrationhintergrund haben.

Neben Italienern und Türken halfen Portugiesen, Spanier und Griechen die westdeutsche Wirtschaft in Schwung zu halten. Sie brachten nicht nur ihre Arbeitskraft mit, sondern auch ihre Kultur, später kamen dann ihre Frauen und Kinder nach. Mit einer gewissen Arroganz hatte die Wirtschaftswunder-Wohlstandsgesellschaft auf den damaligen Arbeitermangel reagiert. In den ersten Jahren waren die neuen Kollegen aus dem südlichen Europa noch in den Baracken der ehemaligen Arbeitslager aus der unrühmlichen Vergangenheit im wahrsten Sinne des Wortes untergebracht. Dann bauten große Unternehmen Behelfsheime, bald zogen die italienischen und türkischen Kollegen dann in die Stadtviertel, die von deutschen Mietern gemieden wurden. Über die Jahrzehnte entstanden in den Großstädten wie im Bezirk Kreuzberg in West-Berlin Ghettos. Von den Problemen und Heimweh der Gastarbeiter, weit von der Heimat und ihren Familien entfernt, denen sie regelmäßig das schwer verdiente Geld schickten, wollte man nichts wissen. Nur sehr spät lernten die Deutschen, sich auf eine multikulturelle Gesellschaftsentwicklung einzustellen, wobei schon lange das italienische oder griechische Lokal an der Ecke nicht mehr wegzudenken war.

Vorhergehende Doppelseite: Schon damals einer der neuralgischen Verkehrsknotenpunkte Münchens: der Stachus mit Blick auf den Justizpalast.

Das Zauberwort der Zeit: Automatik. Immer mehr selbsttätig reagierende technische Module wurden in Haushaltsgeräte eingebaut, um sie in der Bedienung und ihrer Funktion komfortabel zu machen. Hier ein Detail einer Waschmaschine.

10. September 1961: In der Person des portugiesischen Zimmermanns war Armando Sa Rodrigues auf dem Bahnhof Köln-Deutz als der millionste Gastarbeiter in Deutschland angekommen. Vertreter des Bundesverbandes der Arbeitgeber schenkten ihm generös ein Moped und der Rundfunk war dabei.

Mochte in der industriellen Produktion die Automatisierung viele Handgriffe bei der Produktion erleichtern und bald überflüssig machen, in der Landwirtschaft hatte sich so viel noch nicht geändert. Noch immer war es körperliche Schwerstarbeit wie hier auf einem Feld in Niederbayern.

Die Damen und Herren vom Büro: Der Büroalltag hatte noch etwas Beschauliches. Fax und PC waren noch nicht erfunden. Ein Telefon stand auch noch nicht unbedingt auf jedem Schreibtisch. Nicht dass es weniger Arbeit gab, nur die Abläufe waren noch nicht so beschleunigt wie in späteren Jahrzehnenten. Von den bundesdeutschen Erwerbstätigen war die Mehrheit inzwischen Angestellte und Beamte.

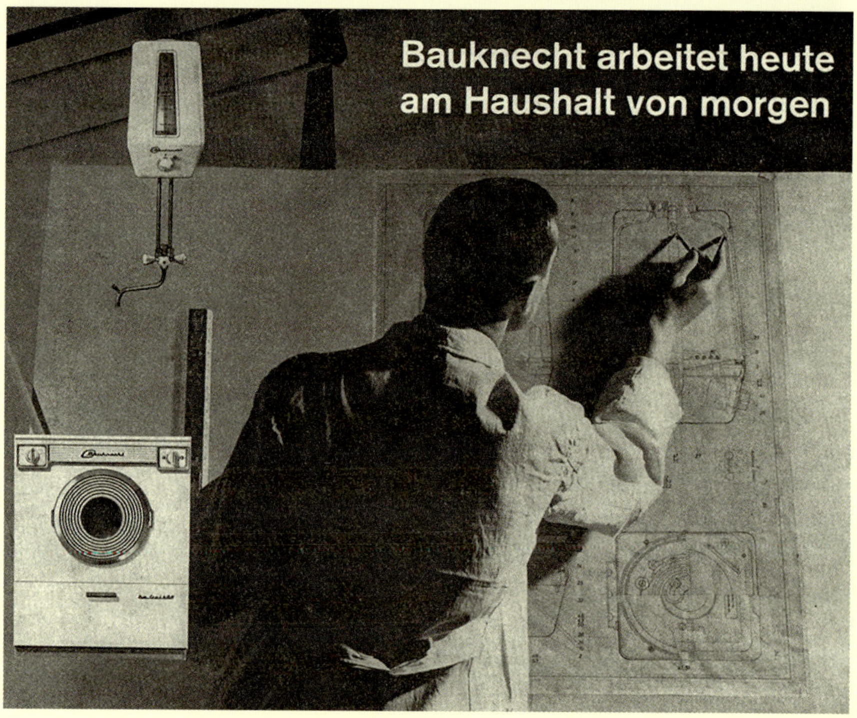

Im Ingenieurbüro: Die sogenannten Weißkittel sah man nun immer häufiger. Für die technischen Planungsabteilungen wurden immer mehr Ingenieure eingestellt. Jeder Absolvent einer Technischen Hochschule fand einen Arbeitsplatz, der Technische Zeichner musste noch zwei bis drei Jahrzehnte am Reißbrett stehen, bis er seine Arbeit am Computer sitzend verrichten konnte.

Karosseriebau: In den Montagehallen in Wolfsburg hängen die begehrten Käfer noch als Karosserie-Skelett unter der Decke und warten darauf, in der nächsten und übernächsten Station zu einem Automobil zusammengebaut zu werden.

Lackiererei: Dieser Arbeitsplatz war nicht der gesündeste – trotz damaliger modernster Schutzkleidung. Der Alltag in der Automobilproduktion hat sich rasant verändert. Immer weniger Beschäftigte bauten immer mehr Autos.

Politik Ost und West

Zwischen Mauerbau und Machtwechsel

Jeder Zeitabschnitt ist politisch, doch für die 60er-Jahre gilt das ganz besonders und das auf eine sehr eigene Art und Weise. Vieles geschah in Ost und West und bei den Menschen. Werte kamen ins Rutschen, neue suchten ihren Anfang in einem Jahrzehnt, das zunächst noch wie das vergangene aussah; wohl etwas schmucker und gefestigter, auf jeden Fall wohlhabender und selbstbewusster.

Die »Spiegel«-Affäre 1962 erschütterte das Vertrauen in die staatlichen Institutionen. Sie wurde zum Prüfstein für die junge Demokratie und Meinungsfreiheit. Das Schlagwort dieses politischen Wandels hieß dann auch Machtwechsel. Gemeint war damit, was wir heute als eine Selbstverständlichkeit ansehen, dass nun eine andere politische Gruppe in einer anderen Parteienkonstellation die bisherige in der Regierung ablöste. Und dennoch hat es in der 57-jährigen Geschichte der Bundesrepublik und des wiedervereinigten Deutschlands nur wenige Koalitionswechsel im Bund gegeben: Es waren seit Adenauers Rücktritt 1963 und der kurzen Regierungszeit Ludwig Erhards (1963–1966) bis 2006 nur fünf. 1966 bildete sich während der Legislaturperiode die erste Große Koalition von CDU/CSU und SPD. Nach der Bundestagswahl 1969 wurde der Machtwechsel vollzogen: Die SPD bildete unter Bundeskanzler Willy Brandt mit der FDP die erste sozial-liberale Koalition, ein Parteienbündnis, das, ab 1974 unter der Kanzlerschaft Helmut Schmidts, bis 1982 hielt.

Die westdeutsche Republik hat sich in vielen Bereichen auf den Weg gemacht, sich zu verändern. Im Selbstverständnis der Akteure und Mitläufer war es ein Aufbruch, der viele Bereiche des Lebens erfasst hatte. Das berühmte »Hinterfragen« politischer Machtverhältnisse und -strukturen sowie Konventionen gehört bald zum gesellschaftlichen Konsens. Programmatisch war dann auch der Satz des ersten sozialdemokratischen Bundeskanzlers der Nachkriegszeit in seiner ersten Regierungserklärung 1969: »Wir wollen mehr Demokratie wagen!«

Die Konservativen des Landes reagierten darauf empört. Die Wahl von Gustav Heinemann (SPD) am 5. März 1969 zum Bundespräsidenten hatte den Beginn des Machtwechsels markiert, wie später der Machtverlust der CDU/CSU genannt wurde. Heinemann wollte ein Bürgerpräsident sein und er gab dem Amt seine Würde wieder zurück, nachdem es von seinem Vorgänger, Heinrich Lübke, der zu einer Spottfigur geworden war, nicht mehr die Bedeutung hatte, die ihm eigentlich zustand.

Doch blieben vorerst noch hässliche Spuren aus der Vergangenheit: Denn die Deutschen hatten die Nazi-Vergangenheit erfolgreich verdrängt. Zum ersten Mal wurden sie 1960 daran umso lebhafter erinnert: In Israel hatte der Prozess gegen den ehemaligen Leiter des sogenannten Judenreferats im Reichssicherheitshauptamt Adolf Eichmann, begonnen. Der israelische (nicht der deutsche!) Geheimdienst hatte ihn in Argentinien aufgespürt. Er wurde verurteilt und hingerichtet.

In Deutschland begann mit erheblicher Verzögerung dann der Auschwitz-Prozess.

»Bedingt abwehrbereit«: Rudolf Augstein, der Herausgeber des Nachrichtenmagazins »Der Spiegel« selbst auf dem Titel (45/1962). Es war der Höhepunkt der sogenannten »Spiegel«-Affäre, dem schwersten innenpolitischen Konflikt der Nachkriegszeit. Augstein und sein stellvertretender Chefredakteur Conrad Ahlers waren wegen angeblichen Landesverrats im Oktober 1962 festgenommen worden, mussten aber bald wieder entlassen werden: Die Anklage wurde fallen gelassen.

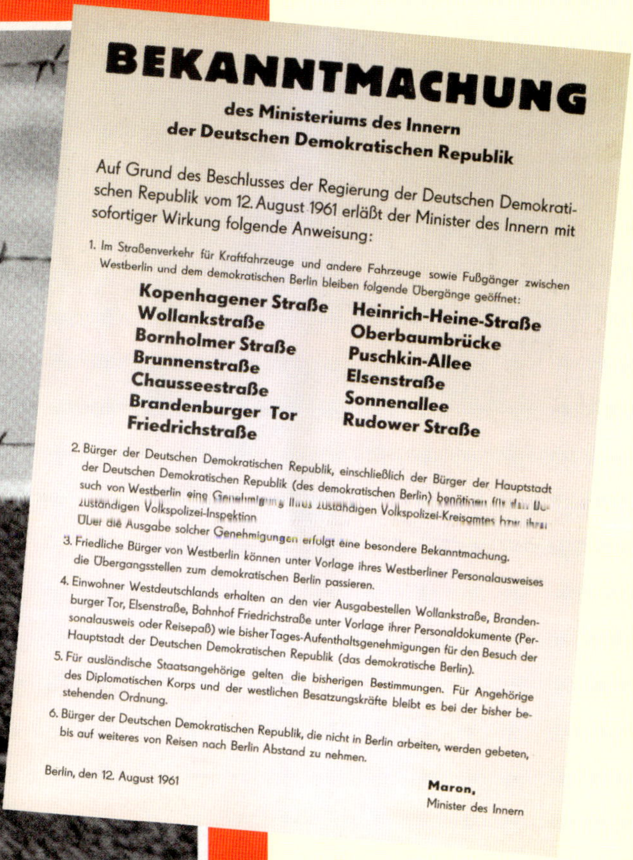

BEKANNTMACHUNG

des Ministeriums des Innern der Deutschen Demokratischen Republik

Auf Grund des Beschlusses der Regierung der Deutschen Demokratischen Republik vom 12. August 1961 erläßt der Minister des Innern mit sofortiger Wirkung folgende Anweisung:

1. Im Straßenverkehr für Kraftfahrzeuge und andere Fahrzeuge sowie Fußgänger zwischen Westberlin und dem demokratischen Berlin bleiben folgende Übergänge geöffnet:

Kopenhagener Straße
Wollankstraße
Bornholmer Straße
Brunnenstraße
Chausseestraße
Brandenburger Tor
Friedrichstraße

Heinrich-Heine-Straße
Oberbaumbrücke
Puschkin-Allee
Elsenstraße
Sonnenallee
Rudower Straße

2. Bürger der Deutschen Demokratischen Republik, einschließlich der Bürger der Hauptstadt der Deutschen Demokratischen Republik (des demokratischen Berlin) benötigen für den Besuch von Westberlin eine Genehmigung ihres zuständigen Volkspolizei-Kreisamtes bzw. ihrer zuständigen Volkspolizei-Inspektion. Über die Ausgabe solcher Genehmigungen erfolgt eine besondere Bekanntmachung.
3. Friedliche Bürger von Westberlin können unter Vorlage ihres Westberliner Personalausweises die Übergangsstellen zum demokratischen Berlin passieren.
4. Einwohner Westdeutschlands erhalten an den vier Ausgabestellen Wollankstraße, Brandenburger Tor, Elsenstraße, Bahnhof Friedrichstraße unter Vorlage ihrer Personaldokumente (Personalausweis oder Reisepaß) wie bisher Tages-Aufenthaltsgenehmigungen für den Besuch der Hauptstadt der Deutschen Demokratischen Republik (das demokratische Berlin).
5. Für ausländische Staatsangehörige gelten die bisherigen Bestimmungen. Für Angehörige des Diplomatischen Korps und der westlichen Besatzungskräfte bleibt es bei der bisher bestehenden Ordnung.
6. Bürger der Deutschen Demokratischen Republik, die nicht in Berlin arbeiten, werden gebeten, bis auf weiteres von Reisen nach Berlin Abstand zu nehmen.

Berlin, den 12. August 1961

Maron,
Minister des Innern

Alles muss seine Ordnung haben, auch bei einem Verbrechen: Der Ministerrat der DDR verkündet am Vorabend der Errichtung der Mauer, welche Übergänge in Berlin unter welchen Bedingungen (noch) passierbar seien. Noch Tage zuvor hatte Walter Ulbricht in einer Pressekonferenz dreist behauptet, dass niemand vorhabe, eine Mauer zu errichten.

Das einschneidendste Ereignis für beide Teile Deutschlands war der Bau der Mauer in Berlin am 13. August 1961. Die Republiken waren nun hermetisch voreinander abgeriegelt. Die Titelgeschichte des Spiegels Nr. 13 von 1962 behandelte die dramatische Fluchtbewegung von Ost nach West – insbesondere nach dem Mauerbau –sowie die Aktionen der sogenannten Fluchthelfer.

Nach dem Tod Wilhelm Piecks 1960 bildete der Staatsrat das höchste Organ der DDR. Die Mitglieder wurden von der Volkskammer für fünf Jahre gewählt. Erster Staatsratsvorsitzender war Walter Ulbricht (seit 1968 zugleich auch Staatsoberhaupt). Nach seiner Entmachtung 1971 verlor der Staatsrat an Einfluss.
Der staatliche Aufbau der DDR war nach den Prinzipien einer sozialistischen Volksrepublik streng zentralistisch organisiert. Die Volkskammer hatte 500 Abgeordnete, die neben dem Staatsrat und auch den Ministerrat (Regierung) wählten. Die Volkskammer war jedoch kein Parlament im Sinne der repräsentativen Demokratie wie in der Bundesrepublik Deutschland. Ebenso wenig waren dies die jeweiligen 15 Bezirks- und 217 Kreistage, der Rat der jeweiligen Bezirke, Kreise und Städte bildete die untere Verwaltungsebene der Exekutive.
Alle vier Jahre wählte das Volk, doch die Wahlen waren nicht frei und geheim. Und die Macht ging nicht vom Volk aus, sondern von der Sozialistischen Einheitspartei (SED). Es gab nur die Einheitsliste der Nationalen Front, die unter der Führung der SED mit vier weiteren Parteien, den sogenannten Blockparteien (im Volksmund auch »Blockflöten« genannt), und den Massenorganisationen gebildet wurde. Zur Nationalen Front gehörten die SED, die Christlich-Demokratische Union (CDU), die Liberal-Demokratische Partei Deutschlands (LDPD), die Nationaldemokratische Partei Deutschlands (NDPD), die Demokratische Bauernpartei Deutschlands (DBD), der Freie Deutsche Gewerkschaftsbund (FDGB), die Freie Deutsche Jugend (FDJ), der Demokratische Frauenbund Deutschlands und der Kulturbund. Bei den »Wahlen« erhielt die Einheitsliste meist 99 Prozent der Stimmen.
In der Legislative wie in der Exekutive hatten SED-Mitglieder die Mehrheit. Die Blockparteien wichen kaum von den Positionen der SED ab; dafür waren sie an der Exekutive beteiligt. Damit sicherte sich die SED ihren Führungsanspruch, der auch 1968 in der Verfassung verankert wurde: »Die Deutsche Demokratische Republik ist ein sozialistischer Staat der Arbeiter und Bauern. Sie ist die politische Organisation der Werktätigen in Stadt und Land unter Führung der Arbeiterklasse und ihrer marxistisch-leninistischen Partei.« (Artikel 1)

Große Koalition 1966–1969: Obere Reihe v. l.: Bruno Heck, CDU, Familie; Herbert Wehner, SPD, Gesamtdeutsche Fragen; Carlo Schmid, SPD, Länder; Gustav Heinemann, SPD, Justiz; Werner Dollinger, CSU, Post; Hans-Jürgen Wischnewski, SPD, Entwicklung; Kurt Schmücker, CDU, Schatzminister; Lauritz Lauritzen, SPD, Städtebau; Kai-Uwe von Hassel, CDU, Vertriebene; Franz Josef Strauß, CSU, Finanzen; Karl Schiller, SPD, Wirtschaft; Gerhard Stoltenberg, SPD, Forschung; Hans Katzer, CDU, Arbeit; Gerhard Schröder, CDU, Verteidigung.
Untere Reihe v. l: Paul Lücke, CDU, Inneres; Hermann Höcherl, CSU, Landwirtschaft; Käte Strobel, SPD, Gesundheit; Bundespräsident Heinrich Lübke, CDU; Bundeskanzler Kurt Georg Kiesinger, CDU; Willy Brandt, SPD, Auswärtiges; Georg Leber, SPD, Verkehr.

1. Sozialliberale Koalition 1969 – 1972: Obere Reihe v. l.: Egon Franke, SPD, Innerdeutsche Beziehungen; Alexander Möller, SPD, Finanzen; Hans Leussink (partellos) – Bildung; Lauritz Lauritzen, SPD, Städtebau; Erhard Eppler, SPD, Entwicklung; Horst Ehmke, SPD, Bundeskanzleramtschef; Josef Ertl, FDP, Landwirtschaft; Hans-Dietrich Genscher, FDP, Inneres; Walter Arendt, SPD, Arbeit.

Untere Reihe v. l.: Gerhard Jahn, SPD, Justiz; Helmut Schmidt, SPD, Verteidigung; Käte Strobel, SPD, Familie, Gesundheit; Bundespräsident Gustav Heinemann (SPD); Bundeskanzler Willy Brandt, SPD; Walter Scheel, FDP, Auswärtiges; Karl Schiller, SPD, Wirtschaft; Georg Leber, SPD, Verkehr und Post.

Oben: Der Physikchemiker Robert Havemann war einer der prominentesten Bürgerrechtler der DDR. 1964 wurde er aus der SED ausgeschlossen und erhielt Lehrverbot. Das Foto zeigt ihn während seiner letzten Vorlesung an der Berliner Humboldt Universität. Der wohl neben Wolf Biermann prominenteste DDR-Dissident stand später unter Hausarrest und bis zu seinem Tod 1982 unter Bewachung des Staatssicherheitsdienstes.

Links: Prag bei Nacht. Ein beliebtes Nahreiseziel für DDR Bürger war die Hauptstadt der damaligen Tschechoslowakei. 1968 wurde sie zum Schauplatz einer weiteren zerstörten Hoffnung: Warschauer Paktstaaten bereiteten dem sogenannten »Prager Frühling«, der dem Sozialismus ein menschliches Gesicht geben wollte, ein gewaltsames Ende.

Unten: Berlin, Bernauer Straße. An der innerdeutschen Grenze hat es zwischen 1946 und 1989 etwa 233000 Fluchtversuche mit insgesamt 1008 Todesopfern gegeben. 1961 starben 363 Menschen, bis 1989 waren es 645, allein an der Mauer in Berlin 178.

Stadtbilder

Die Unwirtlichkeit der Städte

Feierabendverkehr in Münchens City: Nur an den Automodellen vermag man das Jahrzehnt zu erkennen. Geblieben sind der Stress und die Hektik der Großstadt mit ihren verstopften Straßen – trotz hervorragender Infrastruktur des öffentlichen Nah- und Fernverkehrs. Der Deutschen liebstes Kind, der Pkw, hat in den 60er-Jahren die Straßen bereits erobert und seitdem nicht mehr frei gegeben.

Mit der Steigerung des Lebensstandards entfalteten sich auch neue Stile und Formen des Wohnens. Schon in den 50er-Jahren hatte sich die durchschnittliche Quadratmeterzahl der Wohnungen erweitert. Inzwischen hatte sich auch ein neuer Typ von Kleinfamilie entwickelt: Sie war vierköpfig. Somit gab es den tendenziellen Übergang von einer Drei- zur Vierraumwohnung. Doch dieser Anspruch auf Wohnraum-Ausweitung ließ sich mit den inzwischen angestiegenen Bau- und Grundstückskosten in den Innenstädten nicht vereinbaren.

So entwickelte sich immer stärker der Wohnungsbau an der Peripherie der Ballungszentren und neu erschlossenes Bauland verdrängte landwirtschaftlich genutzte Landstriche in der Nähe der Städte. Es entstanden Neubausiedlungen, Trabantenstädte, sogenannte Schlafstädte im Umkreis von etwa einer Stunde Auto- oder Bahnfahrt zum Arbeitsplatz in der Stadt. Hinzu kam der nach wie vor propagierte und geförderte Eigenheimbau im Grünen. Es war der bisher noch als unerfüllbar geltende Traum der Leute mit kleinem Geldbeutel. Damit kamen breite Bevölkerungsschichten zu wenn auch bescheidenem Haus und Grund. Die Folge war ein massives Anwachsen des Pendlerverkehrs: Stau in den Einfalls- und Durchgangsstraßen der Städte.

Eine weitere Folge war, dass die Städte sich vor allem in den Innenstadtbezirken zu funktionalen Laden- beziehungsweise Geschäftsvierteln wandelten. Aus den innerstädtischen Kernbereichen wurde schrittweise der Autoverkehr verbannt. Die erste Fußgängerzone, die auch mehrere Straßen umfasste, wurde 1967 in Oldenburg eröffnet.

Diese Entwicklung trug zur Verödung der Innenstädte bei, vor allem am Abend. Kurz nach Ladenschluss, in der Regel um 18.30 Uhr, waren sie wie ausgestorben. In seinem Buch »Die Unwirtlichkeit unserer Städte« übte bereits 1965 der Psychoanalytiker Alexander Mitscherlich Kritik an der Zerstörung der gewachsenen Strukturen und an der Stadtentwicklung.

Es werde Licht, sprach der Essener Einzelhandel und rief am 3. Dezember 1950 die Lichtwochen ins Leben. Das Ruhrgebiet hatte zu dieser Zeit noch einen schlechten (ökologischen) Ruf. Die Industrieregion an Rhein und Ruhr boomte zwar und verschaffte vielen Menschen Arbeit und Brot, doch was wir heute unter Lebensqualität verstehen, war in den Ballungsräumen nicht anzutreffen. Noch gab es keinen »blauen Himmel« über der Ruhr, wie er heute zu sehen ist. Das Zechensterben und der industrielle Strukturwandel setzten erst in den nachfolgenden Jahrzehnten ein.
In den 60er-Jahren begann Essen sich von der Montan- zur Einkaufs- und Dienstleistungsstadt zu wandeln.
Das Thema der Lichtwochen, hier 1964 »Berlin – gestern und heute«, wurde vom damaligen Regierenden Bürgermeister der geteilten Stadt, Willy Brandt, eröffnet.

Hamburg, St. Pauli bei Nacht: Noch scheint nicht so viel los zu sein. Doch ewig lockt die sündige Reeperbahn mit allem bunten Flitter und Glitzer. Wessen Geldbeutel es zulässt, der lässt es auch schon am späten Abend »krachen«. Neon hat sich schon in vielen Citys, wie man nun die Innenstädte der Großstädte nannte, breit gemacht, und nach einem anstrengenden Arbeitstag will man sich doch auch einmal etwas Besonderes gönnen.

Inzwischen ist das Vergnügungsviertel St. Pauli wieder in, nicht nur bei den einsamen Wölfen der Stadt, sondern auch in der Schicki-Micki-Kulturszene. In den 60er-Jahren konnte man nur hinter vorgehaltener Hand damit prahlen, was man in St. Pauli nachts um halb eins alles so erlebt hatte. In einer Querstraße, der Großen Freiheit, war der Starclub, in dem die Beatles ihre ersten legendären Auftritte hatten.

Die Hofgartenseite des fast völlig zerstörten Bayerischen Armeemuseums in München. Noch lange nach dem Zweiten Weltkrieg lagen die Gebäude in Trümmern. Stehen geblieben war der Kuppelbau mit seinen Säulen. In den 60er-Jahren war der Wiederauf- bzw. Umbau heftig umstritten. 1968 beschloss der Bayerische Ministerrat den Bau einer neuen Staatskanzlei im angrenzenden Finanzgarten in Verbindung zum Prinz-Carl-Palais. Das Gelände des Armeemuseums sollte nach den damaligen Plänen für einen Bau der Staatlichen Sammlungen und der Galerie für moderne Kunst verwendet werden. Gebaut wurde jedoch Anfang der 90er-Jahre die heutige Staatskanzlei. Das historische Kuppelgebäude wird nun von zwei neuen Seitenflügeln (Orangerien) eingerahmt. Das Kriegerdenkmal aus den 20er-Jahren blieb stehen.

Potsdam, Hauptstadt Brandenburgs, das Machtzentrum der Kurfürsten und Könige, war während der DDR-Zeit zur Bezirkshauptstadt degradiert worden und nicht mehr Preußens Glanz und Gloria. Die neue Zeit brach mit der alten konsequent und rigoros.

Idyllische Gasse beim Erfurter Dom. Thüringens Metropole gab einem der 15 Bezirke seinen Namen. Die Länderidentitäten und -strukturen waren bereits 1952 aus ideologischen wie ökonomischen Gründen zerstört worden. Im Rahmen der »weiteren Vervollkommnung des sozialistischen Verwaltungsaufbaus«, sprich: Zentralisierung, wurden sie am 23. Juli 1952 aufgelöst. Dafür wurden 15 Bezirke und 217 Kreise als Verwaltungseinheiten installiert: Rostock, Schwerin, Neubrandenburg, Magdeburg, Potsdam, Frankfurt/Oder, Halle, Cottbus, Erfurt, Leipzig, Dresden, Suhl, Gera, Chemnitz (Karl-Marx-Stadt) und Ost-Berlin als Hauptstadt der DDR.

Auch das ist Deutschland

Weimar

Weimar, die Stadt der Deutschen Klassik, Schillers und Goethes, war für Westler nicht erreichbar. Goethes und Schillers Wohnhäuser konnten zu DDR-Zeiten vor allem Touristen aus dem Ostblock aufsuchen. Umso erstaunlicher, dass Mitte der 60er-Jahre die »Westdeutsche Illustrierte« einen Reisebericht über die Sehenswürdigkeiten im anderen Deutschland großformatig ins Blatt setzte: »Auch das ist Deutschland«, lautete die Überschrift des Artikels über Weimar. Es konnte nicht mehr als ein Sehnsuchtsbericht sein.

Das Wahrzeichen der Hansestadt Lübeck, das zweitürmige Stadttor, von Ratsbaumeister Hinrich Helmstede nach dem Vorbild flandrischer Brückentore erbaut und 1477/78 vollendet, hat sich über die Zeiten hinweg nicht verändert. Verändert hat sich der Verkehr, der das Tor, das den 50-DM-Schein der bundesrepublikanischen Währung zierte und nun die deutsche Zwei-Euro-Münze, umtost.

Eine für viele Städte typische, gesichtslose Neubausiedlung, die sich hinter dem Rücken der Kinder – hier in der DDR – zeigt. Die Gestaltung der Grünflächen zwischen den Wohnblöcken auf ein Minimum beschränkt: kein Sandkasten, keine Schaukel, keine Rutsche. Die Steine am Weg sind nur ein billiger Ersatz ...

Salzgitter: Zeitgemäße, steril-moderne Architektur in der Retorten-Industriestadt im nördlichen Harzvorland.
Die Stadt entstand aufgrund der bis Mitte der 70er-Jahre in der Region abgebauten Eisenerze. Zu Eisen- und Stahlwerken kamen später Maschinenbaubetriebe hinzu. 1942 wurden 29 Gemeinden zunächst zu Watenstedt-Salzgitter vereinigt. Seit 1951 gibt es den heutigen Stadtnamen, der auf eine Siedlung Salzgitter um eine Wasserburg aus dem 14. Jahrhundert zurückgeht.
Die sich immer weiter ausbreitenden modernen Fußgängerzonen in Innenstadtbereichen wurden angesichts der nun autolärmfreien und unbedrohten Einkaufsbummel von weiten Bevölkerungskreisen begrüßt. Der Einzelhandel sah dies anders.

Verkehr

Die rasende Gesellschaft

Um 1960 entwickelte sich ein Arbeits- und Lebensstil, der sich in den folgenden Jahrzehnten stetig verstärkte: Ein großer Teil der arbeitenden Bevölkerung pendelte zwischen Wohnort und Arbeitsplatz. 1950 lag der Anteil der Berufspendler an der Gesamtbevölkerung noch bei 18 Prozent, 1961 waren es bereits 31 Prozent. Voraussetzung für diese Mobilität war der eigene Pkw, auch wenn man mit öffentlichen Verkehrsmitteln zur Arbeit fahren konnte. Wer auf dem Land lebte, brauchte ein Auto. Zu Beginn des Jahrzehnts besaß ein Viertel der Haushalte ein eigenes Auto, das nicht nur ein nützliches, flexibles Transportmittel war, sondern auch zum Hobby wurde: Am Wochenende pflegte Vati den Wagen, der gewaschen, poliert und mit dem Staubsauger innen gereinigt wurde. Für manchen Jungen eine willkommene Gelegenheit, mit dem Vater etwas gemeinsam zu machen. Insbesondere die kleineren Reparaturen, die noch selber ausgeführt werden konnten. Für andere war das »Wagenwaschen« dagegen manchmal auch eine Strafarbeit für ungehöriges Betragen. Das Autowaschen am Straßenrand war noch üblich und erlaubt.

Und wenn man brav war, dann spendierte vielleicht Papa den Führerschein, den man mit etwas Glück nach wenigen Fahrstunden und ein bisschen Theorie zum 18. Geburtstag ausgehändigt bekam; volljährig wurde man aber erst mit 21. Das Zweitauto in der Familie war noch nicht verbreitet. Dass auch Frauen den Führerschein erwarben, setzte sich erst nach und nach durch. Wenn der Sprössling noch kein eigenes Auto besaß, dann durfte er manchmal mit Papas Liebling fahren – und angeben.

Ob nun ein Käfer oder der neueste Opel oder ein Ford Taunus (die Badewanne), eventuell auch schon das aktuelle Modell aus Untertürkheim, wo die noblen Staatskarossen hergestellt wurden. Und im Osten: mit einem Wartburg ließ sich genauso renommieren.

Mit dem ersten selbst verdienten Geld leistete sich ein jugendlicher Führerscheinbesitzer den ersten Gebrauchtwagen. Am besten einen französischen, ob nun einen legendären CV 2, die berühmte klapprige Ente von Citroen oder einen R2 von Renault. Sie wurden neben dem ewig durchgerosteten Käfer aus dritter oder vierter Hand das Statussymbol der progressiven Studentenschaft. Fiat 600, OK, ja auch ein NSU oder DKW waren akzeptabel. Ein Lloyd war nur noch komisch. Fuhr man jedoch in einem nagelneuen Cabrio oder gar einem BMW an der Mensa vor, galt man als furchtbar bürgerlich-spießig.

Am Markthorizont tauchte Ende der 60er-Jahre die fernöstliche Konkurrenz auf: Honda kam nach Europa. 1963 hatte Honda erst nur 136 Fahrzeuge gebaut, 1969 waren es schon 232 000; fünf Prozent davon gingen damals in den Export. Die Autos aus europäischer Massenproduktion hatten oft nur eine Lebenserwartung von acht Jahren. Das lag zum Teil an der schlechten Verarbeitung bzw. Verwendung billiger Bleche oder anderer Materialien.

Der Kabinenroller war ein Relikt aus den 50er-Jahren. Gebaut wurde er aber noch als Sportvariante. Mit über 493 cm³ – großen Zweizylinder-Zweitaktmotoren von Fichtel & Sachs und 19,5 PS wurde er immerhin 130 km/h schnell. Er kostete Anfang der 60er-Jahre 3725 DM. Er hatte am Markt keine Chance, man baute nur wenige und stellte 1961 die Fabrikation ganz ein.

Staus auf der Autobahn, wenn auch häufig durch Baustellen verursacht, haben den Autofahrer bis heute nicht verlassen. 1963 war es dem Hamburger Nachrichtenmagazin sogar eine Titelgeschichte für sein Heft Nr. 34 wert.
Und im Zuge der Campingwelle bot nun auch der VW-Bus, von Fans gern »Bulli« genannt, ein ideales wie geräumiges Gefährt für den Wochenendausflug wie für den Urlaub. Ursprünglich war der VW-Bus ein Kleinbus für maximal zehn Insassen und war Mitte der 50er-Jahre unter der Typenbezeichnung T1 in Produktion gegangen. Er bot eine Menge Stauraum: für Werkzeug, Waren, Möbel. Ältere Modelle wurden gern von jungen Leuten »umgerüstet«, um mit dem »Bulli« auf große Fahrt zu gehen: nach Südfrankreich oder einmal durch die Sahara oder nach Indien.

»BMW 2 Cabrio« oder »Die Offene Null-Zweier-Beziehung«. Zunächst als Baur-Vollcabriolet, seit 1967 als 1600-2 bzw. 2002 gebaut, dann später mit Bügel und Dachelementen, eine Reminiszenz an einen Laudaulet der 30er-Jahre, modifiziert. Anstelle der Heckscheibe war das hintere Stoffverdeck herunterzuklappen. Ein »richtiges Cabrio-Gefühl« wollte sich dabei jedoch nicht ganz einstellen.

»Wartburg Bellevue« oder »Der Ost-Traum«: Bereits auf der Frühjahrsmesse 1957 in Leipzig stellte man dieses schmucke Modell aus der Baureihe »Typ 311« vor, den es auch als Zweisitzer gab und der in den 60er-Jahren auch ab und zu auf den Straßen zu sehen war. Das Glaspanoramadach ging über beide Vordersitze hinweg, für den Fond gab es das zurückklappbare Softtop.

»Mercedes 190 SL« oder »Das Reise-Cabrio«: Ja! Auf ans Meer, an den Strand von Sylt ... – Spötter sprachen vom »kleinen Blender«, hatte der 190 SL doch etwas vom legendären 300 SL Roadster. Von der Optik her war er tatsächlich der kleine Bruder, das Damen-Cabrio, von 1955 bis 1963 gebaut, hatte immerhin 105 PS und fuhr bis zu 170 km/h schnell.

»VW Karmann Ghia« oder »Der Italiener«: Das Luxusgefährt der Autobauer aus Wolfsburg wurde dort gar nicht gebaut, sondern bei Karmann in Osnabrück. Für das Design zeichnet die Turiner Designschmiede Ghia verantwortlich. Technisch basierte er auf dem Käfer 1200. Ab 1960 hatten die Modelle 34 PS mit einem vollsynchronisierten Viergang-Schaltgetriebe. Bis zum Ende der Bauzeit (1973) steigerte man sich auf 50 PS und verbesserte dieses und jenes Detail.

»Opel Kapitän P2« oder »Der Europäer«: Hier am Zugersee in der Schweiz. Im Hintergrund sind der Ort Arth und die Berge Kleiner (links) und Großer Mythen zu sehen. Ab 1960 fuhr der stolze »Kapitän« auf bundesrepublikanischen Straßen. Im Vergleich war er im Design sachlicher, »europäischer« sagten andere, da er sich noch weiter vom amerikanischen Vorbild entfernt hatte. Die große vordere Panoramascheibe dominierte die flache Karosserie in ihrer geraden Linienführung. Es war von fast 146000 Exemplaren das erfolgreichste Kapitän-Modell. Ende November 1963 lief der Letzte seiner Art vom Band.

»Opel Kadett« oder »Der Anti-VW«: Für ihn wurde eigens ein neues Werk gebaut. Das Kennzeichen weist auch darauf hin: In Bochum wurde ab 1962 der Kadett, den Namen gab es bereits schon einmal vor dem Krieg, gefertigt. Er bot Insassen mehr Platz als der VW, eine bessere Sicht und hatte mehr Kofferraum. – Kurz gesagt: Der Opel Kadett ist O.K. Übrigens: Das amerikanische »in Ordnung« geht auf den Endkontrolleur der Fordwerke in Detroit, Oskar Krause, zurück, der die fertigen T-Modelle mit seinem O.K. in Kreide signiert haben soll.

»Opel Rekord P2« oder »Der Nachfolger«: Seit 1960 in Produktion, glich er in technischer Hinsicht sehr seinem Vorgänger P 1. Der Unterschied: Die Panoramascheiben waren verschwunden, die vorderen Türen waren breiter, um den Ein- und Aussstieg zu erleichtern. Auf der Handschuhfachklappe stand immer noch der Schriftzug »Olympia«. 1963 liefen insgesamt 786000 Exemplare vom Band. Im selben Jahr wurde er von seinem Nachfolger, dem Opel Rekord A, abgelöst.

»VW-Käfer« oder »Das Familien-Auto«: Für lange Zeit sollte der Volkswagen aus Wolfsburg das Familienauto bleiben. Im Vergleich zu den heutigen »Familien-Kutschen«, auch Van genannt, eine sehr bescheidene Variante. Ein winziger Kofferraum befand sich vorn unter der Haube, während der Motor hinten saß. Doch die drei- bis maximal vierköpfige Familie fand auch im engen Käfer ihren Platz und verreiste damit, so weit die Urlaubskasse es erlaubte. Wie hieß es so schön in der Werbung: Er läuft und läuft und läuft ...

Die Boeing 707-430 stand vom 1. Oktober 1960 bis 30. April 1977 im Dienst der Deutschen Lufthansa. Mit dem vierstrahligen Langstrecken-Düsenverkehrsflugzeug in Tiefdeckerauslegung und der De Havilland DH 106 begann das Jet-Zeitalter. Die Boeing 707 war das erste Boeing-Flugzeug, das die 7x7-Bezeichnung trug. Vier Rolls Royce Corway Kk 550 sorgten für den Antrieb, und jedes Triebwerk hatte einen Schub von 79,9 kN. Die Maschine war 45,60 Meter lang, 11,78 Meter hoch und die Spannweite der Tragflächen betrug 43,40 Meter. Das Startgewicht wurde mit 141 Tonnen angegeben. 18 Passagiere nahmen in der 1. Kasse, 133 in der Economy-Klasse Platz. Das Flugzeug war bis zu 954 Stundenkilometer schnell, hatte mit maximalem Treibstoff eine Reichweite von 10840 und mit maximaler Nutzlast von 7830 Kilometern. – Rechts: In dieser Uniform begrüßten – wenn auch nicht immer mit einer Rose in der Hand, die hat ihr sicherlich ein zufriedener Passagier in die Hand gedrückt – die netten Lufthansa-Flugbegleiterinnen von 1961 bis 1965 ihre Fluggäste.

Service nur vom Feinsten um 1965. Flugreisen nach Fernost dauern lange. Da bietet der Senator-Service in der 1. Klasse einer 707 doch einen angenehmen Komfort. Eine englische Tageszeitung und ein Bier für den Herrn, eine Cola und Schokolade für die Dame. Die Stewardess liest ihren Fluggästen ihre Wünsche förmlich von den Lippen ab. Im Hintergrund, wie auch in dem unteren Bild, schmücken Reproduktionen von Stichen alter Stadtansichten die Trennwand zur billigeren Economy-Klasse, in der auch die angebotenen Speisen bescheidener ausfallen.

Vorsicht am Bahngleis! Die Schmucklosigkeit des Hauptbahnhofs von Heidelberg ist an Tristesse kaum zu überbieten. Bahnhöfe andernorts sahen auch nicht besser aus. In den frühen 60er-Jahren verschwand rasch die »bunte Mischung« an elektrischen Triebwagen von den Schienen. Übrig blieben zwölf Baureihen, unter ihnen der ET 25.

Pendler-Alltag: Ungemütlicher kann das Wetter nicht sein. Im Schneetreiben verlassen die Bahnreisenden den Zug von Allen/Württemberg nach Schondorf im Dezember 1962.

Es ist nur ein kurzer Zug, der hier die Ruhrbrücke bei Hagen-Vorhalle im Februar 1964 überquert. Die Zeit der Dampflok währte nur noch 13 Jahre. Die Deutsche Bundesbahn stellte 1977 den Dampflokomotiv-Betrieb ein. Im Einsatzbetriebswerk Emden endeten die letzten Fahrten am 26. Oktober 1977 mit zwei Lokomotiven der Reihe 043 um 16.04 Uhr. Die Deutsche Reichsbahn fuhr noch länger mit Dampf. Erst am 29. Oktober 1988 endete in Halberstadt die letzte Fahrt einer Lok der Reihe 50.35.

Ein sehr kurzer Übergabezug. Die Dampflok 55 2853 ist länger als der Kesselwagen, den sie im September 1966 bei Siegburg zog. Heute sind Dampflokomotiven eine Rarität und begeistern Eisenbahnfreunde immer noch, wenn sie zu Oldtimer-Veranstaltungen wieder unter Dampf gesetzt werden.

Familie

Vater, Mutter und rebellische Kinder

Wie prüde die 60er-Jahre noch eine sehr lange Zeit waren, zeigte sich im Verhalten von Staat und Kirche, insbesondere der katholischen gegenüber der Anti-Baby-Pille. Sie war in den USA entwickelt worden und 1961 auf den Markt gekommen. Dem staatlichen Bildungssystem musste der Aufklärungsunterricht auch erst durch Provokation abgetrotzt werden. Zu lange schon hatte der Biologieunterricht geschwiegen, wenn hilflose Eltern ihren Kindern auf die ersten Fragen »Woher denn die kleinen Babys kommen« etwas von fleißigen Bienen erzählten. Das Thema Fortpflanzung wurde rein wissenschaftlich behandelt, und erst 1969 präsentierte eine leibhaftige westdeutsche »Familien«-Ministerin einen Sexualkunde-Atlas. War damit einem etwas unverkrampfteren Umgang mit dem Intimleben den jungen Erwachsenen der Weg geebnet? – Noch lange nicht. Die Familienstrukturen der 60er waren noch die der 50er-Jahre bzw. noch länger zurückliegender Zeiten.

Mitte der 60er-Jahre hatte Oswalt Kolle sich um die Volksaufklärung in zwischengeschlechtlichen Fragen durch seine Bücher und Filme verdient gemacht. Da wollte der Staat nicht länger zurückstehen und ließ unter seiner Obhut den Aufklärungsstreifen »Helga« drehen, der im Kino zu sehen war.

Allmählich kam die verklemmte Sexualmoral ins Wanken. Einiges begann sich zu ändern, jedoch noch nicht in der Mitte der Gesellschaft, sondern eher an den Rändern. Dennoch war die Entwicklung nicht mehr aufzuhalten. Heute, mehr als 40 Jahre später, ist es denen, die diese Zeit nicht miterlebt haben, kaum verständlich zu machen, wie gründlich die Zeiten sich geändert haben.

Erst Mitte der 60er brachten einige Zeitschriften-Neugründungen »gewagtere« Titelblätter und im Heft Geschichten über Sex. Das nahm dann schnell zu, als man – auch in den Redaktionen der linksorientierten Zeitschriften wie »Konkret« oder »Pardon« – erkannt hatte, das damit Geld zu machen war. Die edlere Variante war dann »Twen«, ein Trendmagazin der gehobenen Klasse: Layout und Fotografie waren stilprägend. Freizügige Veröffentlichungen in Illustrierten und filmische Sex-»Reports« leiteten zum Ende des Jahrzehnts eine »Sexwelle« ein.

Das Nachrichtenmagazin »Der Spiegel« aus Hamburg sowie die Illustrierte »Stern« sprangen auf den Zug auf und veröffentlichten Titelgeschichten zu diesem Trend, der sich gegen Ende der 60er durchgesetzt hatte.

Von einer Liberalisierung der sexuellen Moral waren die 60er-Jahre noch weit entfernt. Gymnasien wurden meist getrennt nach Mädchen und Jungen besucht, die erste Begegnung mit dem anderen Geschlecht fand häufig erst in der Tanzstunde statt. Etwas schüchtern ging es hier zu. Küssen lernte man in dunklen Hauseingängen oder abends im Stadtpark.

Und dann wird geheiratet… Die Ehen hielten damals noch länger als in späteren Jahrzehnten und die Ehe war noch obligatorisch, Sex vor der Ehe anrüchig. Der sogenannte Kuppeleiparagraf (§ 180 StGB) sollte vorehelichen Geschlechtsverkehr verhindern: Eltern konnten angezeigt werden, wenn sie es ihren Töchtern/Söhnen gestatteten, dass Freund/Freundin bei Ihnen übernachtete. Untermietern war es untersagt, ab 22.00 Uhr noch Damen- oder Herrenbesuch zu empfangen. Erst 1973 wurde das Gesetz geändert.

Zu einer hübschen Braut gehörten »Blumenkinder«, die dem Hochzeitspaar symbolisch auf ihrem gemeinsamen Lebensweg Blumen streuten und wohl schon insgeheim hofften, eines Tages auch die Hauptperson sein zu dürfen. Die Braut brachte die Aussteuer für den Haushalt mit. Schon seit früher Kindheit erhielt sie hierfür Geschenke wie zum Beispiel Einzelteile für das obligatorische Silberbesteck, das zur Hochzeit für mindestens 12 Personen komplett war.

Glückliche und unbeschwerte Kindheit im heimischen Garten – beim Ballspielen (oben) oder als kleiner Pascha (unten), von den Schwestern und Cousinen umringt, die auch mal in den Liegestuhl wollen.

Vater und Mutter sorgten liebevoll für ihre Kinder. Unverheiratete Mütter auch, doch sie hatten es in den 60er-Jahren noch sehr schwer. Ihre Kinder galten als »unehelich«. Mutter und Kind waren gesellschaftlich geächtet und wurden rechtlich benachteiligt. So formulierte das Bürgerliche Gesetzbuch noch 1961 in § 1707: »Der Mutter steht nicht die elterliche Gewalt über das uneheliche Kind zu. Sie hat das Recht und die Pflicht, für die Person des Kindes zu sorgen; zur Vertretung des Kindes ist sie nicht berechtigt. Der Vormund des Kindes hat, soweit der Mutter die Sorge zusteht, die rechtliche Stellung eines Beistandes.«

Klassenfoto aus dem Jahr 1960 vor dem Eingang zur Erfurter Gutenberg-Schule. Die meisten ABC-Schützen tragen stolz ihre Brottasche vor der Brust: Darin ein Apfel und das Pausenbrot. Ab und zu wurden die Brottaschen kontrolliert, ob das Butterbrotpapier sauber gefaltet war, denn es sollte wiederverwendet werden. Das aus der Gutenberg-Schule 1991 hervorgegangene Gymnasium geriet Jahrzehnte später in die negativen Schlagzeilen: Durch den Amoklauf eines Schülers, der anschließend Selbstmord beging, kamen am 26. April 2002 16 Menschen ums Leben.

War die Blockflöte aus der Grundschulzeit überwunden, wurden Klavier und Geige die klassischen Instrumente der musikalischen Hauserziehung. Ein Schlagzeug war eine Ausnahme, wenn man nicht gerade in einem Spielmannszug die Trommel rührte. Mancher junge Mann wünschte sich so wie Ringo Starr von den Beatles Schlagzeug zu spielen. Instrumente der Beatgruppen standen ganz oben auf der Wunschliste. Am Geburtstag oder zu Weihnachten durfte das Geschenk dann einmal (und nie wieder) im Wohnzimmer aufgebaut werden; geübt wurde im Keller oder in der Garage.

An den Schultüten sind sie nicht zu erkennen, die ABC-Schützen in Ost (links) und West (rechts). An diesem Brauch hielt man beiderseits des Eisernen Vorhangs fest.
Im Westen war das Schulsystem in allen Bundesländern noch dreigliedrig: Volksschule, nach der vierten Klasse konnten begabte Kinder eine Aufnahmeprüfung für eine »weiter führende« oder »höhere« Schule machen: Real (Mittel)- oder Oberschule (Gymnasium). Die Volksschule dauerte in der Regel 8 oder 9 Jahre. Die Realschule verließ man nach der 10. Klasse mit der Mittleren Reife oder konnte noch zum Gymnasium wechseln. Mit dem Abitur erlangte man die Hochschulreife. Vorherrschend war noch das Humanistische Gymnasium. Ende der 60er-Jahre begannen die Schul- und Bildungsreformen mit ihren zum Teil heftig umstrittenen neuen Lehrplänen.

Die DDR-Bildungspolitik verstand sich als »klassische« Volksbildung. Dafür brauchte man vor allem in den Anfangsjahren der Republik Zehntausende Neulehrer, um belastete oder im Krieg gefallene Lehrkräfte zu ersetzen. Besonders gefördert werden sollten die Kinder der Arbeiter und Bauern. Diese sogenannten bildungsferneren Bevölkerungsgruppen wurden auch an »Arbeiter- und Bauern-Fakultäten« (ABF) zur Hochschulreife geführt. In den 60er-Jahren galt dieser Schulgang als abgeschlossen, und die ABF wurden aufgelöst.

Die Sunil-Werbung bildet nicht nur das Familien-Ideal der Zeit ab, sondern auch die Realität. Das Rollenbild der Frau als »glückliche« Hausfrau und Mutter ist gesellschaftlich noch eindeutig festgelegt und im Familienrecht des BGB vom 1. Mai 1961 so verankert: »Die Frau führt den Haushalt in eigener Verantwortung. Sie ist berechtigt, erwerbstätig zu sein, soweit dies mit ihren Pflichten in Ehe und Familie vereinbar ist. Jeder Ehegatte ist verpflichtet, im Beruf oder Geschäft des anderen Ehegatten mitzuarbeiten, soweit dies nach den Verhältnissen, in denen die Ehegatten leben, üblich ist.« (§ 1356)

Am Muttertag, einmal im Jahr, stand sie – wie heute – im Mittelpunkt der Familie und durfte sich einmal verwöhnen lassen. Doch das Familien- und Frauenbild wandelte sich in den 60er-Jahren: Immer mehr Frauen suchten in der Arbeitswelt eine Aufgabe, nicht nur, um das Familieneinkommen zu verbessern.

Für Mutti
12
Sunil
bringt alles Weiß zum Strahlen
Für Bottich-Waschmaschinen hervorragend geeignet
Muttertag! Gerührt nimmt Mutti die Glückwünsche entgegen. Heute genießt sie es einmal, wie schön es ist, ein wenig länger in den strahlend weißen Kissen zu bleiben.
Wieviel schöner ist ein Weiß, das strahlt...
...ein Weiß, dem man die Pflege ansieht!

Die natürlichste Sache der Welt war in den 60er-Jahren noch ein gesellschaftliches Tabu. Käte Strobel war die Gesundheitsministerin der Großen Koalition (1966–69) und Ministerin für Jugend, Familie und Gesundheit der ersten sozial-liberalen Bundesregierung (1969–1972). Sie förderte den Aufklärungsfilm »Helga« (1967) und die Herausgabe des »Sexualkunde-Atlas« (1969). Käte Strobel war eine mutige Frau in einer Zeit, in der Abtreibung verboten war (§ 218 StGB) und mit Gefängnis oder Zuchthaus bestraft wurde. Der Schwangerschaftsabbruch war nur erlaubt, »wenn das Leben oder die Gesundheit der Mutter durch das Austragen der Schwangerschaft ernsthaft bedroht« war. Eine frühe Schwangerschaft bedeutete für manche Schülerin die Verweisung von der Schule und gesellschaftliche Ächtung. Doch die teure Anti-Baby-Pille war für Unverheiratete gar nicht so leicht zu bekommen.

Die »Sturmspitze der Demokratie«, so »Der Spiegel« in einer Selbsteinschätzung. Er kommentierte die neue Jugendkultur unter dem Titel »Die übertriebene Generation – Jugend 1967«. Auf dem Titelbild sind jedoch nur die schicken jungen Leute von damals zu sehen. Die anderen »machten Weltrevolution«. Auch ein Symptom für die unterschiedliche Gleichzeitigkeit der Entwicklung.

Es war eigentlich keine Überraschung, dass sich das damalige Oberhaupt der römisch-katholischen Kirche, Papst Paul VI., gegen die »Pille« aussprach, wie es hier der »Spiegel«-Titel (8/64) dokumentiert. Bis heute gilt das Verbot, auch die Verwendung von Kondomen: Vier Jahrzehnte nach der »Sexuellen Revolution« sowie veränderter Lebensformen und -verhältnisse hat sich an den unversöhnlichen Positionen des Vatikans in den Fragen der Verhütung und des Schwangerschaftsabbruchs (trotz AIDS) nichts geändert.

Studenten bildeten Wohngemeinschaften, WGs genannt, und etablierten nicht nur eine neue Wohn-, sondern auch Lebensform. Besorgte Eltern und Bürger sahen darin den Untergang des Abendlandes. Die Mitglieder der Berliner »Kommune 1« machten sich einen Spaß daraus, den Tugend- und Moralwächtern ihre Rückansicht zu zeigen. Ein Bild, das zur Ikone des Spaßprotestes und der Lebenslust wurde.

Der Alltag der Kommunarden, links Fritz Teufel, rechts Rainer Langhans mit anderen Mitgliedern am Küchentisch. In fast allen Universitätsstädten fanden sich Kommilitonen und Kommilitoninnen zusammen, um gemeinsam und deshalb preiswert zu wohnen.

Fast schaut es so aus, als ob die Mädchen hier ein neues Menü zubereiten wollten. Doch sie sitzen im Chemieraum ihrer Schule und bereiten einen Versuch vor, den sie im Rahmen der »Stern«-Initiative »Jugend forscht« präsentieren wollen. Bis heute findet dieser alljährliche Wettbewerb unter Schülern statt, um die Jugend zur Kreativität bzw. an die Forschung und den Fortschritt heranzuführen.

Gut ausgebildete Frauen wurden gebraucht. Es gehörte immer mehr zum Erziehungsplan, dass auch Mädchen weiterführende Schulen besuchen sollten und nicht mehr nur mit einem »ach, du heiratest ja doch einmal und bekommst Kinder« auf die Minimal-Schulbildung beschränkt wurden. Der Handarbeits- und Kochunterricht für Mädchen war Pflicht, für Jungen war es der Werkunterricht.

Wohnen

Die eingerichtete Gesellschaft

Die Wirtschaft boomte, neue Absatzmöglichkeiten wurden entdeckt, indem alte Gewohnheiten über Bord geworfen wurden.

In der modernen Häuslichkeit tat sich viel: Die Welt des Wohnens entwickelte neue Aspekte und neue Materialien aus der Welt der Kunststoffe ermöglichten Einrichtungsgegenstände in fließenden, bisher nicht gekannten Formen. Über mögliche Schadstoffe in Kunst- und Baustoffen dachte man vorerst noch nicht nach.

Es entstanden neue Möbellandschaften. Der Nierentisch und Cocktailsessel der 50er-Jahre und Omas sperrige Möbel, die für die erste Wohnungseinrichtung noch ausreichen mussten, verschwanden. Die neuen Wohnungen, nach dem Krieg in großer Eile mit minimalen Wohnraumgrößen gebaut, erwiesen sich als sehr eng. In den geräumigeren Altbauwohnungen befand sich das WC vielfach noch eine halbe Etage tiefer im Treppenhaus. Nachdem die eigene Wohnung selbstverständlich geworden war, wuchs der Raumbedarf. Ein Kinderzimmer reichte nicht mehr aus, schließlich sollte jedes Kind ein eigenes Zimmer bekommen.

Das ließ sich aber nicht so schnell realisieren, deshalb gab es einen Trend zu modernen raumsparenden, flexiblen Möbeln. In engen Kinderzimmern wurde durch Klapp-Schrankbetten die Spielfläche tagsüber erweitert, auch Schreib- und Arbeitsflächen konnten weggeschoben oder weggeklappt werden.

Farbenfröhlichkeit setzte sich nicht nur bei den Möbeln durch, sondern auch im Zubehör. Tapeten und Teppiche, auch Kochtöpfe wurden bunt. Die Bettwäsche verlor ihr Weiß und bekam farbenfrohes Design. Blümchenmuster waren nicht mehr gefragt, wie in der Kleidermode bevorzugte man geometrische, grafische Muster.

Entspannung nach einem langen Arbeitstag wurde groß geschrieben. Warum nicht die Beine hochlegen beim Zeitungslesen, beim Fernsehen oder dem noch sehr verbreiteten abendlichen Radiohören? Oder sich bequem auf weichen Polstern lümmeln? Neuartige Wohn- und Sitzmöbel machten dies in bisher nicht bekannter Form schließlich möglich – und: Wohnen sollte Spaß machen! Es gab etwas für jedermann und jeden Geldbeutel. Neben allem Neuen bewährte sich das Traditionelle. Aus dem Wohnzimmerschrank entwickelte sich die Raum ausnutzende multifunktionale Wohnzimmerschrankwand. Sie bot neben einer ausklappbaren Schreibtischplatte auch dem Fernseher Platz.

Ergonomisch, praktisch, bequem und pflegeleicht hatten neue Möbel zu sein. Die neuen Kunststoffe in Serien- und Massenproduktionen erlaubten auch günstige Preise. Die Gebrauchszeiten für Möbel wurden kürzer. Der Trend zum schnellen Wegwerfen begann, so wie auch bestimmte Trends nur sehr kurzlebig waren. Die »Ex und Hopp-« bzw. die Wegwerfgesellschaft war geboren.

Während in der Bundesrepublik bereits alles im Überfluss vorhanden war, herrschte in der DDR noch große Wohnungsknappheit. Die staatseigene Produktion entwickelte zudem nur ein bescheidenes Angebot, modernere Trends setzten sich nur mit erheblicher Zeitverzögerung durch.

Ein frischer Wind sollte in Deutschlands Schlafzimmern wehen. »Es ist leicht, das Schlafzimmer lebendig zu machen«, meinte der Bettwäsche-Hersteller Irisette, indem Bettwäsche moderne und farbenfrohe Muster bekam. Räume und Möbel wurden multifunktional. So konnte auf einer Klappcouch im Wohnzimmer geschlafen werden oder aber auch das Schlafzimmer tagsüber mit genutzt werden.

Der französische Möbeldesigner Oliver Mourgue setzte seine Vorstellung vom modernen Wohnen in dieser versenkten Sitzgruppe, einer Wohngrube, um. Wenn der Boden des Wohnzimmers nicht auszuhöhlen war, baute man ein Podest um die Sitzgruppe. Der Boden wurde mit einer Schaumstoffmatratze gefüttert. Die gepolsterten Grubenwände wurden aus Stahlrohr gebogen oder aus Holz geformt, oder aus Glasfiber gegossen. Diese kostspielige Ausführung regte die Fantasie manchen begabten »Selbstbauers« zu kostengünstigeren Nachahmungen an. Die wellenförmige Umgebung des Fußbodens wurde durch Aufmalen oder Aufkleben von Farbfolien erzeugt, wenn ein spezialgewobter Teppich nicht infrage kam.

Ball-Chair: Eine drehbare Kugel aus Fiberglas auf einem schweren Metallfuß befestigt, innen mit einem Gewebe ausgekleidet, wurde bereits 1963 von Eero Aarnio entworfen. Diese neue Sesselform brach alte Sitz- und Sehgewohnheiten auf. Mag der Sessel auch bequem sein, die Kommunikation fördert er wegen seiner hohen Seitenwände nicht, er bildet einen fast isolierten, abgeschlossenen Raum und ist deshalb eher für »Stunden mit sich allein« geeignet.

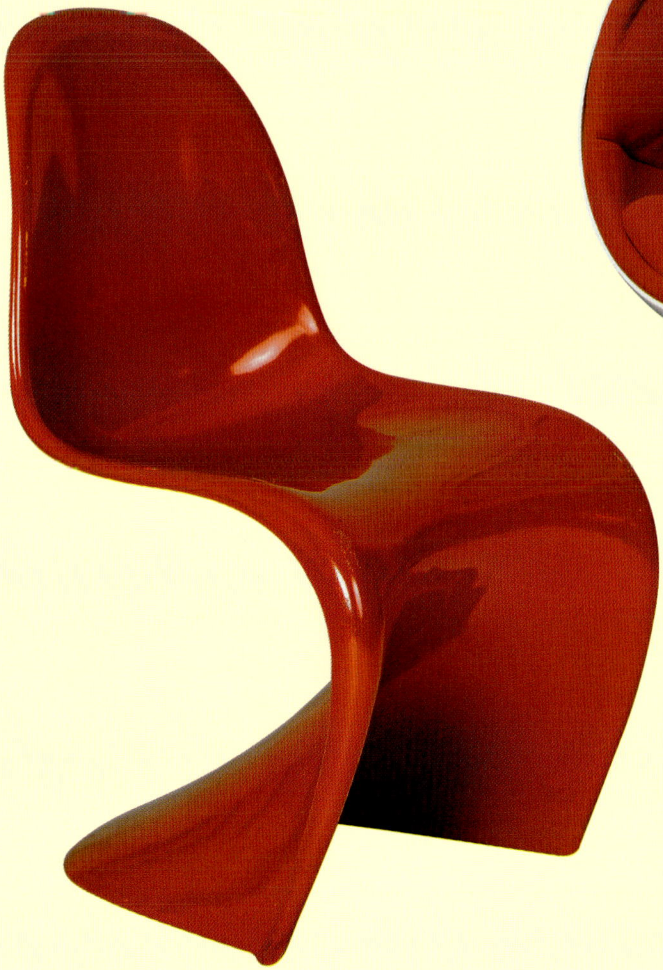

Panton-Chair: Dieser raffinierte Kunststoffstuhl in einem Guss aus Hartschaum mit glänzend lackierter Oberfläche wurde von dem Dänen Verner Panton bereits Anfang der 60er-Jahre entworfen. Ab 1967 wurde der Panton-Chair serienmäßig produziert.

Sacco, ein heute noch beliebtes, ergonomisches Sitzmöbel. Nicht nur für Jugendliche kreierten 1968 die Italiener Piero Gatti, Cesare Paolini und Franco Teodoro den Sitzsack mit Leder- oder Stoffbezug. Er ist mit Polystyrol-Kügelchen gefüllt, jeder Sitzform passt er sich an.

Pastil-Chair: Für diesen ungewöhnlichen Sessel aus Fiberglas erhielt der Designer Eero Aarnio 1968 den »American Industrial Design Award«. Obwohl er wegen fehlender Polsterung nicht sehr bequem aussieht, sitzt man doch sehr gut darin: Man kann hin und her wippen oder sich auch drehen. Sein wetterbeständiges, strapazierfähiges Material erlaubt die Nutzung auch außerhalb der Wohnung: Fantasiebegabte Menschen nehmen ihn im Winter als Rodeluntersatz oder im Sommer als Sitz- bzw. Schwimmmöbel auf ruhigen Gewässern.

Wohn- und Sitzlandschaften: Das waren nicht nur neue Wohnideen, sondern auch neue Begriffe. Entspannung pur nach einem ereignisreichen Arbeitstag. Warum danach die Beine nicht einfach mal hochlegen? Omas Sofa, die elterliche Couch (mit Tisch), das vornehme Chaiselongue, das bürgerliche Kanapee, der elegante Diwan oder auch nur schlichte Bettbank, diese gepolsterten Sitz- und Liege-Möbel in zum Teil sehr unterschiedlichem Design wurden jedoch aus den Wohnzimmern nicht verdrängt.

Die flexible, erweiterungs- bzw. anbaufähige Einbauküche feiert Triumphe: Dieses beliebte Modell mit sanften Pastellfarben – hier aus dem Otto-Katalog – war vielerorts lange zu sehen. Leider wurden die Küchen immer kleiner. Sie verloren damit den beliebten Essplatz in der Küche und wurden damit nur auf die funktionalen Abläufe, Kochen und Geschirr abwaschen, beschränkt.

Der Essplatz wurde ins Wohnzimmer verlegt oder wer genügend Platz hatte, richtete sich eine Essecke oder gar Esszimmer ein. In gut ausgestatteten Neubauwohnungen gab es die »Durchreiche« von der Küche ins Wohnzimmer bzw. zur Essecke, die nach Bedarf geschlossen werden konnte. Neben modernen Möbeln – neue Formen, Farben und Materialien – waren konventionelle Formen und Materialien bei vielen Bürgern mehr gefragt, »Solidität und Tradition« prägten die meisten Wohnzimmer.

Farbenfreude überall – auch die Emaille-Kochtöpfe wurden bunt und lösten die schwarzen Töpfe ab. Die Kochtopfgrößen sind auf die Kleinfamilie abgestimmt. Und: Die Rate von 2,75 DM ist moderat, damit fällt es der Hausfrau nicht schwer, sich endlich mal wieder einen neuen Topf zu kaufen, wo doch bei den alten schon so lange die Emaille abgestoßen war. Da störte das etwas biedere Design nicht: Praktisch (und günstig) sollten sie sein und sonst nichts.

Kochen macht Spaß mit dem neuen Elektroherd und Backofen mit differenzierter Hitzeregulierung. Ein üppiger Braten ist da kein Problem mehr. Mit Früchten angereichert und schön garniert kann ihn die Hausfrau, die nun keinen Kittel mehr trägt, sondern nur eine kleine Cocktailschürze, nun lächelnd ihrer Familie oder den Gästen servieren.

Fast jeder Haushalt verfügte bald über eine Waschmaschine. Der automatische Schleudergang war jedoch noch nicht in jeder Maschine vorhanden, sodass eine Wäscheschleuder vielfach noch extra gekauft werden musste. Die zunehmende Automatisierung versprach Glück, wie hier in der Anzeige die Ballerina-Fee mit dem Zubehör eines Schornsteinfegers symbolisch erkennen lässt.

Die Hausfrau zeigt ihren Kindern den gefüllten Kühlschrank. Es herrscht Überfluss, die Qual der Wahl, oder es darf ausgesucht werden, worauf man Appetit hat, was das Herz begehrt. Das war lange Jahre nicht so. Nun wächst eine Generation heran, für die ein gefüllter Kühlschrank zur Selbstverständlichkeit wird. Den Hunger, den ihre Großeltern und Eltern während des Krieges und den Jahren danach, in der sogenannten »schlechten Zeit« hatten, ist für sie kaum mehr vorstellbar und schon gar nicht nachvollziehbar geworden.

Der technischen Weiterentwicklung der Haushaltsgeräte waren keine Grenzen gesetzt. Mit jedem Baujahr gab es eine Neuerung und Verbesserung. Eine vollautomatisierte Waschmaschine kam einem Diener oder Butler gleich. Dies sollte sich bald jeder Haushalt leisten können. War doch mit der Arbeitsersparnis auch eine längere Freizeit möglich. »Made in Germany« war noch ein Qualitätssiegel mit Garantie für eine lange Lebensdauer.

Omas gemütliche Küche ist tot. Nun ist sie clean, steril. Ein Trend, der jedoch nicht lange vorhielt. Wo hier noch Mutter und Tochter gemeinsam – ein Idealbild – Geschirr abwaschen und abtrocknen, ersetzt bald der Geschirrspüler diese Arbeit. Die Tochter ist mustergültig, sie hilft im Haushalt. Und: Es ist eine schöne Gelegenheit für einen Plausch zwischen Mutter und Tochter.

Die Kühltruhe und der Gefrierschrank ermöglichen eine neue Art nachhaltiger Vorratswirtschaft. Was früher mit großem Aufwand eingekocht und -gemacht (eingeweckt) wurde, kann nun problem- und mühelos in rohem Zustand eingefroren werden. Die Kühltruhe bzw. der Gefrierschrank setzte sich vorerst nur in besser verdienenden Familien durch. Für die Eisherstellung bot der normale Kühlschrank mit Gefrierfach schon Möglichkeiten.

Warenwelt

Die Konsumgesellschaft

Der Entwicklung der Konsumgesellschaft schienen keine Grenzen mehr gesetzt zu sein. Das Angebot an industriell hergestellten und konservierten Lebensmitteln wuchs – von herkömmlichen Lebensmitteln bis zu Fertiggerichten, von der Frischware bis zur Tiefkühlkost. Die Lebensmittelhändler, gleich um die Ecke, versuchten mit der Zeit Schritt zu halten. Sie modernisierten ihre Geschäfte teilweise noch zu kleinen »Selbstbedienungsläden«, doch die räumlichen Ausdehnungsmöglichkeiten waren begrenzt: Die breite Nahrungsmittelpalette in großen Mengen und die damit verbundenen günstigeren Preise konnten sie nicht anbieten. So wichen sie immer mehr den Supermärkten, die überall dort entstanden, wo genügend Platz für Warenangebote und Parkplätze vorhanden war. Das erste Einkaufszentrum wurde 1964 in der Nähe von Frankfurt eröffnet. Der Lebensmitteldiscounter Aldi, in den 50er-Jahren aus einem Lebensmittel-Einzelhandelsgeschäft entstanden, verfügte 1960 bereits über 300 Filialen. Müllberge und Recycling waren Begriffe, die gesellschaftlich noch nicht diskutiert wurden. Die Stofftasche verschwand, die Plastiktüte gab es bei jedem Einkauf kostenlos dazu.

Die zunehmende Automatisierung, der technische Fortschritt im Haushalt wie in der Arbeitswelt weckten immer wieder neue Wünsche. Die monatlichen Gehälter der Bundesbürger erlaubten es, für Neuanschaffungen zu sparen.

Der weitere Ausbau von Fußgängerzonen in den Innenstädten wurde fortgesetzt, drohten doch die Passanten im wahrsten Sinne des Wortes unter die Räder zu geraten. Der Verkauf an der Haustür durch Vertreter oder Direktverkäufer war noch weit verbreitet, denn meist war die Hausfrau noch ganztags zu Hause.

Werbeplakate an Litfasssäulen, Werbung im Fernsehen, im Kino und in Zeitschriften sorgten dafür, dass sich jeder über neue Produkte informieren konnte. Doch so viel Raum wie heute wurde der Werbung noch nicht eingeräumt. Privatfernsehen, das sich ausschließlich über Werbung finanziert, gab es noch nicht.

Hatten die Westdeutschen schon alles im Überfluss, so regierte in der DDR nach wie vor der Mangel. Die Planwirtschaft schaffte es nicht, sich aus der Mangelwirtschaft herauszuentwickeln. Nicht nur Produkte waren Mangelware, sondern vor allem Rohstoffe, die zur Herstellung nötig waren. Für bestimmte Lebensmittel, Modewaren oder Autos mussten lange Wartezeiten einkalkuliert werden. Für ein Autobetrug die Wartezeit einige Jahre. Beim Einkauf von Lebensmitteln stellte man sich in eine Warteschlange, die oft vom Geschäft bis auf die Straße hinausreichte. Wer Verwandte in der BRD hatte, freute sich, wenn zu Weihnachten ein Paket mit den Lebensmitteln oder Modeartikeln aus dem Westen kam, die man in der DDR nicht oder nur zu einem hohen Preis kaufen konnte.

So war es mal gedacht: Moderne Putzmittel, Geräte und Maschinen sollten die Hausarbeit so weit vereinfachen und erleichtern, dass etwas mehr Zeit für die Entspannung und das »süße Nichtstun« übrig bleibt. Das demonstriert jedenfalls Frau Lonny Kellner, die Ehefrau des bekannten TV-Showmasters Peter Frankenfeld.

Das Selbstschneidern, in den 60er-Jahren noch weit verbreitete Freizeitaktivität, wird immer einfacher, dank der technischen Weiterentwicklung von elektrischen Nähmaschinen. So einfach wird's: »Antippen – aufspulen – weiternähen ...« verspricht die Werbung. Was einst mechanisch oder per Hand erfolgte, geht nun automatisch. Deshalb wird diese Nähmaschine auch »die Magische« genannt.

Den Intershop gab es seit 1962 in der DDR. Die Geschäfte, es gab sie an den Grenzübergangsstellen, auf Rastplätzen der Transitstrecken, auf Bahnhöfen, Flug- und Fährhäfen und in West-Berlin, führten Waren, die man sonst nicht kaufen konnte. Nur mit frei konvertierbaren Währungen (später Forumschecks) durften die heiß begehrten Dinge des Alltags auch von DDR-Bürgern gekauft werden, wenn sie über derartige Währungen verfügten. Ziel war es, Devisen (Valuta) zu erwirtschaften, da die DDR immer über zu wenig Devisen verfügte, um Materialien und Waren aus dem Westen einkaufen zu können. Für Abhilfe sorgte bereits seit Mitte der 50er-Jahre auch die Geschenkdienst und Kleinexport GmbH. In GENEX-Filialen in Dänemark und der Schweiz konnten »Westler« für DDR-Bürger unerschwingliche Waren (aus West wie Ost) kaufen. Bezahlt wurde mit West-Währungen, harten Devisen. Die GENEX rechnete über die von dem MfS-Offizier Alexander Schalck-Golodkowski geleitete Abteilung KoKo (Kommerzielle Koordination) im Ministerium für Außenhandel ihre Gewinne ab, die SED-Konten gutgeschrieben wurden.

Auf, auf zum fröhlichen Hausputz. Dafür gab es nun ein »Universalmittel« für die emsige Hausfrau, wen sonst? Denn Sie macht den Frühjahrsputz, überall und gleichzeitig. Zielsicher und -genau ist hier die Werbeansprache …

Gepflegte Hände sollte ein jeder haben, nicht zuletzt auch dies ein Ausdruck von Wohlstand. Denn dank immer besserer Hilfsmittel im Haushalt sollte es sich jede Hausfrau leisten können, gepflegte Hände zu behalten. Doch nicht nur sie: Auch der handwerklich tätige Mann wurde angesprochen und musste nicht länger auf derartige Körperpflege verzichten.

Dash wäscht so weiß, daß sich die Wäsche sehen lassen kann!

Waschen mit einer vollautomatischen Maschine und passendem Mittel, dann die Wäsche im Freien trocknen lassen. Keine mühselige Hausarbeit mehr, sondern Freude und Stolz auf ein strahlendes Weiß. Die frisch duftende Wäsche kann sich wahrlich sehen und im wahrsten Sinne des Wortes riechen lassen.

Tiefkühlkost und Fertiggerichte eroberten den heimischen Tisch. Wer sich noch selber an den Herd stellte, um eine Soße herzustellen und kein Fertigprodukt zu Hilfe nahm, war »selber schuld«. Fertiggerichte bevorzugten diejenigen, denen es an Zeit mangelte: Die schnelle Küche für eine immer schnelllebigere Zeit. Sie sollte es auch den immer mehr berufstätigen Müttern ermöglichen, die zum Beispiel halbtags arbeiteten, die hungrige Familie zufriedenzustellen. Doch Fertiggerichte waren teurer als herkömmliche Lebensmittel, die noch geputzt und vorbereitet werden mussten. Die industriell vorgekochten oder tiefgefrorenen Fertiggerichte hatten es jedoch schwer, sich bei auch noch so gestressten Müttern und von Hausmannskost verwöhnten Gaumen durchzusetzen.

Auch bei der Säuglingsnahrung hielten die Fertigprodukte Einzug. Gemüse und Breie aus Gläsern setzten sich durch. Auch hier: Kein großer Aufwand mehr bei der Selbstherstellung von Gemüsebreien für die lieben Kleinen. Die Zeiten des langen Stillens für Säuglinge waren vorbei. Frühzeitig wurden sie an Fertigprodukte herangeführt. Für jedes Alter gab es das entsprechende »Gericht«, in den Anfangsjahren nur in Apotheken und Drogerien erhältlich.

Die Tiefkühlkost – eine schonende Konservierungsmethode bei unendlich großer Arbeitserleichterung – ermöglichte nun auch im Winter diverse Gemüse- und Obstsorten ungekocht vorrätig zu haben. Und man musste die Jahreszeiten nicht mehr abwarten. Schnell entwickelten sich ganze Industriezweige, die sich auf den Verkauf tiefgekühlter Produkte spezialisierten. Wenn auch noch nicht jeder Haushalt einen Gefrierschrank besaß, so enthielten doch die Kühlschränke zumindest ein kleines Gefrierfach. Kochen auf Vorrat wurde nun einfacher.

Frisch den ganzen Tag und ganz besonders für romantische Stunden. Drei mal acht Stunden hat der Tag, das Deo versichert Frische für den ganzen Tag und weitere 8 Stunden darüber hinaus. In der Anzeige trifft sich ein verliebtes Paar noch in seiner Alltags- oder Bürokleidung am mit Moos bewachsenen kleinen Bach. Die weich gezeichnete Szenerie lässt die reale Umgebung in den Hintergrund treten und evoziert angenehme Frische und Romantik pur.

Links: Bekannte Schauspieler waren schon immer ideale Werbeträger. Hier wirbt Heidelinde Weiss für eine Seife. Auch dieses Anzeigenfoto hat einen weich gezeichneten Hintergrund, ein Stilelement, das auf den englischen Fotografen David Hamilton und seine »verträumt« wirkende Bilder zurückgeht.

Rechts: Der Wermut der Marke Martini wird auch mit Eis getrunken, natürlich »on the rocks« oder mit Soda. Mit 2 Spritzern Orangen-Bitter und Gin, gut geschüttelt oder gerührt und mit 1 Olive im Glas serviert, das ist der perfekte Cocktail Martini Dry, und wie diese Anzeige es signalisert: »Freude am Leben«. Das Segelschiff »en miniature« lässt erahnen, worüber man sich unterhält: Über ferne Länder und Reisen.

Links: »Grenzenlos wurde die Toleranz« mit der entsprechenden Zigarette und einem Drink. Der neue Zeitgeist soll Gegensätze verbinden, so die Werbung, »der großstädtische Geist mit der urwüchsigen Stimmung aus den Bergen« sich in einem Weltbild vereinen. Eben der »Duft der weiten Welt« ...

Rechts: »Neue Lebensfreude durch einen Strumpf mit Beinmassage? Der neue Miederstrumpf – macht müde Beine springlebendig« – stand unter der Anzeige zu lesen. Dies versprach »Elbeo Supp-hose« zum Preis von 18,90 DM. Feinstrumpfhosen oder -strümpfe waren inzwischen für jede Frau erschwinglich geworden. Neben Perlon und Nylon setzte man weitere synthetische Fasern ein. In der DDR waren Feinstrumpfhosen aus Kunstfasern noch lange ein knappes Gut.

Freizeit

Let's go – zwischen Tradition und Flower-Power

Nicht nur die Verkürzung der Arbeitszeit, auch die zunehmende Automation erlaubten mehr freie Zeit und eine attraktivere Freizeitgestaltung. Reisen in immer fernere Regionen standen auf den Wunschzetteln vieler Bürger und wurden mit dem eigenen Auto realisierbar. Auch Tagesausflüge waren dadurch ohne großen Aufwand möglich geworden. Der wachsende Wohlstand einer immer breiter werdenden Bevölkerungsschicht ermöglichte der Freizeitindustrie eine nahezu grenzenlose Entfaltung, die Entwicklung des Breitensports und Freizeitsports nahm ihren Lauf.

Mini, Midi, Maxi

Die Röcke werden kürzer, die Haare länger

Der Modevielfalt waren keine Grenzen gesetzt, sie feierte in diesem Jahrzehnt Triumphe. Anfang der 60er-Jahre machte neben anderen Synthetikstoffen ein besonderer Stoff kurzzeitig Furore: Der Nyltest, knitter-, falten- und bügelfrei. Vom Oberhemd, Kleid und der Bluse bis zur Kittelschürze war in dieser Stoffart alles zu kaufen.

Mitte der 60er revolutionierte die Mini-Mode den Modemarkt. Der Minirock, von der Engländerin Mary Quant 1962 entworfen, sorgte in vielen Familien für Sprengstoff und Diskussionen zwischen Töchtern und Eltern, die am liebsten das Tragen der Miniröcke verboten hätten. Sie fürchteten um die Moral oder das sittliche Ansehen ihrer Töchter.

Das knabenhafte Fotomodell Twiggy – im männlichen Volksmund oft böse »Waschbrett« genannt – wurde zum Schönheitsidol und veränderte die gesamte Mode- und Modelwelt. Weibliche Formen und Rundungen waren nicht mehr gefragt, sondern das Androgyne. Die Mode für Frauen verlor das Damenhafte, sie wurde sportlicher und burschikoser. Die neuen Rocklängen – zirka zehn Zentimeter oberhalb der Knie – setzten sich langsam in allen Gesellschaftsschichten und Altersgruppen durch.

Hosen für Frauen, besonders im Berufsleben, wurden vielfach noch nicht gesellschaftlich akzeptiert. Die Jeans, anfangs nur für die Jugend, setzte sich allmählich als Freizeitkleidung durch. Zur Jeans gehörte bei vielen Jugendlichen der militärisch anmutende olivgrüne Parker mit Fellbesatz an der Kapuze.

Jeans, »Niet(en)hosen« im Westen oder »Nahthosen« im Osten genannt, waren für die Behörden im Osten ein Zeichen für renitente Jugendliche. Erst spät wurde mit einer eigenen Produktion begonnen, doch mit den »echten« Jeans konnten diese Hosen nicht konkurrieren.

Die Farben, die man trug, wurden »Schockfarben« genannt, waren bunt, knallig und kreischend: Kombinationen wie leuchtendes Orange mit grellem Grün und Lila sprengten alte Sehgewohnheiten.

Vorhergehende Doppelseite: Ein Osterspaziergang mit Hunden. Ein angelsächsisch anmutender Modestil war Mitte der 60er-Jahre sehr gefragt, Großbritannien gab in der Mode den Ton an.

An Farben- und Mustervielfalt kaum zu übertreffen – führt das Model in einer Zeitschrift für Damenschneiderei »für Mode und Fachtechnik« ein ausgefallenes Kleid vor. Die Pose erinnert an eine Puppenspielfigur wie Sandie Shaws Song »Puppet on the String«, mit dem sie 1967 den »Grand Prix Eurovision de la Chanson« gewann.

Hübsch frisierte und toupierte »Hochhaustürme« trug man Anfang der 60er-Jahre auf dem Kopf. Sie wurden bald wieder auf ein »Normalmaß« reduziert. Lockenwickler und Brennschere waren unverzichtbare Hilfsmittel für modische Frisuren, insbesondere für Korkenzieherlocken.

Hier zeigte sich damenhafte Eleganz: Flotte Kostüme, zwei- oder einteilige Kleider aus modernem Diolen, Jersey, aber auch aus Leinen, wurden für die Frühjahrsmode 1965 zum Selbstschneidern vorgestellt. Die Hüte ohne breite Krempe zeigen die Entwicklung zur Sportlichkeit, die sich immer weiter durchsetzt. Der sogenannte »City-Look« ist elegant und flott. Breite Hutkrempen, »Wagenräder«, sind »out«.
Zum Ausgehen ist der Hut dennoch nicht verzichtbar, er vollendet die Kleidung stilvoll.

Ein burschikoses, freches Hütchen oder Cappy mit kariertem Muster passend zum Kleid. Ein wenig unentschieden wirkt der gesamte Stil dieses Modells – die das Damenhafte betonenden Handschuhe sind erst zur Hälfte ausgezogen, auf typische schmückende Accessoires wird nicht verzichtet.

Links: Viele Materialien können Hutmacher verwenden: Stroh, Seide und andere Stoffe; geflochten, gehäkelt oder genäht. Strohhüte jeder Art mit knappen Schleifen- oder Zierbändern gehörten zum sogenannten »City-Look«, doch dieser wurde nur von der Damenwelt bevorzugt, Jugendliche hatten mehrheitlich für diese Art der Mode nichts übrig.

Rechts: Wer auf das Damenhafte nicht verzichten und dennoch nicht zu elegant erscheinen mochte, entschied sich wohl eher für diesen Hut mit knapper, aufgeschlagener Krempe. Eng am Kopf anliegend betont er die glatte Haarfrisur und das Gesicht.

Links: Eine Mischung aus Schirmmütze und Hut setzt der Kleidung einen sportlichen Akzent.

Rechts: Dieser Hut mit schmaler Krempe bot noch Raum für eine hochgesteckte Frisur, elegant komplettiert er das gesamte Outfit.

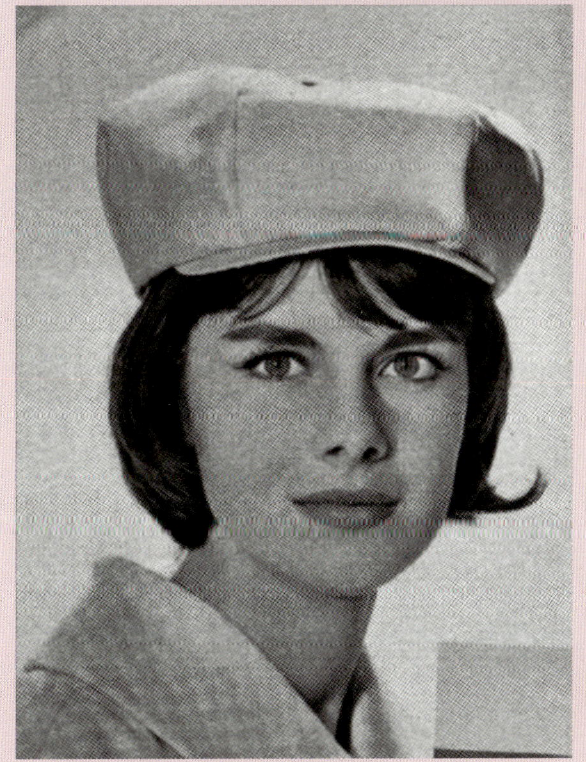

Mamas Liebling bekommt ein niedliches Mäntelchen mit Klappentaschen und goldknopfgeschmückter Front. Dieser Mantel war für Eineinhalb- bis Zweijährige gedacht. Auch ein Hütchen gehörte selbstverständlich dazu. Die Erwachsenen liebten es – damals wie heute – ihre Kinder genauso anzuziehen, wie sie sich selbst anzogen.

Ein Klassiker: das Schottenmuster. Das Kleidchen aus dem beliebten Schottenstoff mit passendem Hütchen war für 5 bis 6-jährige Mädchen vorgesehen. Das Abbild der Mutter, nur das Röckchen durfte kürzer sein. Die Strumpfhose für Kinder gab es bereits und dank der Erfindung der Feinstrumpfhose trugen auch bald die Mütter kurze Röcke.

Für die kalte Jahreszeit ist ein molliger Kapuzenmantel mit Passe, doppelter Knopfreihe und aufgesetzten Taschen gerade das Richtige für 4- bis 5-Jährige.

Auch in den 60er-Jahren wurde Omas Stricknadel nicht kalt. Gestricktes für Mädchen und Jungen wurde nach wie vor – zumindest am Anfang des Jahrzehnts – getragen. Gestrickte Kleidung, ebenso Strumpfhosen mit Synthetikanteil, waren bei vielen Kindern – die Wolle kratzte sehr häufig – nicht sehr beliebt.

Romantische Partymode für Twens, eine kleine Reminiszenz an die Flower-Power-Bewegung: Blumen schmücken das Haar. Das Herren-Jackett im Nehru-Look wurde zum Selbstschneidern aus leichter Schurwolle oder Seide vorgeschlagen. Diese Mode bildete einen Kontrast zur sonst vorherrschenden und eher nüchternen Mini-Mode.

Links: Cocktailkleider, hier paillettenbestickte Spitzenstoffe für Tanz- und Partykleider, mit zartem Dekolleté, waren »Bestseller« in der zweiten Hälfte der 60er-Jahre. Die große Schleife am Kleid und die Frisur mit Korkenzieherlocken zeigen: Verspielt sein ist erlaubt.

Oben: Endlich war der Strumpfhaltergürtel überflüssig. Neben der Feinstrumpfhose, die Ende der 50er- Jahre auf den Markt kam und die spätere Mini-Mode erst möglich machte, setzte sich diese Strumpfform mit selbst haltendem Gummirand nicht durch.

Reisen – Die Weite suchen

Nach Italien und auf nach Indien

»Ein Mal Venedig sehen ...«, das war der Wunsch vieler, die in den Jahren zuvor noch nicht so verreisen konnten, wie sie es gern getan hätten. Und ein Gondoliere gehört(e) auch dazu. Ob er wohl den jungen Damen etwas zu Gehör gebracht hat? Die Lagunenstadt in der Adria mit ihrer bewegten Geschichte und den bedrohten historischen Kunst- und Bauwerken an den Kanälen übt(e) einen großen Reiz aus. Heute steht Venedig auf der UNESCO-Liste der schützenswerten europäischen Kulturdenkmäler auf Platz 1.

War das Reisen für die meisten Menschen bislang nur ein Traum, so wurden in den 60ern die Träume wahr. Bei aller Häuslichkeit verlangten die Deutschen nach Tapetenwechsel.

Ab 1963 gab es den bezahlten Urlaub und Ende der 60er betrug die Urlaubszeit bis zu 20 Tage. Konnten sich am Anfang des Jahrzehnts etwa ein Drittel der Westdeutschen einen Urlaub leisten, so waren es am Ende schon die Hälfte. Und die meisten fuhren bereits ins Ausland.

Die Entwicklung des Massentourismus begann. Staus auf den Autobahnen zur Ferienzeit mussten in Kauf genommen werden. Der Individualurlaub mit Auto und Wohnwagen oder Zelt war die beliebteste und kostengünstigste Reiseform. Aber auch die Flüge ins Ausland wurden begehrter. Ende der 60er-Jahre zählte man 1,25 Millionen Flugtouristen.

Italien als Urlaubsziel war für viele Westdeutsche besonders attraktiv. Das konstante warme und sonnige Wetter und die bedeutend niedrigeren Lebensmittelpreise lockten nach Italien, später auch nach Spanien und Jugoslawien. Damit konnten auch die Seebäder an der Nord- oder Ostsee konkurrieren. Eine Übernachtung in einem preiswerten Privatquartier auf einer Nordseeinsel kostete Mitte der 60er-Jahre etwa 6 DM pro Person.

1960 waren 12 Millionen Bundesdeutsche in ihren Ferien unterwegs. Über ein Drittel von ihnen zog es ins Ausland. Ins boomende Reisegeschäft stiegen nun auch die Versandhäuser Quelle und Neckermann ein. Und Neckermann machte es möglich, günstig in den Süden fliegen zu können. 1965 waren von den inzwischen 19 Millionen reiselustigen Bundesrepublikanern 600 000 Flugpauschalreisende. Um Neckermann-Reisen besser Paroli bieten zu können, schlossen sich 1968 Touropa, Dr. Tigges, Hummel und Scharnow zur Touristik Union International (TUI) zusammen. Ein Jahr darauf gründeten die Gewerkschaften ihr Touristikunternehmen (GUT Reisen) und kurze Zeit später der Kaufhof-Konzern den Reiseveranstalter IST.

Der Urlaub für Werktätige in der DDR beschränkte sich auf 15 Tage. Erst in den 70er-Jahren wurde er auf 18 Tage verlängert. Individualreisen waren kaum möglich, da es nur wenig Übernachtungsmöglichkeiten – Hotels, Pensionen und auch Privatquartiere – gab. Auch Campingplätze waren rar, man musste sich lange vorher anmelden. Anfang der 60er-Jahre verbrachten zirka 200 000 Camper ihren Sommerurlaub auf heimischen Zeltplätzen. Besuche im westlichen Ausland wurden unerfüllbare Träume. Der Schutz der DDR-Bürger im Westen sei nicht gewährleistet, hieß es von staatlicher Seite. Der organisierte Massenurlaub durch den FDGB – Ferienheime, Kinderferien-

Am 14. Mai 1963 wurde die Vogelfluglinie eröffnet. Ihr Name bezieht sich auf die Flugroute der Zugvögel, die zwischen Mitteleuropa und Skandinavien verkehren. Die Straßen- und Eisenbahn-Verbindung zwischen Deutschland und Dänemark führt über den Fehmarnbelt, eine Meerenge zwischen Fehmarn und der dänischen Insel Lolland. Die Vogelfluglinie ist die kürzeste Verbindung zwischen Hamburg und der Öresundregion, die den Weg nach Kopenhagen um 160 Kilometer verkürzt. Die knapp 964 Meter lange Brücke, eine Stahlbogenbrücke, überspannt den Fehmarnsund, der die Ostseeinsel Fehmarn vom Festland der ostholsteinischen Halbinsel Wagrien trennt. Das Kernstück bildet die Fährverbindung zwischen Puttgarden (Fehmarn) und Rødby (Lolland).

lager – war die preiswerteste Lösung: Ein Sieben-Tage-Urlaub im Harz kostete 1960 für einen Werktätigen 17,50 Mark. Das konnte sich jeder leisten. Bevorzugt wurden die Bürger, die sich gesellschaftlich oder betrieblich – im Sinne der Partei – besonders engagierten. Denn wer wohin fahren durfte, entschieden die Ferienkommissionen der Betriebe. Reisen ins Ausland, in die »Sozialistischen Bruderstaaten«, waren mit Visum möglich. Ende der 60er-Jahre reisten, vermittelt durch das staatliche Reisebüro, etwa 80 000 DDR-Bürger nach Bulgarien, 8 000 nach Rumänien, 75 000 in die CSSR, 110 000 in die UdSSR und zirka 25 000 nach Ungarn. Beliebtes Urlaubsziel daheim war das umgebaute Gartenhaus, die Datscha.

Seebrücke von Sellin: Der Ort auf Rügen wurde 1295 als »Zelinische beke« – von slawisch »Zelino« (grünes Land) und niederdeutsch »Beke« (Bach) – erstmals urkundlich erwähnt. 1887 wurde Lübky's Hotel eröffnet und damit begann die Geschichte des Ostseebades. Es folgte die Anlage einer breiten Allee mit Promenadenwegen zum Außenstrand. Es entstanden prachtvolle Villen. 1906 baute sich die »Die Perle der Insel Rügen« eine Seebrücke. Hier eine schon historisch zu nennende Aufnahme aus den 60er-Jahren, da der Brückenbau nach mehreren Um- und Erweiterungsbauten Ende 1978 abgerissen wurde. Der Neubau 20 Jahre später orientierte sich am Vorgängerbau von 1927.
Vor dem heutigen Hotel Seestern (Poststraße 10) befindet sich seit 1991 der Gedenkstein für die »Aktion Rose«. Er erinnert an die 1953 von DDR-Behörden durchgeführte Enteignung von Hotel- und Gaststätten-, Taxi- und Dienstleistungsunternehmen in den Badeorten an der Ostseeküste, insbesondere auf Rügen. Viele Betroffene wurden verhaftet oder flüchteten.

Am Strand von Göhren auf Rügen. Seit 120 Jahren ist diese Gemeinde ein beliebter Badeort, verfügt er doch über zwei herrliche Strände mit weißem Sand. Beide haben eine Länge von gut 4 Kilometern. Zwischen Göhren und Baabe liegt die 3 Kilometer lange Strandpromenade. Der Bahnhof von Göhren ist die letzte Haltestelle des »Rasenden Roland«, der einzigen verbliebenen Dampfeisenbahn der Insel.

Mit dem zweisitzigen Motorroller, wenig Gepäck und in passender Kleidung (die Rennbrille nicht vergessen) in den Camping-Urlaub. Campingplätze waren im Osten während der Sommerferien häufig völlig überlaufen. Um einen Zeltplatz zu bekommen, musste man sich mindestens ein halbes Jahr vorher anmelden, und Zelte waren auch ständige Mangelware. Improvisation war gefragt.

Strandleben in Ost und West – kein Unterschied, ob in Sellin auf Rügen oder in Scharbeutz in der Lübecker Bucht: Erholung und Entspannung pur, auch wenn die Tageszeitung nicht fehlen durfte. In der DDR zählten die Campingplätze und Badeorte an der Ostseeküste zu den begehrtesten Ferienzielen. Die Schulferien waren in der DDR einheitlich geregelt. Dadurch waren Ferienplätze immer knapp, während es in den Schulmonaten dann wiederum sehr viele freie Plätze gab.

In Scharbeutz am Westrand der Lübecker Bucht waren die Badefreuden ungetrübter. Zur Gemeinde gehören zehn Dorfschaften: neben den Hauptorten Scharbeutz und Pönitz Gleschendorf, Haffkrug, Gronenberg, Klingberg, Sarkwitz, Schulendorf, Schürsdorf und Wulfsdorf. Die slawischen Vorläufersiedlungen sind zum Teil über 1000 Jahre alt. Im 19. Jahrhundert entwickelten sich im Küstenbereich vier oldenburgische Seebäder, mit zum Teil schönen Stränden und waldbestandenen Uferstreifen. In Haffkrug begann der Badebetrieb 1812 und in Scharbeutz ab 1837.

Am Strand von Göhren. Wer nicht mühsam rudern wollte, legte sich behaglich auf seine Luftmatratze und ließ sich treiben.
Doch mit einem Boot auf der Ostsee herumschippern, das war in der DDR die absolute Ausnahme. Im Zuge der Grenzsicherung waren Schiffsausflüge und das Verleihen von Ruderbooten in vielen Orten grundsätzlich verboten. Wenn, dann waren Grenzsoldaten mit Booten unterwegs. Am Strand beobachteten sie von den Dünen aus das Strandleben. Nachts suchten Scheinwerfer das Meer ab.

Wie der Badeurlaub an der Ostsee reglementiert war, ist dem Paragraph 38, der »Anordnung über die Maßnahmen zur Sicherung und Schutz des Küstengebietes der DDR« vom 10. Juli 1962, die ständig modifiziert wurde, zu entnehmen: »In der Grenzzone dürfen Zimmer oder Schlafstellen an Feriengäste nur überlassen werden, wenn die Genehmigung des zuständigen Rates der Stadt oder der Gemeinde vorliegt.«
Die gesamte DDR-Küste war seit 1962 Grenzgebiet. Im Amtsdeutsch hieß das »Schutzstreifen« und »Grenzzone«, die sich von der »Westgrenze Dassow-See entlang der Küste bis Altwarp einschließlich der Inseln Poel, Rügen, Hiddensee, Usedom und der Halbinseln Darß und Wustrow« erstreckte und »ein Gebiet von fünf Kilometer Tiefe, gerechnet von der Küste ins Landinnere«, umfasste. Das bedeutete, hier gab es verschärfte Bestimmungen, Meldepflichten und vor allem Kontrollen. Ende der sechziger Jahre wurde das Überwachungssystem mit dem Bau von hohen Beobachtungstürmen aus Beton zusätzlich verstärkt, da nicht selten DDR-Bürger versuchten, auf abenteuerliche Weise über die Ostsee in den Westen zu flüchten.

Urlaubskarten schreiben hatte Hochkonjunktur. Postkarten-Motive vermittelten den Daheimgebliebenen den ersten Eindruck einer Landschaft, denn Reiseliteratur entwickelte sich erst in Hülle und Fülle, und nicht alle hatten einen poetischen Text wie diesen:

»Kennst du das Land, wo die Zitronen blühn,
Im dunkeln Laub die Gold-Orangen glühn,
Ein sanfter Wind vom blauen Himmel weht,
Die Myrte still und hoch der Lorbeer steht,
Kennst du es wohl?
Dahin! Dahin
Möcht ich mit dir, o mein Geliebter, ziehn!«
(Johann Wolfgang von Goethe)

In der DDR ging nichts ohne Kampagne. Auch der Urlaub blieb nicht davon verschont. Mit diesem Plakat wurde für die Finanzierung des »Tourex« Anfang der 60er-Jahre geworben. Die IV. Konferenz Junger Eisenbahner hatte 1961 beschlossen, zur Vorbereitung und als »Geschenk an den VI. Parteitag« der SED, einen »modernen Touristenzug zu schaffen, damit noch mehr Werktätige unserer Republik die Möglichkeit bekommen, Touristenreisen in die sozialistischen Länder zu unternehmen«. Stolz verkündete man darüber hinaus, dass der Touristenexpress dem »technischen Höchststand« entspreche und »viele Bequemlichkeiten« biete. Er sollte »eine gute Visitenkarte deutscher Wertarbeit in der DDR sein«.

Das Schwarze Meer, bekannt für sein warmes, sauberes Wasser und die langen Sandstrände, war eines der beliebtesten Fernreiseziele für DDR-Bürger. So wird an der sogenannten Balkan-Riviera häufig auch Deutsch gesprochen. Eine Reise nach Bulgarien konnte nur über das staatseigene Reisebüro gebucht werden. Hierfür musste man geduldig anstehen. Denn die jeweiligen Länder konnten nur an bestimmten Tagen gebucht werden. Etwas unkomplizierter waren Reisen mit den »Freundschaftszügen«. Doch auch hier entschieden Betrieb, Jugendreisebüro oder die FDJ, wer einsteigen durfte.

Beliebtes Reiseziel war auch der Plattensee in Ungarn: Voll gepackt zogen Trabi-Karawanen an den Balaton, den größten und wärmsten Binnensee Mitteleuropas, um hier Sonne und Westwaren zu genießen.

Ein »wahrhaft heißes Thema der Zeit«, versprach das Filmplakat, schien Rolf Thieles Film »Man nennt es Amore« anzupacken: die Verehrung der deutschen Blondine durch den italienischen Mann.
An Italiens Mittelmeerstränden hatte sich schon mancher Urlaubsflirt als Fiasko herausgestellt ...
Der Film, an dessen Drehbuch auch der durch seine Unterhaltungsromane bekannt gewordene Gregor von Rezzori mitgearbeitet hatte, wollte die »Liebe als Phänomen der Umwelt« beleuchten und wurde doch nur zum Klischee bzw. zum Abklatsch einer Kolportagegeschichte, wie sie in vielen Illustriertenromanen dieser Zeit zu lesen war. Selbstverständlich war solch ein Streifen erst ab 18 Jahren freigegeben, und an Feiertagen durfte er nicht gezeigt werden.

Auch nach Polen reisten DDR-Bürger gern. Vor allem in die ehemaligen deutschen Gebiete. Zum Beispiel nach Wrocław ins einstige niederschlesische Breslau, eine der ältesten und schönsten Städte. Hier das Rathaus in einer Aufnahme aus den 60er-Jahren, dem heutigem Historischen Museum mit einer weitgehend unveränderten Innenausstattung. Das Rathaus ist schon seit über 700 Jahren das Wahrzeichen der Stadt. Im 15. Jahrhundert wurde es im spätgotischen Stil umgestaltet. Die Stilelemente aus verschiedenen Ländern weisen auf die rege europäische Handelstradition hin. Die astronomische Uhr an der Ostfassade stammt aus dem Jahr 1580. Der kunstvolle Mittelgiebel wird mit verschlungenen Terrakotta-Mustern und herrlichen Spitztürmchen verziert.

Der historische Stadtkern der alten Hansestadt Danzig war am Ende des Zweiten Weltkrieges zu 95 Prozent zerstört.
Die bauliche Substanz der Altstadt war dem sinnlosen Befehl, Danzig »bis zur Vernichtung zu verteidigen«, geopfert worden; mehr als 6 000 Gebäude wurden vollständig zerstört, viele Kulturdenkmäler und Kunstwerke unwiederbringlich vernichtet. In seiner gnadenlosen Konsequenz hatte der Befehl dazu geführt, dass 80 000 der 400 000 Einwohner den Tod fanden und 300 000 ihre Heimat verlassen mussten.
Ende 1945 kamen 70 000 Polen, die selbst aus ihrer angestammten Heimat vertrieben worden waren, in die kaputte Stadt. Unter ihnen herrschte zunächst Uneinigkeit darüber, was mit dem Ruinenfeld der Danziger Innenstadt zu tun sei. 1948/49 und in den nachfolgenden Jahren wurden viele historische Bauten trotz wirtschaftlicher Schwierigkeiten wieder errichtet oder in alter Pracht restauriert.

Prag war ein beliebter Treffpunkt für Deutsche aus Ost und West. Dazu gehörte auch ein Erinnerungsfoto auf der Karlsbrücke. 1357 hatte Karl IV. den Grundstein gelegt, die Bauzeit betrug dann noch fast 50 Jahre. Baumeister Peter Parler ließ die 500 Meter lange Brücke auf 16 Pfeilern errichten. Erst im 17. Jahrhundert kamen die 30 barocken Heiligenstatuen dazu. Der gotische Altstädter Brückenturm im Hintergrund ist ebenfalls mit vielen Plastiken geschmückt.

Tauben, nichts als Tauben. Ihnen gehört der Markusplatz in Venedig. Auf einer Italienreise führt der Weg häufig auch in die Lagunenstadt: entweder auf dem Hin- oder Rückweg oder vom Urlaubsquartier am Gardasee oder in Rimini als Ausflug.

Souvenirs, Souvenirs ... Die bastumwickelte Chianti-Weinflasche durfte nicht fehlen. Sie war der Beweis, dass man in Italien gewesen war. Gern verschenkt oder als Kerzenhalter den Tisch zierend, wenn man Nachbarn oder Freunden die Urlaubsdias zeigte. Nicht selten wurden dazu auch Speisen, zubereitet nach Originalrezepten aus »bella Italia«, serviert.

Wer in Deutschland Urlaub in den Bergen und an einem See machen wollte, fuhr zum Beispiel nach Bernau am Chiemsee, dem oberbayerischen Meer. Schon zur Römerzeit soll hier wegen der gesunden Lage ein Erholungsort gewesen sein. Davon wird das kleine Mädchen noch nichts wissen wollen, der Wasserspaß am nahen Ufer lockt da mehr als »olle Kamellen« aus vergangenen Zeiten.

Am Gardasee bietet sich eine wundervolle Kombination aus Kultur und Natur, oberitalienisches Flair und azurblaues Wasser. Wenn man nicht gerade an heißen Tagen auf seiner Luftmatratze, wie hier die junge Frau in ihrem schicken Bikini, sonnenbaden und ab und zu ein kühles Bad nehmen will, lohnen sich Ausflüge in die am Ufer gelegenen hübschen Dörfer und ein Bummel durch die schmalen Gassen. Sonniges und mildes Klima garantieren einen erlebnisreichen Urlaub.

E 44 1172

Gut behütet in der Sommerfrische im Schwarzwald: Die Deutschen haben das Reisen (wieder) entdeckt. Die Entfernungen sind weiter geworden. Italien steht jetzt hoch im Kurs, doch auch der Schwarzwald war bei Groß und Klein beliebt. Eine besondere Attraktion ist die Höllentalbahn. 1965 hatte man das Stromsystem auf Normalbetrieb mit 15 kV/16,7 Hz umgestellt. Die Lok E 44 1172 durchfährt gerade den alten Bahnhof von Hirschsprung, der noch den Charme der Vorkriegszeit hat.

Modernere Triebwagen oder Lokomotiven wie die V 200 interessierten den jungen Eisenbahnfan damals mehr. Erst Jahrzehnte später entdeckte er seine Vorliebe für die alten Loks und Züge. Auch den Fahrplan verstand er zu lesen. Wahrlich eine »Wissenschaft für sich«, für die extra eine kleine Fibel von der Deutschen Bundesbahn herausgegeben wurde, um auch ja die richtige Verbindung herausfinden zu können. Heute schaut man ins Internet.

Heute sind es Oldtimer, in den 60er-Jahren bevölkerten sie die Autobahnen und Landstraßen. Der Komfort in diesen Reisebussen war noch nicht der, den heutige Busreisende gewöhnt sind und erwarten. Aber: Ans Ziel kam man auch und preiswert. Heute können diese Modelle für Oldtimer-Ausflüge gebucht werden.

Der Neoplan SH6 hatte sechs Sitzreihen und bot 24 Mitreisenden Platz. Gebaut wurde er von der Stuttgarter Firma Gottlob Auwärter. Er markiert einen Generationswechsel im Antrieb: Bisher war der Motor vorn (Schnauzenbusse), jetzt war er hinten untergebracht. Der Heckmotor war auch leiser. Damit wurde der moderne Reisebus mit selbsttragender Karosserie geboren: 1955 gebaut, fährt er heute noch. Im Originalzustand hatte er einen 68 PS-Hanomag-Motor, später wurde ein 90 PS-Mercedes-Motor eingebaut.

Ein Ausflug in die damalige ČSSR, in die Kleine Tatra, die heute zur Slowakei gehört. Der schwarze Tatra links war ein Modell der Oberklasse des früheren tschechoslowakischen und heute tschechischen Fahrzeugherstellers Tatra. Er wurde von 1955 bis 1975 in drei Serien in Handarbeit hergestellt und nur höheren Funktionären der Kommunistischen Partei, leitenden Beamten des Staatsapparats sowie Direktoren der größeren Staatsbetriebe zugeteilt.

Wandern auf der Schneekoppe (tschechisch Snezka, polnisch Sniezka), dem mit 1602 Metern höchsten Gipfel des Riesengebirges bzw. Tschechiens und Schlesiens. Die ursprünglich deutsche Bevölkerung wurde nach 1945 vertrieben. Über den Gipfel verläuft heute die Staatsgrenze zwischen Polen und Tschechien. Bis etwa 1200 Meter, der Krummholzzone, ist er waldbedeckt. Bei guter Sicht sind von hier aus die 120 bzw. 100 Kilometer entfernt liegenden Städte Prag und Breslau zu sehen.

Die Rallye Paris-Dakar war noch nicht erfunden; Sie wurde 1978 zum ersten Mal gestartet. Aber das Abenteuer und die Wüste lockten schon immer und Wagemutige gibt es zu jeder Zeit. In den 60er-Jahren mit dem Pkw von München aus über Frankreich, Spanien und Marokko durch die Sahara zu fahren, war schon etwas sehr Besonderes. Viele träumten davon, wenige taten es. Was man brauchte, war viel Zeit. Studenten nahmen sich ein Freisemester. Studienzeitbegrenzung gab es nicht. Also, warum nicht noch ein Semester dranhängen und dann los. Reiseführer-Literatur gab es kaum, örtliche Straßenkarten mussten genügen. Routenplaner oder gar GPS waren noch völlig unbekannt. Und von einer »Outdoor-Ausrüstung« sprach auch niemand. Ein paar leichte Sachen in den Koffer gepackt, voll getankt, Traveler-Cheques von den Eltern besorgt und los ging's. Häufig zu abenteuerlich und leichtsinnig, auch wenn man marodierenden Banditen oder Terrorgruppen kaum über den Weg lief.

Winterurlaub in den Bergen wurde immer beliebter. Neben der Reise im Sommer konnte man auch bald eine Woche Skiurlaub im Passionsspielort Oberammergau in den bayrischen Alpen buchen. Der bezahlte Urlaub machte es möglich. In der Metall- und Elektroindustrie gab es Ende der 60er-Jahre tariflich 20 Tage Jahresurlaub.

Die modernen Nomaden aus Europa drangen bald bis nach Nordafrika vor. Wer mit dem Wohnwagen durch die Wüste fuhr oder in eine Oase, konnte der Aufmerksamkeit der Einheimischen sicher sein. Die Anzeige des Wohnwagenherstellers sollte jedoch mehr suggerieren, was alles mit dem Anhänger möglich ist: In alle Regionen, alle Klimazonen konnte, wer wollte, sein Zuhause huckepack mitnehmen. Die Freiheit des Campers ist grenzenlos.

Eis- und schneeglatte Straßen sind für einen Berliner kein Hindernis, um den Winter in den Alpen zu genießen. Sein Fiat 600 Multipla ist winterfest, die M+S-Reifen sind montiert, die Schneeketten aufgezogen. Was soll da schon großartig passieren? Wer es bis zum Ramsauer Felsentor bei Berchtesgaden geschafft hat, dem wird auch die weitere Strecke keine Probleme bereiten.
Der Fiat 600 Multipla war ideal für Urlaubsreisen. Er bot genug Platz für das Gepäck, für die Skier im Winter, die Campingausrüstung im Sommer und die zahlreichen Souvenirs auf der Rückfahrt.
Der Name »Multipla« weist schon darauf hin, dass es sich hier um ein vielfach verwendbaren Kombiwagen handelt: als familienfreundlicher Kleinbus, als Sammel-Taxi oder als Lieferwagen für Handwerker.
Seit Mitte der 50er-Jahre rollte der Fiat 600 nicht nur über Italiens Straßen. Er wurde in Heilbronn als NSU Fiat Jagst parallel zum Fiat 600 für den deutschen Markt gebaut. Aus Turin kamen der Motor, das Fahrwerk und die Karosse, die Ausstattung und Ausrüstung aus Heilbronn. Die erste Generation dieses Autos war ein großer Erfolg: Im April 1960 fuhr der einmillionste Wagen aus der Fabrikhalle.
Der Multipla war zu seiner Zeit das kleinste Transportfahrzeug der Welt. Die mächtigen Stoßstangenhörner, die aufschneiderische Kühlergrillattrappe, die warzenähnlich wie angeklebt wirkenden Schweinwerfer und Blinkerleuchten unterstrichen seine etwas gewöhnungsbedürftige Optik. Zeitgenossen hatten aufgrund des schrägen Hecks und der steilen Frontansicht häufig den Eindruck, der Wagen würde rückwärts fahren.

Sport – Boxer, Läufer, Kicker

Olympische Spiele und verpasste Chancen

Der Sport stand der Politik an Spannung in den 60er-Jahren in nichts nach. Da war zum Beispiel das dramatische Endspiel der Fußballweltmeisterschaft zwischen England und Deutschland im Londoner Wembley Stadion mit dem berühmten umstrittenen Tor.

Seit der Spielzeit 1963/4 gab es in der Bundesrepublik die Fußball-Bundesliga. Sie wurde aus den fünf Oberligen gebildet und seitdem spielen 18 Top-Vereine in der höchsten Spielklasse. In der DDR gab es seit 1949 die Oberliga, die höchste Spielklasse des Deutschen Fußballverbandes. Die Geschichte des Profi-Fußballs nahm ihren Anfang: In der Saison 1966/67 bekamen zum Beispiel die Spieler der Meistermannschaft von Eintracht Braunschweig ein monatliches Grundgehalt von 1200 DM plus 250 DM Siegprämie für jedes gewonnene Spiel.

Der Sport wurde professioneller und kommerzieller. Amateure gab es immer weniger. Bei allen Olympischen Spielen war der sogenannte Amateurstatus einzelner Sportler, aber auch ganzer Mannschaften (etwa denen aus den Ostblockstaaten), heftig umstritten.

Kaum an Dramatik zu überbieten waren die Olympischen Spiele, von den in diesem Jahrzehnt gleich drei Sommer- und Winterspiele stattfanden: In Rom gewann der Saarländer Armin Hary, der als erster Mensch 10,0 Sekunden über 100 Meter gelaufen war, auf dieser Strecke und in der 4 x 100-Meterstaffel Gold. Von den insgesamt 42 Medaillen holten die DDR-Sportler für die gesamtdeutsche Mannschaft eine Goldmedaille in der Kajakstaffel und zwei Bronzemedaillen in den Frauen-Schwimmstaffeln. Bei den Winterspielen in Squaw Valley belegte die gesamtdeutsche Mannschaft hinter der Sowjetunion mit insgesamt acht Medaillen den zweiten Rang. Bei der Siegerehrung für deutsche Sportler erklang als Hymnen-Kompromiss Beethovens Neunte.

Bei den Sommerspielen in Tokio 1964 ging zum letzten Mal eine gesamtdeutsche Mannschaft an den Start. Sie errang 50 Medaillen; bei den Winterspielen 1964 in Innsbruck waren es nur neun. Seit diesen Spielen, die live weltweit vom Fernsehen übertragen wurden, beherrschte das elektronische Zeitalter den Sport.

1968 bei den Winterspielen in Grenoble und Sommerspielen in Mexiko City traten die deutschen Sportler (fast) so getrennt an wie es ihre Staaten waren. Die DDR unter dem offiziellen Namen »Ostdeutschland«. Gemeinsam war ihnen noch die schwarz-rot-goldene Fahne mit den Olympischen Ringen und die Hymne, Ludwig van Beethovens »Ode an die Freude«. Im übrigen ging man sich aus dem Weg. In Grenoble errangen die BRD sieben und die DDR fünf Medaillen, das waren Platz acht bzw. zehn in der Nationenwertung. In Grenoble belegte die DDR-Mannschaft Rang fünf in der Gesamtwertung vor den Sportlern aus der BRD.

Zum ersten Mal hatten nicht nur die deutsch-deutsch Politik die Olympischen Wettbewerbe belastet: Die Black-Power-Bewegung in den USA drängte schwarze Athleten wegen der Rassendiskriminierung zum Boykott der Spiele in Mexiko. Bei der Siegerehrung über 200 Meter demonstrierten US-Athleten mit einem schwarzen Handschuh über der rechten Faust. Sie wurden aus dem Olympischen Dorf verwiesen und für die nächsten Spiele gesperrt.
Von Doping war bei Olympia und anderen Großereignissen noch nicht die Rede, dies blieb späteren Zeiten vorbehalten.

Der war das Idol der Fußballjugend der 60er-Jahre: Uwe Seeler. Der Mittelstürmer des Hamburger Sportvereins (HSV) und der Nationalmannschaft begann mit neun Jahren für seinen Verein zu spielen. Ab 1953 spielte er als 16-Jähriger schon in der Ligamannschaft, ein Jahr später in der Nationalmannschaft. 1970, nach vier Weltmeisterschaften, bestritt er das letzte seiner 72 Länderspiele, in denen er 43 Tore geschossen hatte. In den 239 Bundesligaspielen waren es 137 Treffer. Mit dem HSV wurde er jedoch nur einmal Deutscher Meister (1960) und Pokalsieger (1963).

Das Traumpaar des deutschen Eiskunstlaufs und wohl auch der Nation waren Marika Kilius und Hans-Jürgen Bäumler. Sie waren Stars auf dem glitzernden Eis, doch bei Olympischen Spielen konnten sie nie ganz oben auf dem Treppchen stehen. 1964 in Innsbruck, sie waren erneut nur wieder Zweite geworden, mussten sie sogar ihre Medaille wegen Streitigkeiten über ihren »Amateurstatus« zurückgeben (siehe auch Seite 129).

Das Herz der Boxfreunde schlug für Gustav »Bubi« Scholz, dem Jungen, der es aus dem Berliner Kiez nach ganz oben geschafft hatte. Der Rechtsausleger war von 1958 bis 1961 Europameister im Mittelgewicht und 1964 im Halbschwergewicht. Der Berufsboxer, er war nie Amateur, gewann 88 seiner 96 Kämpfe, davon 41 durch K.o.

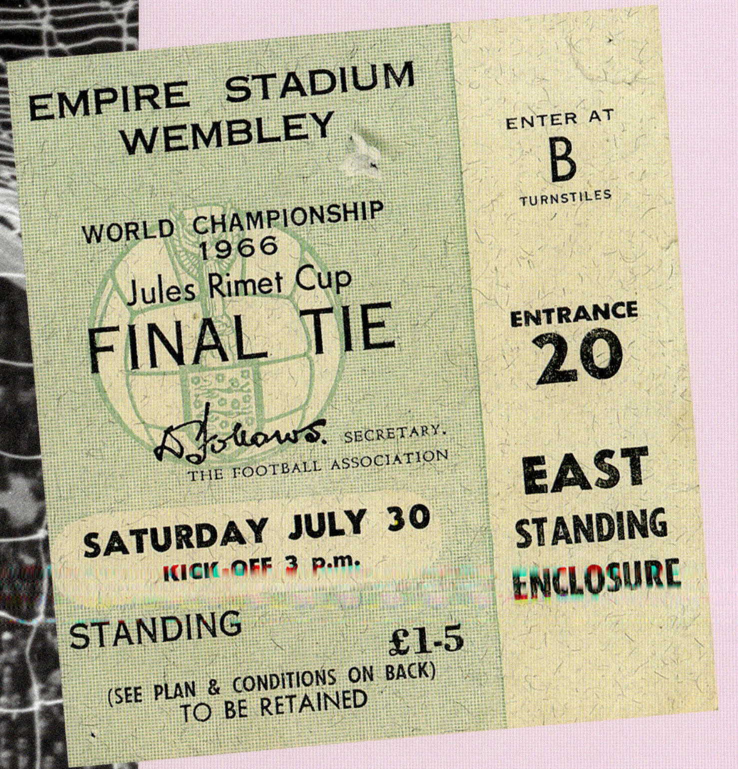

Die Eintrittskarte für das legendäre Finale am 30. Juli 1966. Für viele, die an den Bildschirmen das Endspiel miterlebt haben, ist es wohl unvergesslich. Die Deutschen fühlten sich um den Sieg betrogen, als der Schweizer Schiedsrichter Gottfried Dienst nach Intervention des sowjetischen Linienrichters Tofik Bachramow auf Tor entschieden hatte. Das Spiel endete 4:2 für England.

Das berühmteste Nicht-Tor der Fußballweltmeisterschafts-Geschichte – das Wembley-Tor. Verlängerung im WM-Endspiel zwischen England und Deutschland: Spielstand 2:2. In der 101. Minute schießt Geoff Hurst den Ball an die Latte, der springt auf/oder hinter die Torlinie. Der deutsche Torhüter Hans Tilkowski sieht es genau: Der Ball war nicht »drin«. Bis heute wird darüber gestritten ...

Oben: Winterspaß und die ersten Gehversuche auf Skiern. Man beachte die Gummistiefel und die Bindung; dies waren noch die alten Seilzugbindungen, bekannt aus den 50er-Jahren.

Rechts: Dafür war die Kleidung top und zum Selbstschneidern: Der Anorak für Drei- bis Vierjährige (oben) ist ganz und gar mit Teddy gefüttert. Der hübsch bedruckte Popelin ist praktisch, denn man sieht nicht sofort jeden Fleck. Kapuzen halten die Ohren schön warm, die Fäustlinge können aus dem restlichen Teddy angefertigt werden. Der rechte Popelin-Overall ist ebenfalls teddygefüttert. Eine »mollige Verpackung für Mädchen und auch für Buben«, meint dazu die Burda-Moden-Redaktion.

Badespaß pur an sonnigen Gestaden oder an heimischer Nord- oder Ostsee. Der Nivea-Ball war für lange Zeit das Symbol für einen unbeschwerten Sommerurlaub am kühlen Nass. Vor der Sonne musste man sich selbstverständlich schützen, doch so viele Lichtschutzfaktoren, wie wir sie heute kennen, gab es noch nicht. Es wurde noch als unproblematisch angesehen, sich der Sonne auszusetzen, wenn man sich »ordentlich eincremte«. Es war unvorstellbar, dass eines Tages davor gewarnt werden würde, sich an schönen Sommertagen im Freien aufzuhalten. Ozonbelastung, Hautkrebs-Risiko waren noch keine so bekannten Begriffe.

Kuba
MUSIK-UND FERNSEH

Kultur

Lesen, hören und sehen

Im Westen bekam das Erste Konkurrenz durch das Zweite Deutsche Fernsehen. US-Serien hatten Hochkonjunktur. Ab 1967strahlen beide Sender ihr Programm in Farbe aus; zwei Jahre später auch der Deutsche Fernsehfunk. Der deutsche Schlager musste sich gegenüber der angelsächsischen Konkurrenz geschlagen geben und im Kino sah man nicht mehr nur Unterhaltungsfilme. In Büchern und auf der Bühne wurde die Vergangenheit aufgearbeitet und auf einmal war selbst der Klatsch politisch.

Was man sah

Die Glotze wird bunt

Das Fernsehen hatte als Kulturgut noch einen schweren Stand. Vom Bildungsbürgertum als »verdummend« abgelehnt, hatte sich die »Glotze«, wie das Gerät von Fernsehkonsumenten selbstironisch bezeichnet wurde, auch noch nicht flächendeckend in beiden Republiken verbreitet. Das ließ aber nicht lange auf sich warten: Der Boom setzte in der zweiten Hälfte der 60er-Jahre ein.

Das Programm bot neben Politik und Sport auch ambitionierte Fernsehfilme, sogenannte Fernsehspiele. Shows und Serien sorgten für Unterhaltung für die ganze Familie, vor allem am Samstagabend. »Familie Hesselbach« vom Hessischen Rundfunk war eine dieser überaus erfolgreichen Serien, der noch viele folgen sollten. Hesselbachs und Co, darunter die seit Mai 1965 ausgestrahlte Serie »Die Unverbesserlichen« mit Inge Meysel und Joseph Offenbach, waren mehr als nur ein Spiegel ihrer Zeit. Sie bestätigten den Weg, den die bundesrepublikanische Gesellschaft eingeschlagen hatte.

In den 60er-Jahren hatten die Serien aus Amerika Hochkonjunktur. »Fury«, »Flipper« und »Lassie« waren beliebte Tierserien für Kinder im Nachmittagsprogramm; auch »Jim Knopf« und »Kater Mikesch« von der Augsburger Puppenkiste holten die Kinder vor den Fernsehapparat. Im Osten, beim Deutschen Fernsehfunk, gab es nachmittags seit 1959 u.a. alte UFA-Filme wie »Professor Flimmrich« und seit 1962 die Puppenfiguren »Pittiplatsch (der Liebe)« und seine Freundin »Schnatterinchen« bei »Meister Nadelöhr erzählt Märchen« zu sehen.

Mit »Bonanza« und »Rauchende Colts« etablierte sich der Western in deutschen Wohnzimmern, und mit »77 Sunset Strip« oder »Schirm, Charme und Melone« der Kriminalfilm. Von der deutschen Produktion »Stahlnetz« liefen von 1958 bis 1968 unter der Regie von Jürgen Roland 22 Folgen. Der Deutsche Fernsehfunk zeigte Serien aus der damaligen ČSSR und sowjetische Filme. Deutschland wurde internationaler.

Bis zum 1. April 1963 gab es nur ein Programm, dann kam das Zweite. Das ZDF wurde von Kritikern gern als Adenauer-Fernsehen tituliert, da der damalige Bundeskanzler ein Gegengewicht gegen die öffentlich-rechtlichen Sender der Länder installieren wollte, da nicht in allen Bundesländern seine Partei regierte. Die acht ARD-Länderanstalten waren einem gewissen Einfluss der jeweiligen Landesregierung ausgesetzt.

Anlässlich des 20. Jahrestages der DDR wurden am 3. Oktober 1969 der Ost-Berliner Fernsehturm eingeweiht und die Fernsehsendungen im anderen Teil Deutschlands farbig. An diesem Tag startete das Zweite Programm des DFF mit dem SECAM-System.

Doch man ging auch noch ins Kino. Dort liefen vor allem Unterhaltungsfilme, doch dieses Genre verflachte mit der Zeit. Die jüngere Regie-Generation drehte ihr eigenes Erzählkino, dass den Massengeschmack erst gar nicht suchte. Dennoch begann am Ende des Jahrzehnts das Kinosterben, trotz der Internationalisierung der Filmindustrie.

In der DDR produzierte nur die staatliche DEFA, und es kam auch vor, dass bereits fertige Filme ihren Weg nicht in die Kinos fanden, wie 1965/66 Frank Beyers kritischer Streifen »Spur der Steine«.

Vorhergehende Doppelseite: Der Medienschrank »Komet« (mit Fernseher, Tonbandgerät, Radio und Schallplattenspieler) war am Ende der 50er-Jahre von der Firma Kuba entworfen worden, wohl aber selbst für die 60er-Jahre zu kühn (links). – Hoss, Little Joe und Ben Cartwright aus der beliebten US-Fernsehserie »Bonanza«, die ab 1962 zunächst in der ARD zu sehen war, aber wegen »zu großer Brutalität« abgesetzt wurde. Das ZDF strahlte sie jedoch anschließend aus und zeigte bis 1973 430 Folgen (rechts).

Während der Berliner Funkausstellung drückt der damalige Vizekanzler Willy Brandt am 25. August 1967 um 10.57 Uhr auf den Startknopf. Das Phase Alternating Line-Verfahren (PAL) ermöglichte jetzt die analoge Farbübertragung. Ein neues Zeitalter der Fernsehgeschichte begann.

Seine Filme und Bücher machten Oswalt Kolle zum Sex-Aufklärer der westdeutschen Republik. Nach einer Ausbildung in der Landwirtschaft wurde er Journalist und war stellvertretender Chefredakteur der »Star Revue«. »Dein Kind, das unbekannte Wesen«, war sein erstes Buch. Es folgten u. a. »Der Mann, ...«, »Die Frau, das unbekannte Wesen«, die zum Teil auch verfilmt wurden. Der zweite Teil von »Das Wunder der Liebe« kam 1968 in die Kinos, der erste Teil war ein Jahr zuvor schon erfolgreich gelaufen. Bis 1972 drehte Kolle acht Aufklärungsfilme, die als Spielfilme deklariert waren und denen man vorwarf, gegen die gute Sitte und den guten Anstand zu verstoßen. Weltweit sahen über 140 Millionen diese Streifen. Im Jahr 2000 wurde Kolle von der Deutschen Gesellschaft für Sozialwissenschaftliche Sexualforschung (DGSS) für seine Verdienste als Volksaufklärer mit der Magnus-Hirschfeld-Medaille für Sexualreform ausgezeichnet.

»Ich möchte Musik hören in dieser tristen Zeit«, lautete das Motto des Gründers der Kuba-Werke, Gerhard Kubetschek. Er baute seit 1947 Tonmöbel, zunächst in einem Kanonenschuppen, in Wolfenbüttel. Zwei Jahrzehnte später fanden 4000 Menschen Arbeit im Kuba-Werk. Mitte der 60er-Jahre war es das drittgrößte deutsche Unternehmen der Radio- und Fernsehbranche mit einem Umsatz von 220 Millionen Mark. Doch der Markenname »Kuba« und »Kuba Imperial« ist verschwunden. 1966 verkaufte der Gründer seine Werke an den US-Konzern General Electric, der 1970 seine Anteile an AEG-Telefunken übertrug.

Die Fernseh-Stereo-Konzerttruhe »Tango« (1964/65): 59-cm-Panorama-Großbild, volltransistorisierter Kanalwähler, beleuchteter Stereo-10-Platten-Wechsler, 6 Lautsprecher; Nussbaum-Dekor in Polyesterhochglanz; Füße abschraubbar (Maße: 134 cm breit, 90 cm hoch, 44 cm tief).

Gemeinsam ein gemütlicher Fernsehabend oder eine Party mit Freunden. Auch in der Werbung für Fernsehtruhen wird auf ein modernes Lebensgefühl angespielt. Die jungen Leute (links) sind modisch gekleidet und haben einen Siphon auf dem Beistelltisch stehen, um ihren Getränken einen Schuss Sprudel zu geben. Auf der Party wird geraucht, selbstverständlich raucht auch die Frau. Zugleich weist die Firma auf die größte Industriemesse der Welt hin.

Im »magischen Jahr« 1968 wird der Fernseher zum Solisten: In jede gewünschte Blickrichtung schwenkbar präsentiert er sich auf einem verchromten Kreuzfuß. Mit der Fernbedienung sind Helligkeit, Lautstärke und »Farbsättigung« zu regulieren bei diesem Gerät mit der »augenfälligen« Bildröhre, die nach dem »Twin-Panel-Prinzip« durch das echte Nußbaum-Furnier-Gehäuse gesteckt wurde.

Willi Millowitsch war mit seinen Komödien weit über Köln hinaus bekannt geworden. Am 18. Oktober 1953 war zum ersten Mal aus seinem Theater eine Aufführung live übertragen worden; es sollten mehr als 100 weitere folgen. Hier zeigt er eines der ersten tragbaren Fernsehgeräte, das Modell »Chico«, das 498 DM kostete.

Nicht nur die Sowjets und die Amerikaner eroberten den Weltraum; nein, auch die ARD mit ihrer siebenteiligen Serie »Raumpatrouille – Die phantastischen Abenteuer des Raumschiffs Orion«; die erste deutsche Science-Fiction-Fernsehserie. Am 17. September 1966 ging sie auf ihre Umlaufbahn, natürlich in Schwarz-Weiß. Die Einschaltquoten erreichten 56 Prozent. Die Folgen wurden bisher 20-mal wiederholt. Heute hat die Serie Kultcharakter und ist auf Video bzw. DVD zu haben.

»Sandmann, lieber Sandmann, es ist noch nicht so weit, wir sehen erst den Abendgruß, ehe jedes Kind ins Bettchen muss ...« Der Ost-Berliner DFF sendete am 22. November 1959 zum ersten Mal »Unser Sandmännchen«. Es wurde als Reaktion auf ein geplantes ARD-Sandmännchen ins Programm genommen. Erfunden wurde es von Gerhard Behrendt.

Die Drei von der Sportschau 1967: Günter Siefarth, Ernst Huberty und Addi Furler entwickelten die Sportsendung, die am 4. Juni 1961 erstmalig von der ARD ausgestrahlt wurde.

US-Fernsehserien erobern die Kinderzimmer: »Fury«, so heißt das Pferd und Joey ist sein stolzer Besitzer. Er ist ein Waisenjunge, der bei dem Farmer Jim und dessen Gehilfen Pete aufwächst. Die 30-minütigen 116 Folgen basieren auf dem Jugendbuch von Albert G. Miller. Sie waren ab 1958 wöchentlich im ARD-Nachmittagsprogramm zu sehen.

Ab 1960 zeigte die ARD in südhessischer Mundartserie »Die Firma Hesselbach«: Liesel Christ spielte die Mama, der Autor Wolf Schmidt den Vater. Die zweite Staffel (»Die Familie Hesselbach«) lief ab Ende 1961, die letzte Folge am 7. Juni 1967. Die Einschaltquoten lagen immer über 60 Prozent! Die »Hesselbachs« gingen auf eine HR-Kabarettsendung zurück. Zwischen 1949 und 1956 wurden 77 Hörspiele ausgestrahlt.

Mit Prof. Bernhard Grzimek, Direktor des Frankfurter Zoos, erlebte der Fernsehzuschauer die wildesten Tiere in seinem Wohnzimmer. Live moderierte der Zoologe seit 1956 seine Sendung »Ein Platz für Tiere«, zu denen er stets ein Tier mitbrachte. 1980 wurde die 150. Folge ausgestrahlt. Seine Stimme haben wohl noch viele im Ohr, wenn sie daran denken, dass die Serengeti nicht sterben darf. Loriot setzte dem Tierplauderer noch zu Lebzeiten mit der »Steinlaus« ein ironisches Denkmal.

In der DDR sollte niemand die Geschichte vom selbstbewussten Brigadier Hannes Balla (Manfred Krug) sehen. Balla geht unkonventionelle Wege, wenn es um Materialbeschaffung geht, kümmert sich um die korrekte Prämienabrechnung und gerät in Konflikt mit dem neuen Parteisekretär. Der DEFA-Streifen von Frank Beyer nach dem Roman (1964) von Erik Neutsch wurde nach der Uraufführung 1965 verboten, auch der Roman. Erst im November 1989 und Februar 1990 bei den Berliner Filmfestspielen wurde der Film öffentlich wieder gezeigt.

Heute auf DVD zu haben: In diesem Film erkannten sich viele wieder, da er auf selbstironische wie spielerische Art das Lebensgefühl der späten 60er-Jahre zeigte. Regie bei dieser Komödie führte 1967 May Spils. Martin (Werner Enke), die Hauptfigur des Films, lebt in den Tag hinein. Seine anarchistische Lebensweise macht ihn verdächtig, und nach seiner Begegnung mit der braven Bürgertochter Barbara (Uschi Glas) kommt es zu einer Verhaftung und einem Striptease im Polizeirevier. Am Ende zieht ein Beamter »in Notwehr« die Waffe. Ein zweiter, schwächerer Teil folgte zwei Jahre später unter dem Titel »Nicht fummeln, Liebling«.

Mit den Produktionen der Heinz Rühmann-Erhardt-Unterhaltungsfilme, Liebeskomödien mit Peter Alexander und Cornelia Froboess oder Edgar-Wallace-Verfilmungen wollte die jüngere Regie-Generation nichts zu schaffen haben. Sie gründete eigene Festivals wie die Oberhausener Kurzfilmtage und produzierte darunter ein sehr eigenes Erzählkino. Volker Schlöndorff (»Michael Kohlhaas der Rebell«, 1969), Alexander Kluge (»Die Artisten in der Zirkuskuppel: ratlos«, 1967) und Rainer Werner Fassbinder (»Katzelmacher«, 1969).

Links: »Schloss Gripsholm«, 1963, Regie Kurt Hoffmann, nach der Novelle von Kurt Tucholsky. Kurt (Walter Giller) und Lydia (Jana Brejchová), frisch verliebt, verbringen ihren ersten gemeinsamen Urlaub auf dem malerischen Schloss Gripsholm in Schweden. Mit von der Partie sind Hanns Lothar und Nadja Tiller.

Rechts: »Berlin um die Ecke«. In einem Ost-Berliner Metallbetrieb sind junge Arbeiter unzufrieden. Niemand nimmt ihre Kritik zur Kenntnis, auch der alte Meister nicht, der eines Tages im Betrieb tödlich zusammenbricht. In der Auseinandersetzung mit einem fanatischen Altkommunisten kommt es zu Gewalttätigkeiten (DEFA 1965, Regie Gerhard Klein).

Links: »Die große Kür«. 1964 wurde das Eiskunstlauf-Traumpaar im Film zum Liebespaar (was sie im wirklichen Leben nie waren). Der Film thematisierte auch ein reales Problem, den Wechsel vom Amateur ins Profilager (siehe auch Seite 115).

Rechts: »Feuerball (Thunderball)«. Der vierte James-Bond-Film (1965; Regie zum letzten Mal Terence Young, Sean Connery ist James Bond) erhielt als einziger Bond-Film einen Oscar (für die Spezialeffekte) und spielte weltweit mehr als 140 Millionen Dollar ein.

Was man hörte

Rock-Pop und Marmor, Stein und Eisen bricht

»Beat-Club« von Radio Bremen unter der Regie von Michael Leckebusch wurde live von Uschi Nerke moderiert. Die erfolgreichste Fernseh-Musiksendung der 60er-Jahre. Es begann am 25. September 1965 mit einer Vorwarnung für die Eltern: Der spätere Tagesschau-Sprecher Wilhelm Wieben bat um Verständnis für die langhaarigen Leute und ihre laute Musik. Nach 83 Folgen, am 9. Dezember 1972 lief der letzte Beat-Club über den Sender.

Für den deutschen Schlager waren ab Mitte der 60er-Jahre schlechte Zeiten angebrochen. Immer mehr internationale Interpreten und englische Schlagertexte beherrschten die Musikszene: Die »Globalisierung« der Musikindustrie, die zu Beginn des Jahrzehnts mit den ersten Rock- und Beatgruppen, begonnen hatte, dominierte nun den Musikgeschmack der Deutschen in West wie Ost; denn Radiowellen kennen keinen Stacheldraht und keine Mauer.

Das Publikum wollte aber nicht nur englische, sondern auch französische, italienische und skandinavische Interpreten hören. So sang Peggy March 1965 davon, dass man mit 17 noch Träume hat und von Memories of Heidelberg, Esther Ofarim von Cinderella Rockefella und Gus Backus von einem alten Häuptling der Indianer. Billy Mo kaufte sich lieber einen Tirolerhut und der Jazzsänger Bill Ramsey wusste, dass die Mimi ohne Krimi nie ins Bett ging. Salvatore Adamo schickte eine Träne auf Reise und Rita Pavone fragte sich, was wohl wäre, wenn sie ein Junge wär: Connie Francis sah in der Liebe ein seltsames Spiel und Siw Malmkvist wusste, dass sich Liebeskummer nicht lohnt, dagegen animierte Petula Clark Casanova zu »kiss kiss« und Françoise Hardy fragte den Abendwind. Nana Mouskouri schwärmte von weißen Rosen aus Athen und France Gall von einer schönen Party, Wencke Myhre wollte nur ein knallrotes Gummiboot und Heintje baute seiner Mama ein Schloss.

Neben etablierten Schlagerstars wie Freddy Quinn, Rex Gildo, Peter Alexander, Peter Kraus und Roy Black sorgten auch Sportler wie die Eiskunstläufer Marika Kilius, Hans-Jürgen Bäumler und Manfred Schnelldorfer, der junge Franz Beckenbauer und der legendäre Fußballtorwart Petar Radenkovic für die deutsche Schlagerkultur. Doch die Hymne des deutschen Schlagers sang Drafi Deutscher: »Marmor, Stein und Eisen bricht«. Ein Dauerbrenner und Grölhit bis heute.

Der Schwarm aller Schwiegermütter und ungezählter Töchter: Roy Black, bürgerlich Gerhard Höllerich (1943–1991), begann am 6. Dezember 1963 seine Karriere im Augsburger Tanz-Club Femina. Seine Singles »Sweet Baby mein«, »Darling my Love« und »Ganz in Weiß« (2,5 Millionen Mal verkauft) machten ihn 1966 zum Schlager-Star. 1967 kam der erste Film »Das Paradies der flotten Sünder« mit Hans-Jürgen Bäumler, Willy Millowitsch, Ralf Wolter und Lou van Burg. An der Seite von Uschi Glas spielte er seine erste Hauptrolle in »Immer Ärger mit den Paukern« (1968). Bis 1969 erreichten alle seine Singles die Top Ten, darunter waren sechs Nummer-eins-Hits. – Roy Black war der Prototyp des Deutschen (Schnulzen)-Schlagers. Er konnte seine Popularität vor allem auch durch Fernsehserien bis in die 80er-Jahre hinein retten. Doch letztendlich zerbrach Gerhard Höllerich an seinem eigenen Image.

Twist im Anzug. Schiebende Bewegungen der Hüften, die Tanzpartner berührten einander nicht, der Rock 'n' Roll-Tanz aber »wie das Austreten einer Zigarette mit zwei Füßen bei gleichzeitigem Abrubbeln des Rückens mit einem Handtuch«.

Mehr als 4500 Amateurkapellen spielten seit Beginn der 60er-Jahre in der DDR abends zum Tanz auf. Einige spielten davon auch die westliche Beatmusik. Radio DDR1 strahlte ab 1963 wöchentlich die »Schlagerrevue« mit Heinz Quermann aus. 1964/1965 gab es ein groß angelegtes »Deutschlandtreffen« der Musik. Bei dieser Gelegenheit wurde das Rundfunkprogramm »DT64« in Ost-Berlin als »Sonderstudio Deutschlandtreffen 1964« ins Leben gerufen, das 99 Stunden ohne Unterbrechung internationale Musik ausstrahlte, auch die Live-Auftritte der »Sputniks«, »Butlers« und des »Diana Show Quintett«. Später strahlte der Berliner Rundfunk für die gesamte DDR auf Mittelwelle und UKW das »Jugendstudio DT64« aus. Es war das erste Jugend-Radioprogramm der DDR, das Erich Honecker später einmal so bewertete: »Über eine lange Zeit hat DT64 in seinem Musikprogramm einseitig die Beatmusik propagiert. In den Sendungen des Jugendsenders wurden in nicht vertretbarer Weise die Fragen der allseitigen Bildung und des Wissens junger Menschen ... außer acht gelassen.«

»Sexy Rexy« im eleganten Anzug und die »dänische Bardot« im schmucken Faltenrock. Eine Szene aus dem Spielfilm »Am Sonntag will mein Süßer mit mir segeln gehen« (1961): Rex Gildo, bürgerlich Ludwig Franz Hirtreiter (1936 – 1999), von Teenagern und der älteren Generation umschwärmt, hatte Anfang 1960 mit dem Lied »Sieben Tage in Bombay« seinen ersten Erfolg. Er avancierte zu einem der beliebtesten deutschen Schlagersänger seiner Zeit. Er sang auch im Duett u. a. mit Conny Froboess und Gitte, mit der er seine größten Erfolge feierte und zu einem weiteren Traumpaar der 60er wurde. Er drehte über 30 Filme. – Vivi Bach war ein so genannter Dänen-Import in der deutschen Showbranche. 1959 war sie das erste Mal in einem deutschen Film aufgetreten. Es folgten Musikfilme, in denen sie an der Seite von Peter Alexander, Bill Ramsey, Fred Bertelmann oder Gus Backus spielte. Ihre Gesangskarriere begann 1960 an der Seite von Rex Gildo. Mit ihrem Ehemann Dietmar Schönherr moderierte sie von 1969 bis 1973 die Spielshow »Wünsch dir was!« (24 Folgen) und wurde zum Fernsehliebling. 1976 veröffentlichte sie ihre letzte Schallplatte, ein Duett mit Dietmar Schönherr.

Drafi Deutscher und das Lied, das ihn unsterblich machte: In der Erstveröffentlichung 1965 hieß es noch »Marmorstein und Eisen bricht«.

»Jazz« und »Folksong« in der DDR, angekündigt für den 4. März 1967 in der Ost-Berliner Volksbühne am Luxemburgplatz mit einigen Namen, die heute noch im wiedervereinigten deutschen Showbizz und im Fernsehen gut bekannt sind: Manfred Krug (»Tatort«), Gerry Wolff (»Polizeiruf 110«), Eva-Maria Hagen (Sängerin, Schauspielerin und Mutter von Nina sowie Großmutter von Cosma Shiva Hagen), Uta Schorn (»In aller Freundschaft«) .

Musikfilme hatten Konjunktur. Fast alle bekannten Schlagerstars der 50er und 60er waren in derartigen Filmen zu sehen (und zu hören). Die FSK (Freiwillige Selbstkontrolle der deutschen Filmwirtschaft) gab den Film »Gehen Sie nicht allein nach Hause – Die Schlagerparade 1961« erst ab 12 Jahren frei und durfte nicht an Feiertagen gezeigt werden! Uraufgeführt wurde der Streifen von Franz Marischka, der auch Regie bei »Am Sonntag will mein Süßer mit mir segeln gehen« geführt hatte, im Stuttgart EM-Theater am 2. März 1961.

Rock und Pop revolutionierte nicht nur die Musik und das Lebensgefühl, sondern auch die Covergestaltung. Das zeigt diese Auswahl der Langspielplatten. CDs gab es erst Jahrzehnte später. Von links nach rechts: Das Cover des letzten von den Beatles aufgenommenen Albums »Abbey Road« gab zu allerlei Spekulationen Anlass. So wurde vermutet, das Paul McCartney tot sei, da er als einziger barfuß über den Zebrastreifen ging. Der VW-Käfer am linken Bildrand gehörte John Lennon und das Kennzeichen sollte ebenfalls ein Hinweis auf das Ableben Pauls sein. Aufgenommen wurde das Album von April bis August 1969, jedoch erst am 26. 9. 1969 veröffentlicht (u. a. mit den Songs: »Something« , »Come Together«, »Here Comes The Sun«); »Rubber Soul« (3. 12. 1965 – u. a. mit den Songs: »Nowhere Man«, »In My Life«, »Norwegian Wood«, »Michelle«); »Yellow Submarine« (17. 1. 1969 – u. a. mit Songs: »Yellow Submarine«, »All You Need Is Love«); »Sgt. Pepper's Lonely Hearts Club Band« (1. 6. 1967 – u. a. mit den Songs »Sgt. Pepper«, »Lucy In The Sky With Diamonds«, »A Day In The Life«); »Rolled Gold – The very best of the Rolling Stones«.

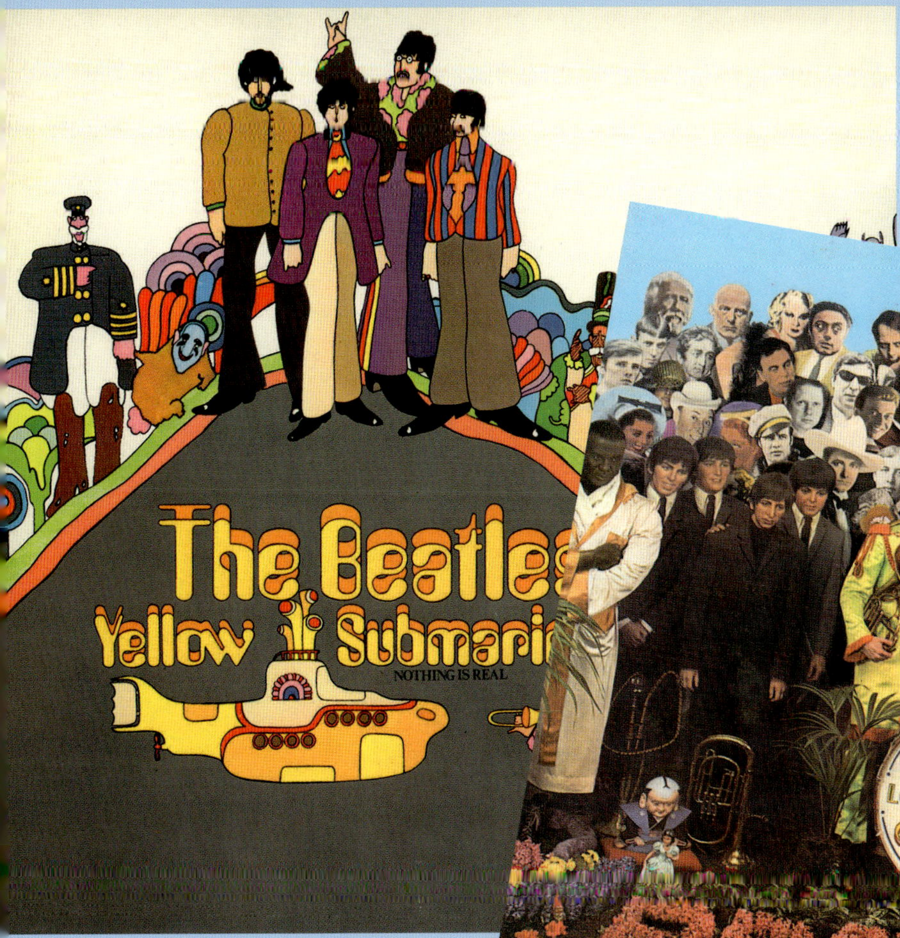

Sie galten immer als die ewigen Rivalen der Liverpooler. Dabei machten sie doch eine ganz andere Musik, die rockiger und härter war als die der »lieblichen« Beatles. Auf dem Cover von 1975 sind die »alten« und die »neuen« Stones zu sehen: Charlie Watts, Mick Jagger, Keith Richards, Brian Jones (er starb 1969), Bill Wyman und Mick Taylor (der bis 1974 in der Band spielte; für ihn kam dann Ronni Wood). Unten ein Plakat für das Stones-Konzert in der Bremer Stadthalle 1967. Man beachte die Ankündigung der Vorgruppen.

Erste Adresse für die Rock- und Popmusik in West-Deutschland war der Star-Club auf der Großen Freiheit 39, einer Seitenstraße zur Reeperbahn in Hamburg-St. Pauli. Leuchtend rote Plakate hatten das »Ende der Dorfmusik« für 13. April 1962 angekündet. An diesem Tag wurde der Beatschuppen mit der »Rock and Twist Parade 62« von einer »Ballung der Spitzenklasse« eröffnet. Dabei waren auch die Beatles. Sie gastierten hier 1962 gleich dreimal: vom 13. April bis 31. Mai, vom 1. bis 14. November und vom 18. Dezember bis zum 31.Dezember. Ihr letzter Auftritt in der Silvesternacht 1962/63 wurde mitgeschnitten. In der Neujahrsnacht 1969/70 gingen in dem ehemaligen Kino die Lichter für immer aus.

Schüler-Bands allerorten. Hier die Braunschweiger Gruppe »The Ghosts«, sozusagen covermäßig mit ihren Instrumenten auf einem alten, rostigen Käfer platziert. Ihre Vorbilder reichten von den Yardbirds, Stones, Beatles bis zu Cream. Diese spielten sie nach, und bei manchem Konzert in der Schulaula oder Turnhalle erreichten die Amateure sensationelle musikalische Höhepunkte, die sich hören lassen konnten. Und einige spielen heute noch zusammen ihren Beat und Rock am Feierabend und auf Festen.

1970 war nicht nur das Jahr, in dem es den Star-Club nicht mehr gab, sondern auch das Jahr, in dem sich die Beatles trennten. Bis zu diesem Zeitpunkt hielt die schon fast hysterisch zu nennende weltweite Beatles-Euphorie an, die Presse sprach von »Beatlemania«. Sie hatte am 13. Oktober 1963 mit dem Auftritt der Vier in der TV-Show »Val Parnell's Sunday Night At The London Palladium« begonnen.

Vom 15. bis zum Morgengrauen des 18. August 1969 wurde Folk, Rock, Soul und Blues auf der Bühne des 243 Hektar großen Geländes des Farmers Max Yasgur in White Lake bei Bethel im Bundesstaat New York gespielt. Das Festival sollte das Studio des Musikproduzenten Mike Lang in Woodstock finanzieren. Der Name »The Woodstock Art and Music Fair« war wohl aber auch eine Hommage an Bob Dylan, der damals in Bearsville bei Woodstock lebte, aber hier nicht dabei war. – 60 000 Besucher waren kalkuliert, aber rund 1 Million hatten sich auf den Weg gemacht: 400 000 von ihnen kamen an. Für die Veranstalter war das Festival ein finanzielles Desaster, für die Popwelt eine Legende. Hier spielten drei Tage lang für nur 18 Dollar Eintritt: Joan Baez, The Band, Blood, Sweat & Tears, Paul Butterfield Blues Band, Canned Heat, Joe Cocker, Country Joe and the Fish, Creedence Clearwater Revival, Crosby, Stills, Nash & Young, Grateful Dead, Arlo Guthrie, Tim Hardin, Keef Hartley, Richie Havens, Jimi Hendrix, Incredible String Band, Janis Joplin, Jefferson Airplane, Melanie Safka, Mountain, Quill Santana, John Sebastian, Sha-Na-Na Ravi Shankar, Sly and the Family Stone, Bert Sommer, Sweetwater, Ten Years After, The Who und Johnny Winter. Auch wenn einige Namen fehlten: Es war die Creme de la Creme der Popwelt.

Was man las

Deutschstunde und Publikumsbeschimpfung

Ein 24-Stunden-Happening: Die Künstler befinden sich in einem geschlossenen Szenarium, und alle 15 Minuten erscheint ein Buchstabe auf einer sich drehenden Scheibe. Nach 24 Stunden ergab sich daraus ein Satz, der die Wirkung von Kobragift dokumentiert. – 1965 war das eine künstlerische Provokation. ein Happening gehörte zu den wichtigsten Formen der Aktionskunst, etwa der Fluxus-Bewegung. Der Begriff »Happening« ist heute Teil der Alltagssprache. Das Plakat der Wuppertaler Galerie Parnass kündigt für den 5. Juni 1965 die Großen der Zeit an. Klangvolle Namen, deren Kunst an Bedeutung seitdem nichts eingebüßt hat.

Seit Ende des Zweiten Weltkriegs hat sich die deutschsprachige Literatur völlig gewandelt. Die NS-Zeit hatte die Verbindungen zur Moderne gekappt, dass wurde in den 50er- und 60er-Jahren nachgeholt: »Neue Sachlichkeit« und »Realismus pur« lauteten die literarischen Schlagworte. Damit konnte sich das Bildungsbürgertum lange Zeit nicht so recht anfreunden und klagte, dass die »großen Lichter« (der Dichtung) »im Untergehen begriffen« seien oder gar verblassen würden.

Doch die Romane u. a. von Martin Walser (»Halbzeit«, 1960), Heinrich Böll (»Ansichten eines Clowns«, 1963), Günter Grass (»Hundejahre«, 1963) oder Siegfried Lenz (»Deutschstunde«, 1968) wurden viel gelesen, ihre Theaterstücke auf zahlreichen Bühnen gespielt und ihre Hörspiele von allen Rundfunkanstalten gesendet. Die intensive Beschäftigung der westdeutschen Literatur mit dem Nationalsozialismus und ihre Kritik an den politischen Verhältnissen sowie an der saturierten Wohlstandsgesellschaft rief heftigen Widerspruch in konservativen Kreisen hervor. Als über 25 Autoren es wagten, öffentlich einen Regierungswechsel zu fordern, verstieg sich der damalige Bundeskanzler Ludwig Erhard zu der Bemerkung: »Da hört der Dichter auf, da fängt der ganz kleine Pinscher an!«. Der politische Dichter war nicht erwünscht. Die von Erhard so Beschimpften ließen es sich aber nicht nehmen, dennoch sehr aktiv Wahlkampf für die SPD zu machen. Der Geist stand damals links.

Neben den Vertretern der so genannten Hochliteratur etablierten sich auf dem deutschen Buchmarkt ein ganze Palette sehr erfolgreicher Unterhaltungsautoren. Stellvertretend seien dafür nur zwei Namen genannt: Johannes Mario Simmel (»Es muss nicht immer Kaviar sein«, 1960) und Hans Günther Konsalik (»Liebesnächte in der Taiga«, 1966). Gegen Mitte und Ende des Jahrzehnts trat eine neue, jüngere Literatur in Erscheinung, die sich auch sehr stark von dem Protest ihrer Generation und von der Popkultur inspirieren ließ. Dazu gehörten zum Beispiel Peter Handkes Theaterstücke. Seine »Publikumsbeschimpfung« (1966) erzielte ihre beabsichtigte Wirkung: Die Provokation von der Bühne rief bei manchem langjährigen Theaterabonnenten wütenden Protest hervor.

In der DDR begann die Periode der »Ankunftsliteratur«, ein Begriff, der auf Brigitte Reimanns Erzählung »Ankunft im Alltag« (1961) zurückging. Staatlicherseits war versucht worden, durch den »Bitterfelder Weg« Arbeitswelt und Literatur zu verbinden. Daran übte selbst der spätere Kulturfunktionär Hermann Kant in seinem Roman »Die Aula« (1965) zaghaft Kritik, Christa Wolfs »Der geteilte Himmel« (1963) thematisierte die Ost-West-Problematik. Zurückhaltende Kritik am System fanden sich unter anderem auch in den Büchern von Volker Braun, Franz Fühmann, Günter de Bruyn und Erwin Strittmatter. Einen überaus großen Erfolg (auch im Westen) hatte Jurek Becker mit seinem Konzentrationslager-Roman »Jakob der Lügner« (1968). Im selben Jahr löste sich Christa Wolf mit »Nachdenken über Christa T« vom stringenten realistischen Erzählen.

Die bundesrepublikanische Literatur wurde in den 60er-Jahren nach wie vor von den Autoren der »Gruppe 47« geprägt. Der von Hans Werner Richter organisierte lockere Zusammenschluss der Schriftsteller hatte sich im September 1947 in München zum ersten Mal getroffen und ab 1955 bis 1967 jährlich über Texte diskutiert und einen Preis ausgelobt. Zu den Autoren, die auch zum Teil ein politisches Engagement verband (die sogenannten Linksintellektuellen), gehörten Ilse Aichinger, Heinrich Böll, Ingeborg Bachmann, Günter Eich, Günter Grass, Wolfgang Hildesheimer, Uwe Johnson, Wolfdietrich Schnurre, Helmut Heißenbüttel, Peter Weiss, Paul Celan und Martin Walser. Bei ihren Lesungen waren die Lektoren der großen Verlage und Kritiker wie Fritz J. Raddatz, Hans Mayer, Joachim Kaiser, Walter Höllerer, Walter Jens und Marcel Reich-Ranicki anwesend. »Eine Aufgabe hat die Gruppe mit ihrer literarischen Schubkraft wirklich erfüllt, nämlich den nach dem Krieg stehen gebliebenen Waggon der deutschen Literatur wieder an den Zug der Weltliteratur zu koppeln«, meinte der Spiritus Rector der Gruppe, Hans Werner Richter, in einer Rückschau über die zahlreichen Treffen und Diskussionen.

Vom 19. bis 21. November 1965 tagte die Gruppe im Literarischen Colloquium Berlin. Zu sehen sind u. a.: stehend Hans Werner Richter, links, sich eine Zigarette drehend, Günter Grass; daneben Reinhard Lettau, in der Mitte der schmunzelnde Suhrkamp-Verleger Siegfried Unseld; rechts hinter ihm Reinhard Baumgart, davor Peter Weiss und neben ihm Fritz J. Raddatz. Vorne rechts macht sich Marcel Reich-Ranicki Notitzen, und Erich Fried hütet sorgsam seine Aktentasche. Den Preis der Gruppe erhielt in jenem Jahr Peter Bichsel.

»aspekte« hieß die erste anspruchsvolle Kultursendung im deutschen Fernsehen. Das 30-minütige wöchentliche Kulturmagazin im ZDF wurde von Walther Schmieding entwickelt und am 17. Oktober 1965 zum ersten Mal noch unter dem Titel »Kulturbericht« präsentiert. Für die Vermittlung von Theater, Musik, Kunst, Literatur, Kino und Kultur-Politik erhielt er 1967 von der »Hörzu« die »Goldene Kamera«. 1969 übernahm der ehemalige »Spiegel«- und »Stern«-Redakteur Reinhart Hoffmeister die Sendung.

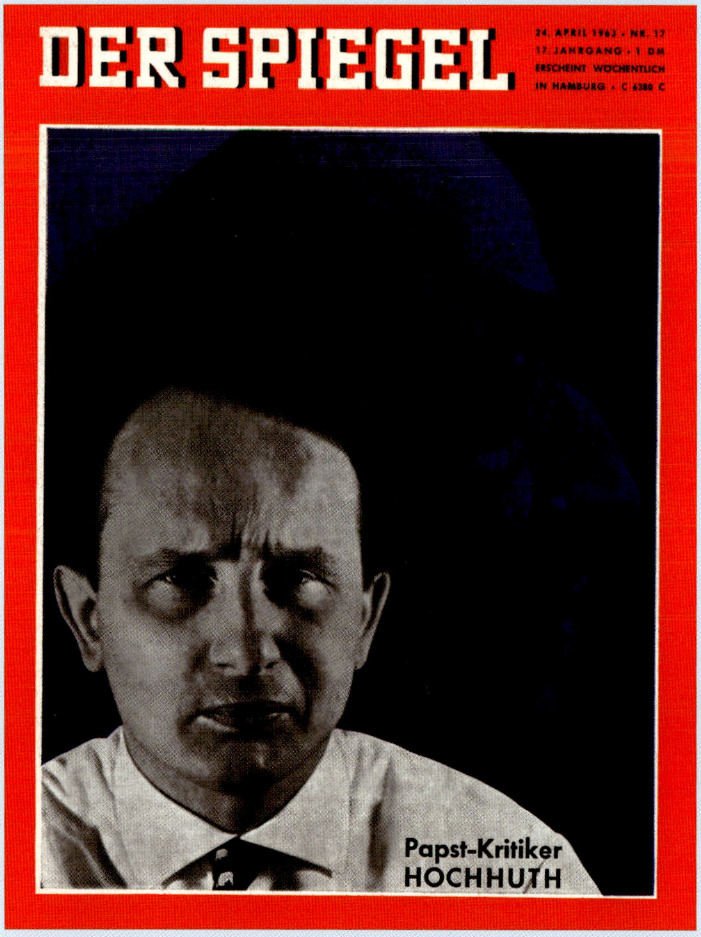

Der Dramatiker Rolf Hochhuth war 1963 durch sein Drama »Der Stellvertreter. Ein christliches Trauerspiel« einer breiteren Öffentlichkeit bekannt geworden. In seinem Dokumentarstück kritisierte er das passive Verhalten der katholischen Kirche während des Holocaust. Er setzte sich vor allem mit der Haltung von Papst Pius XII. angesichts der Judenvernichtung auseinander und warf ihm eine Mitschuld am Holocaust vor. Sein »christliches Trauerspiel« löste nicht nur in der deutschen Öffentlichkeit, auch weltweit heftige Kontroversen aus.

Neben Günter Grass war es vor allem Heinrich Böll (1917 bis 1985), der durch sein Werk und Engagement zu einem »öffentlichen Schriftsteller« wurde. Beide wurden mit dem Nobelpreis ausgezeichnet: Böll (1972), Grass (1999). Mit seinen Romanen und Kurzgeschichten war Böll Anfang der 60er-Jahre einer der bekanntesten Autoren. 1963 erschien sein Roman »Ansichten eines Clowns« und 1966 die Erzählung »Ende einer Dienstfahrt«. 1967 erhielt Böll den Georg-Büchner-Preis. Später war er Präsident des deutschen PEN-Zentrums und des internationalen PEN-Clubs.

Der Mann mit der Pauke, der Schauspieler und Kabarettist Wolfgang Neuss (1923–1989). Die Pauke (so der Titel einer seiner früheren Auftritte) war das Markenzeichen des unbequemen Kritikers des Wirtschaftswunders. Er produzierte satirische Filme »Wir Kellerkinder« (1960) und »Genosse Münchhausen« (1962). Seine kabarettistischen Höhepunkte hatte er mit den Soloprogrammen »Neuss Testament« (1965) und »Asyl im Domizil« (1967). Neuss gehörte zur außerparlamentarischen und linksalternativen Opposition.

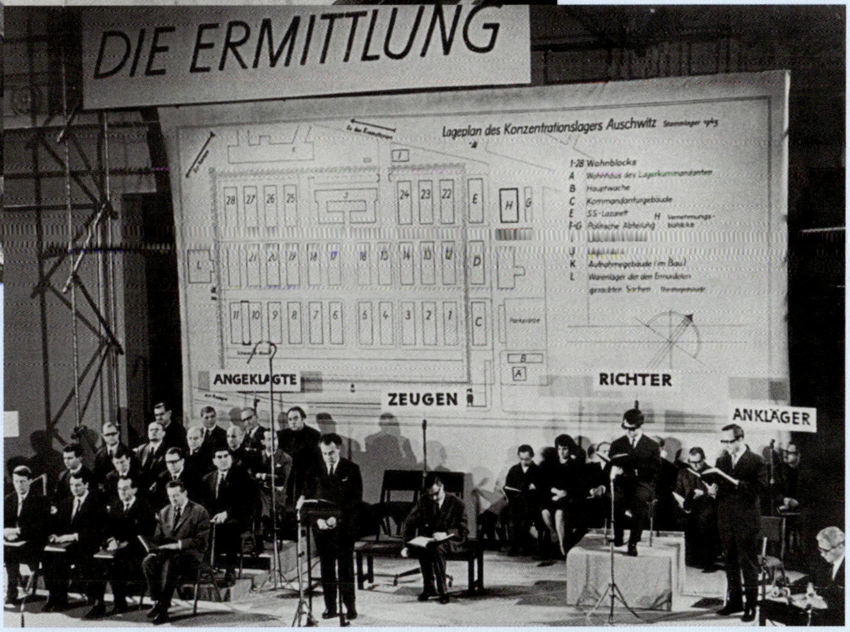

Mit seinem Dokumentarstück »Die Ermittlung« stellte Peter Weiss (1916–1982) die Frankfurter Auschwitzprozesse (1963 bis 1965) als »Oratorium in elf Gesängen« auf der Bühne nach. Die Uraufführung am 19. Oktober 1965 fand gleichzeitig in 17 Städten statt: etwa in Ost- und Westberlin, Dresden, Essen, Köln, Leipzig, London, München, Potsdam und Stuttgart. In den elf Gesängen werden namentlich bekannte Angeklagte mit den Aussagen der anonymen »Zeugen« konfrontiert.

Die 60er-Jahre waren die Hoch-Zeit der Literaturverfilmungen. Einer der ganz großen Erfolge war die Kinofassung von Boris Pasternaks Roman »Doktor Schiwago« (1965). Erzählt wird vor dem Hintergrund der Russischen Revolution die Geschichte eines Arztes, der zwischen zwei Frauen steht. In der Hauptrolle brillierte Omar Sharif, an seiner Seite waren Julie Christie, Geraldine Chaplin, Rod Steiger, Klaus Kinski und Alec Guinness zu sehen. Das Drehbuch schrieb Robert Bolt, der sich im Großen und Ganzen am Roman orientierte; Regie führte David Lean. Der Monumentalfilm wurde mit fünf Oscars ausgezeichnet.

»Grieche sucht Griechin« (1966) basiert auf der gleichnamigen Komödie Friedrich Dürrenmatts. Der Unterbuchhalter und Junggeselle Archilochos (Heinz Rühmann) träumt von Griechenland, der Heimat seiner Vorfahren. Er gibt eine Annonce auf, »Grieche sucht Griechin«, und findet Chloé (Irina Demick), seine Traumfrau.

Wer Karl May gelesen hatte, lief auch ins Kino, um sich die Verfilmungen der Abenteuerbücher anzuschauen. »Old Shatterhand« war eine deutsch-französisch-italienische Coproduktion von 1963/64. In den Hauptrollen Lex Barker und als Winnetou Pierre Brice, wie auch in den anderen Winnetou-Filmen. Teil I (1963), II (1964), III (1965), Winnetou und das Halbblut Apanatschi (1966), … und sein Freund Old Firehand (1966) … sowie Old Shatterhand im Tal der Toten (1968).

Da, wo die Schallplatten-Cover sich mit der musikalischen Entwicklung zur eigenständigen Pop-Art-Layoutkunst entwickelten, blieben Buchcover noch sehr zurückhaltend. Lenz' Abrechnung mit dem Denunziantentum während der NS-Zeit »Deutschstunde« (1968) und Bölls Kritik an der Wohlstandsgesellschaft und Moral der katholischen Kirche »Ansichten eines Clowns« (1963) dominiert die Nüchternheit. Im Gegensatz dazu fast experimentell der Umschlag für einen Sammelband (1969) des damals als »Pop-Literaten« gehandelten Peter Handke, der mit seiner Prosa und [illegible] die Konstitution der Welt hinterfragte und in Sprechstücken, vor allem mit der »Publikumsbeschimpfung« (1966), einem »Schauspiel ohne Bilder« und Handlung, auf sich aufmerksam gemacht hatte.

»Seht einmal, da steht er, / pfui, der Struwwelpeter! / Mag nicht stumm parieren, / wagt zu diskutieren; nationales Ideal, / Bürstenschnitt und Kapital, / das zieht in den Schmutz er: Garstig Revoluzzer!« So steht es auf dem Titel der »Neuauflage« des Kinderbuchs des Frankfurter Arztes Heinrich Hoffmann »Struwwelpeter« aus dem Jahr 1845, das zu den erfolgreichsten deutschen Kinderbüchern aller Zeiten gehörte und die Erziehungsmethode des 19. Jahrhunderts am anschaulichsten dokumentiert. 1969 erschien das ironische Gegenstück von Eckart und Rainer Hachfeld. Als Modell für den neuen Struwwelpeter diente den Autoren der Kommunarde Rainer Langhans, der es zu einer gewissen Medienpopularität gebracht hatte und heute noch gern Auskunft über seine »wilden Jahre« gibt.

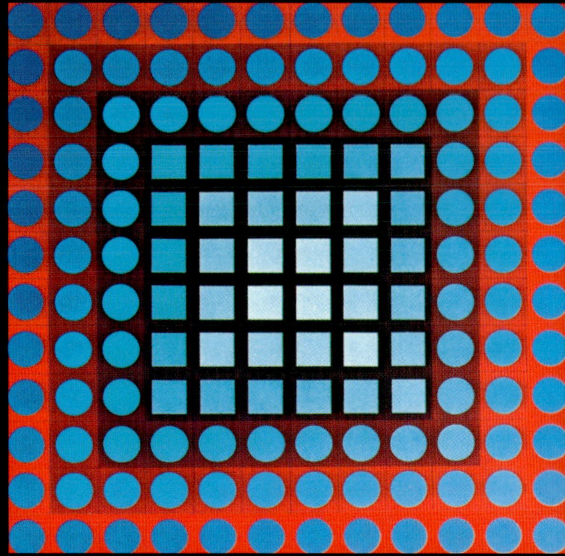

Der Meister der Op-Art und Anreger der psychodelischen Kunst: Victor Vasarely (1906–1997). Die Bilder des französischen Malers und Grafikers ungarischer Abstammung zeigen vor allem geometrische Formen: Quadrate, Rauten, Dreiecke und Kreise werden kunstvoll wie verspielt und doch äußerst genau in konstruiert kinetische Effekte verwandelt. Der optische Reiz ist außerordentlich und entsprach vor allem Ende der 60er-Jahre dem ästhetischen Empfinden der Popkultur. In und mit seinen Bildern konnte der Betrachter durch das bloße Anschauen und ohne Drogen selbst mitreißende psychodelische Momente evozieren. Eine gewisse Entrücktheit, die man auch beim Tanzen nach psychodelischer Musik in Diskotheken unter wirren, wilden Lichtreflexen erleben konnte, lieferten hier Kunstwerke, die im Zusammenspiel verschiedener Muster, standardisierter Grundformen und Farben, gereiht und variiert wurden. Das übernatürliche, sinnliche seiner Werke sollte »alles künstlich und natürlich« erscheinen lassen. »Schaffen heißt nicht die Natur nachahmen, sondern ihr gleichkommen und sie sogar mittels einer Erfindung, deren unter allem Lebenden nur der Mensch fähig ist, übertreffen.« Sagte er einmal über seine Bilder. Dabei strebte er an, eine »Kunst zu schaffen, die ein gemeinsames Gut und allen zugänglich ist, und das zum körperlichen und seelischen Wohl der Menschheit«. Vasarely strebte die vollkommene Integration der Kunst in alle Lebensbereiche mit dem Ziel an, die farbige Welt (»planetarische Folklore«) der grauen Trostlosigkeit der urbanen Gegenwart gegenüberzustellen: »Meine plastischen Einheiten (sind) vielfarbige Kreise, Quadrate, sind die Gegenstücke der Sterne, Atome, Zellen und Moleküle, aber auch der Sandkörner, Kiesel, Blätter und Blumen. Ich fühle mich der Natur viel näher als jeder Landschaftsmaler; ich treffe sie auf der Ebene ihres inneren Aufbaus, der Anordnung ihrer Elemente.«

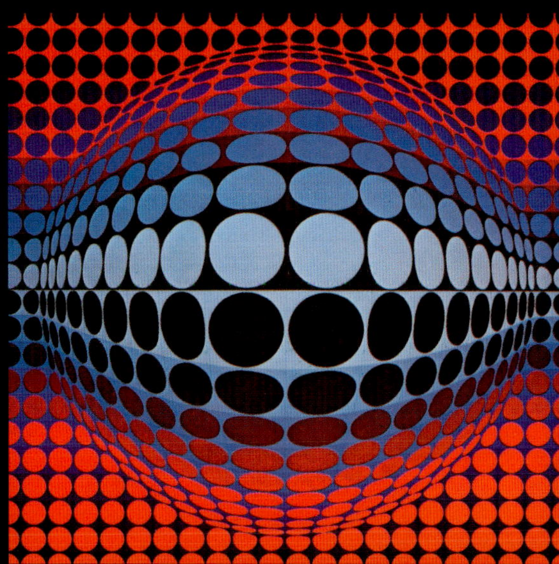

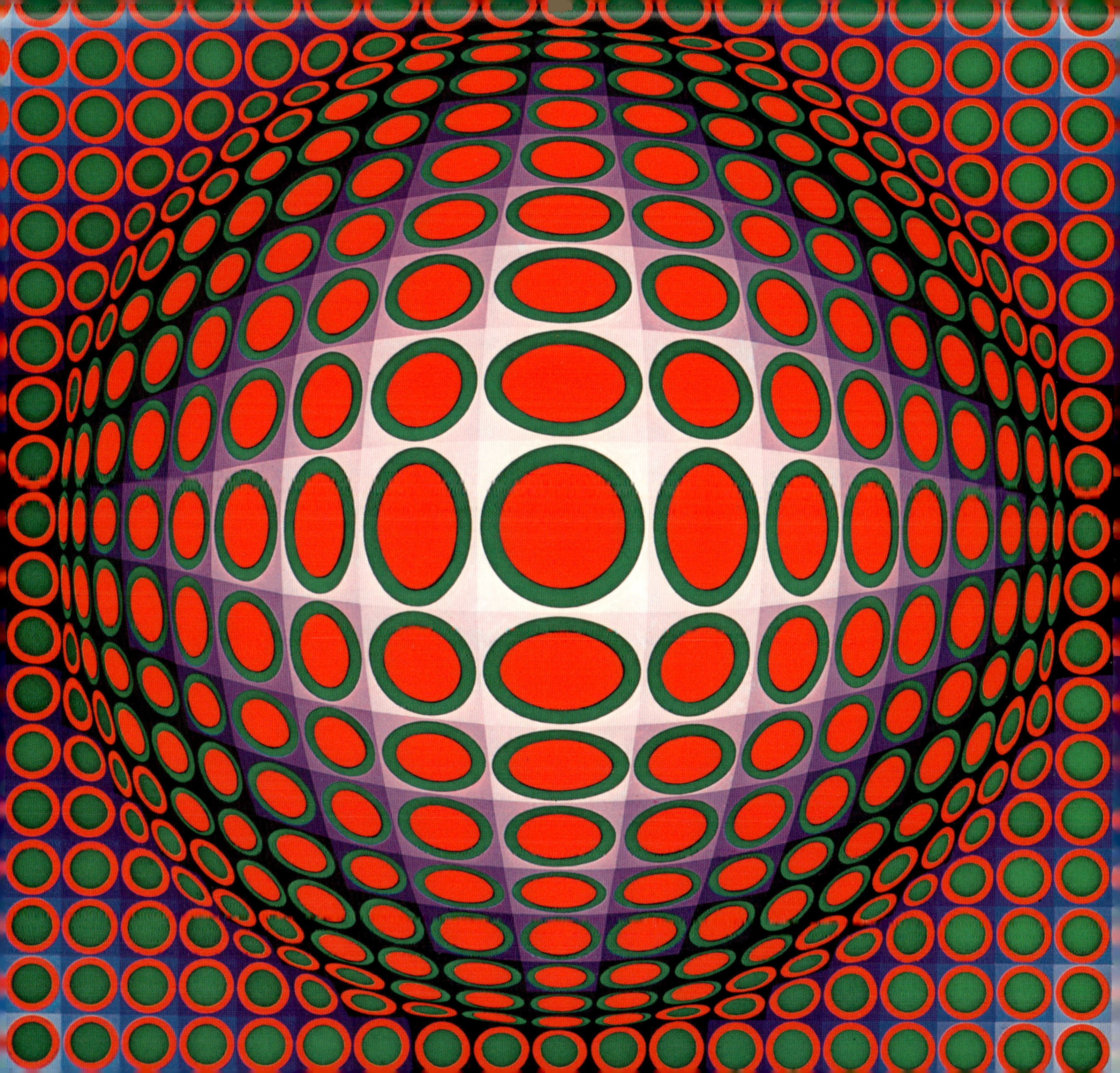

Worüber man redete

Alles ist Politik, selbst der Klatsch

Am Ende der 60er-Jahre war vieles anders geworden, als es am Beginn dieses »magischen Jahrzehnts« aussah. Es waren in jeder Hinsicht ereignisreiche Zeiten. Der Wohlstand war beständiger, wenn er auch erste Risse zeigte. Viele konnten sich nun Dinge leisten, von denen sie wenige Jahre zuvor nicht zu träumen wagten. Auch etwas Selbstzufriedenheit war spürbar geworden.

Neben dem eigenen Auto und Haus standen vor allem Urlaubsreisen hoch im Kurs. Das Reisen wurde billiger und jedermann konnte in Urlaub fahren oder fliegen; die aus dem Westen nach Italien, Jugoslawien, Griechenland und Spanien, die aus dem Osten an die Riviera des Schwarzen Meeres, nach Bulgarien oder an die Ostsee. Die Deutschen waren auf dem Weg, Weltmeister im Verreisen zu werden.

Doch am meisten hat die Menschen die Politik bewegt: Hoffnungsträger waren ermordet worden, durch Berlin zog sich nun eine mit Stacheldraht gekrönte Mauer und mit der Niederschlagung des »Prager Frühlings« war der Eiserne Vorhang noch unüberwindlicher geworden. Ost und West standen sich unversöhnlicher denn je gegenüber. Die Kubakrise bedrohte den Frieden in Europa, der Vietnam-Krieg bewegte auch die Deutschen.

Die Welt war näher gerückt: Kriege in fernen Ländern fanden ihren Widerhall auf deutschen Straßen, auf dem Mond war nun tatsächlich ein Mann (es waren sogar zwei) gewesen. Auf der Erde konnte man nun auch mit einem fremden Herzen in der Brust weiterleben.

Lange wirkte jedoch der Contergan-Skandal nach. Selbst nach dem Rückzug des Schlafmittels 1961 vom Markt sorgte es noch für viel Gesprächsstoff: Immer noch wurden Kinder ohne Arme oder ohne Beine geboren, weil die Mutter Contergan während der Schwangerschaft eingenommen hatte. 2500 Jungen und Mädchen in Deutschland waren so geschädigt, mehr als 10 000 in der ganzen Welt, die Pharmafirma musste später 100 Millionen Mark an die Opfer zahlen.

Die Jugend war respektloser geworden und ihre sexuelle Revolution hatte bürgerliche Moralvorstellung ins Wanken gebracht. Liebe und Lust waren zu einem Geschäft geworden. Der deutsche Schlager konnte sich nur noch schwach gegenüber der angelsächsischen Konkurrenz erwehren, Pop und Rock waren bald auch kommerzialisiert.

Die revoltierende Jugend hatte zu einer allgemeinen Politisierung der Gesellschaft geführt. Alles schien nun »irgendwie« politisch zu sein. Selbst der Klatsch. Immer mehr Zeitschriften widmeten sich neben den Schönen und Reichen, dem Hochadel und Königshäusern, nun auch dem Privatleben der Politiker. First Ladys wie Jacqueline Kennedy, die fünf Jahre nach der Ermordung ihres Mannes den griechischen Reeder und Milliardär Aristoteles Onassis heiratete, zierten die Titelblätter. Star und Sternchen lieferten genug Stoff für die Boulevardpresse, die nun auch ganz kräftig politisch mitmischte. Medienkampagnen heizten die Stimmung gegenüber den rebellischen Studenten an, die unter Generalverdacht gestellt wurden, jeden Moment den großen Umsturz herbeiführen zu wollen.

Kein amerikanischer Präsident wurde so verehrt wie er. Sein legendärer Berlin-Besuch am 26. Juni 1963 war den Deutschen noch im Gedächtnis, als nur knapp fünf Monate später die Nachricht aus Dallas eintraf, dass John F. Kennedy ermordet worden war. Viele erinnern sich bis heute daran, wo sie die Nachricht zum ersten Mal gehört haben. Dieses Ereignis ist fest im kollektiven Gedächtnis der bundesrepublikanischen Geschichte verankert. Wurde seine Politik auch später kritischer betrachtet, wie etwa seine Mitverantwortung für den Eintritt der USA in den Vietnamkrieg, galt er doch als Hoffnungsträger einer anderen Politik, die die Verkrustungen des Kalten Krieges hätte aufbrechen können. Sein früher Tod am 22. November 1963 machte ihn zur Ikone eines besseren Amerikas. Die Titelgestaltung der Zeitschriften war entsprechend.

NR. 49. OFFENBURG, 4. DEZ. 1963. 3 Z 2013 C. 70 PFENNIG

Österreich 5.00 ö.S. · Schweiz -.90 sfrs. · Italien 150 Lire · Frankreich 1.00 F · Schweden 1.25 skr. inkl. oms.

BUNTE ILLUSTRIERTE

Münchner/Frankfurter

Sonderbericht über das Attentat:

John F. Kennedy †

Linke Seite: Die »Bravo« war und ist die größte Jugendzeitschrift im deutschsprachigen Raum seit 1956. Auf ihrer ersten Ausgabe zierte Marilyn Monroe den Titel. Da war das Blatt noch als Kinomagazin konzipiert. Ab 1959 gab es die Starschnitt-Aktionen, die heute Kultstatus genießen. Man musste mehrere Ausgaben kaufen, um sich seinen Lieblingsstar dann lebensgroß an die Wand hängen zu können. Brigitte Bardot, Peter Kraus, Conny Froboess, Elvis Presley bis Barry Ryan. Alle kamen sie mal dran. Hier liest ein junges Madchen am Kiosk eine Geschichte über den Beatles-Schlagzeuger Ringo Starr.

Die westdeutsche Republik bittet 1965 in Bonn zum Galadiner. Geradezu höfisch wird hier getafelt: Queen Elizabeth II. und Bundespräsident Heinrich Lübke scheinen sich prächtig zu unterhalten. Lübke war für seine englische Konversation bekannt; die Mikrofone auf dem Tisch waren sicherheitshalber noch abgeschaltet (siehe Seite 150). Neben der Queen haben Wilhelmine Lübke und neben ihr der apostolische Nuntius des Vatikans Corrado Bafile Platz genommen. Linker Hand vom Bundespräsidenten beobachtet Prinz Philip, der Gemahl der englischen Königin, aufmerksam das Geschehen.

Christiaan Barnard (1922–2001) war der erste Mediziner, der es wagte, ein menschliches Herz zu verpflanzen. Der Chirurg arbeitete am Kapstadter Groote-Schuur-Krankenhaus und leitete das 31-köpfige Transplantationsteam, dem es am 3. Dezember 1967 gelungen war, Louis Washkansky während einer fünfstündigen Operation das Herz der kurz zuvor tödlich verunglückten 25-jährigen Denise Darvall einzusetzen. Der Patient überlebte den Eingriff 18 Tage. Die zweite Herzverpflanzung wurde ebenfalls in Kapstadt von Barnard an Philip Bleiberg am 2. Januar 1968 vorgenommen. Er lebte noch weitere 19 Monate. Heute ist die Transplantation Routine, Ende der 60er-Jahre war es nicht nur eine medizinische Sensation. Barnard wurde ein Star, den man später häufiger in Klatschspalten fand als auf der Wissenschaftsseite der Zeitungen.

Axel Caesar Springer (1912–1985) war der Zeitungskönig der alten Bundesrepublik, einer der einflussreichsten Zeitungsverleger seiner Zeit. In seinen Blättern wurde vor allem ein bürgerlich-wertkonservatives Weltbild vermittelt. Jegliche links gerichtete Politik wurde heftig bekämpft. Mit seinen Tageszeitungen (u. a. »BILD«-Zeitung«, »Die Welt« und »Berliner Morgenpost«) sowie seinen anderen zahlreichen Zeitschriften (»Hörzu«, »Das Neue Blatt« und »Bravo«), von denen er sich teilweise aus kartellrechtlichen Gründen später wieder trennen musste, übte er in den Augen der kritischen Öffentlichkeit eine Art »Meinungsmonopol« aus. Während der Studentenbewegung geriet sein Konzern unter massiven Druck, vor allem nach dem Attentat auf den Studentenführer Rudi Dutschke wurden seine Zeitungen für den Mordanschlag mit verantwortlich gemacht. So skandierte man auf der Straße »BILD schoss mit« und »Enteignet Springer!«. Bei Demos kam es zu Brandanschlägen auf Firmenfahrzeuge.

Die 60er-Jahre waren auch eine Zeit der Neugründungen auf dem Medienmarkt. Dazu gehörten die linke Wochenzeitung »Konkret«, bei der von 1962 bis 1964 die später als Terroristin verfolgte Ulrike Meinhoff Chefredakteurin war; dann die Satirezeitschrift »Pardon«, die 1962 auf den Markt kam. Ihr Markenzeichen: das von F. K. Waechter gezeichnete Teufelchen, das eine Melone lupft. Das respektlose Blatt, bei dem u. a. Chlodwig Poth, Hans Magnus Enzensberger, Robert Gernhardt, Eckhard Henscheid, Ephraim Kishon, Loriot, Erich Kästner, Günter Wallraff, Alice Schwarzer und Herbert Feuerstein schrieben eine Auflage von 300 000 Exemplaren. 1967 produzierte es die Langspielplatte »Heinrich Lübke ... redet für Deutschland«. Darauf zu hören sind die sprachlichen Glanzleistungen des damaligen Bundespräsidenten.

»twen« war die monatliche, linksliberale Illustrierte für junge Erwachsene und erschien von 1959 bis 1971. Mit ihrem innovativen Layout von Willy Fleckhaus und aufwendigen Fotostrecken ging sie auch mit ihren Themen (Lifestyle, Mode, Musik, Urlaub, Sex) neue Wege und galt als publizistischer Wegbreiter der Sexuellen Revolution. Ihr bekanntes Titel-Model war Uschi Obermaier.

Und worüber sprach man am liebsten? Über den Urlaub. Die Westdeutschen waren in den 60er-Jahren bereits auf dem Weg, Weltmeister im Verreisen zu werden. Fernziele standen noch nicht so auf dem Programm; sie waren noch nicht so preiswert, wie sie heute von »Last Minute« bis zu den Katalogen der Reiseveranstalter angeboten werden. Also fuhr man, wenn nicht an Nord- und Ostsee oder in die Mittelgebirge, in den Süden – nach Italien. Die erste Station waren die Alpen, und dann ging es gleich an den Gardasee. Bis heute in »deutscher Hand«, besser in »Münchner Hand«. Der größte See Italiens, den sich die Regionen Trentino-Südtirol, Veneto und Lombardei teilen, war bald eines der beliebtesten Urlaubsziele. Die Küstenstraßen, die Gardesana Occidentale am Westufer und die Orientale am Ostufer mit ihren malerisch gelegenen historischen Orten (u. a. Bardolino, Garda, Gargnano, Lazise, Malcesine, Salò oder Sirmione) hatten genau das italienische Flair, das man suchte. Das mediterrane Klima, die Palmen, Zypressen und Zedern, Oleander sowie Olivenhaine sorgten für einen entspannten Urlaub unter südlicher Sonne.

HÔTEL
ITALIA
RISTORANTE

LANDUNGSBRUCKEN
ASTRA
BIER
RESTAURANT
RACZKA Modeschuhe RACZKA
Citreck-Schuhe
Autobahnen
Kiel
Husum
SPD

Das Tor zur Welt: Die Landungsbrücken des Hamburger Hafens. In den 60er-Jahren, diesem magischen Jahrzehnt, öffnete sich Deutschland der Welt. Politik und Alltag, Kultur und Privates wurden internationaler. Was noch so beschaulich am Anfang dieser zehn Jahre begonnen hatte, sollte sich sehr schnell beschleunigen und verändern. Vieles sah nun anders aus, war nicht mehr so, wie es einmal war und sollte sich immer wieder ändern. Man fühlte, dachte und handelte anders als noch 10 bis 15 Jahre zuvor. Die permanente Veränderung hatte eingesetzt, Deutschland war in der Moderne angekommen.

	Bundesrepublik	DDR	Welt
1960	**Unglück:** In München stürzt ein Militärflugzeug auf eine Straßenbahn. Dabei kommen 50 Menschen ums Leben. **The Beatles:** Im Hamburger Star-Club treten zum ersten Mal die The Beatles auf. **Sport:** Marika Kilius und Hans-Jürgen Bäumler werden Europameister im Eiskunstlaufen der Paare; Deutscher Fußballmeister: Hamburger SV; DFB-Pokalsieger: Borussia Mönchengladbach. **Es starben:** Hans Albers, Liesl Karlstadt	**8. September:** Genehmigungspflicht für Einreisen von Bundesbürgern nach Ost-Berlin. **12. September:** Nach dem Tod von Wilhelm Pieck wird Walter Ulbricht Vorsitzender des neu geschaffenen Staatsrates der DDR. **LPG:** Die Bauern werden zwangskollektiviert. **Sport:** DDR-Fußballmeister: ASK Vorwärts Berlin.	**11. Mai:** Der israelische Geheimdienst Mossad ergreift Adolf Eichmann in Buenos Aires. **J. F. Kennedy** wird der jüngste Präsident Amerikas. Er gewinnt die Wahl knapp und wird Nachfolger von Dwight D. Eisenhower. **Sport:** VIII. Olympische Winterspiele in Squaw Valley; XXVII. Olympische Sommerspiele in Rom. **Es starben:** Clark Gable, Boris Pasternak, Albert Camus, Eddie Cochran
1961	**Adenauer** wird zum vierten Mal Bundeskanzler. **Kindergeld** wird eingeführt. **Atomenergie:** Das erste Kernkraftwerk Deutschlands in Kehl am Main liefert Strom. **Affäre:** Das Schlafmittel Contergan wird vom Markt genommen. **Sport:** Deutscher Fußballmeister: 1. FC Nürnberg; Pokalsieger: SV Werder Bremen. Wolfgang Graf Berghe von Trips verunglückt in Monza tödlich.	**1. Januar:** Beginn des Interzonenhandels zwischen der BRD und der DDR. **15. Juni:** Ulbricht erklärt auf einer Pressekonferenz: »Niemand hat die Absicht, eine Mauer zu errichten«. **1. August:** Der Reiseverkehr zwischen der BRD und der DDR wird eingeschränkt. **13. August:** Abriegelung West-Berlins und Bau der Berliner Mauer. **Sport:** Keine DDR-Fußballmeisterschaft.	**12. April:** Der erste bemannte Weltraumflug der Geschichte startet: Die Raumkapsel Wostok mit dem Kosmonauten Juri Gagarin an Bord. **15. April:** US-Invasion in der Schweinebucht auf Kuba. **5. Mai:** Als 1. Amerikaner fliegt Alan Shepard ins All. **3./4. Juni:** Kennedy und Chruschtschow treffen sich in Wien. **Es starben:** Gary Cooper, Ernest Hemingway
1962	**16./17. Februar:** Sturmflut an der Nordseeküste. Orkanböen bis 200 km/h und meterhohe Wassermassen ließen die Deiche brechen. **23. Oktober:** »Spiegel«-Affäre. **Antibabypille** kommt auf den Markt. **Sport:** Fußballmeister: 1. FC Köln, Pokalsieger: 1 FC Nürnberg. **Es starben:** Hermann Hesse, Hanns Eisler	**24. Januar:** Die Volkskammer beschließt das »Gesetz über die allgemeine Wehrpflicht« in der DDR. **Republikflucht:** Peter Fechter wird bei einem Fluchtversuch an der Grenze von DDR-Soldaten niedergeschossen. In zwölf Monaten nach dem Mauerbau flüchteten 12 316 Menschen. **Sport:** DDR-Fußballmeister: ASK Vorwärts Berlin.	**11. Oktober:** Beginn des zweiten Vatikanischen Konzils. **14.–28. Oktober:** Kubakrise zwischen den USA und der Sowjetunion **Sport:** Brasilien gewinnt die Fußball-WM in Chile. **Adolf Eichmann** wird in Israel hingerichtet. **Es starben:** Marylin Monroe, William Faulkner
1963	**17. Juni** wird gesetzlicher Feiertag. **26. Juni:** Kennedy besucht Berlin. **Ludwig Erhard** wird Bundeskanzler. **24. Oktober:** Grubenunglück in Lengede. **Auschwitzprozess** in Frankfurt (bis 1965). **Sport:** Deutscher Fußballmeister: Borussia Dortmund; DFB-Pokalsieger: Hamburger SV; Start der Bundesliga **Es starben:** Theodor Heuss, Erich Ollenhauer, Gustav Gründgens	**24./25. Juni:** Wirtschaftskonferenz des ZK der SED und des Ministerrates beschließt mit dem »Neuen ökonomischen System der Planung und Leitung der Volkswirtschaft« (NÖSPL) eine Wirtschaftsreform. **17. Dezember:** Erstes Passierschein-Abkommen zwischen der Regierung der DDR und dem Senat von Westberlin. **SED-Parteitag:** Walter Ulbricht wird erneut zum Ersten Sekretär der Partei gewählt. **Kino:** »Karbid und Sauerampfer«	**30. Juni:** Giovanni Battista Enrico Antonio Maria Montini wird als Paul VI. (Papst) inthronisiert. **Postraub in England:** (umgerechnet) 30 Millionen DM werden geraubt. Unter dem Titel »Gentlemen bitten zur Kasse« wurde der Postraub vom deutschen Fernsehen verfilmt. **22. November:** John F. Kennedy wird ermordet. **Es starben:** Papst Johannes XXIII., Jean Cocteau, Edith Piaf
1964	**Arbeitswelt:** Millionster Gastarbeiter **Warenwelt:** Die Stiftung Warentest wird gegründet. **Verkehr:** Der Zebrastreifen wird eingeführt. **Heinrich Lübke** erneut Bundespräsident. **Sport:** Deutscher Fußballmeister: 1. FC Köln; DFB-Pokalsieger: TSV 1860 München; Bubi Scholz wird Europameister. **Es starb:** Hans Moser	**12./13. März:** Robert Havemann wird aus der SED ausgeschlossen. **9. September:** DDR-Rentner dürfen Verwandte in der BRD und in West-Berlin besuchen. **21. September:** Tod Otto Grotewohls. **25. November:** Einführung eines Zwangsumtausches. **Sport:** DDR-Fußballmeister: BSC Chemie Leipzig.	**14. Oktober:** In der Sowjetunion wird KPdSU-Parteichef Chruschtschow gestürzt. Nachfolger wird Leonid Breschnew. **Vietnam:** Die USA treten mit Bombardements in den Vietnamkrieg ein. **Sport:** IX. Olympische Winterspiele in Innsbruck; XXVIII. Olympische Sommerspiele in Tokyo. **Es starb:** Jawaharlal Nehru

	Bundesrepublik	DDR	Welt
1965	**26. Juni:** Auf der Strecke München–Augsburg fährt erstmals ein fahrplanmäßiger Schnellzug mit über Tempo 200 km/h. **Affäre:** 26 Starfighter der deutschen Luftwaffe stürzen ab. **Sport:** Deutscher Fußballmeister: SV Werder Bremen; DFB-Pokalsieger: Borussia Dortmund. **Rock:** Schwere Ausschreitungen bei einem Konzert der Rolling Stones in der Berliner Waldbühne.	**15. Oktober:** DDR-Bürger im Rentenalter dürfen auch in nichtsozialistische Staaten reisen. **Pille:** Die Antibabypille kommt auf den Markt. **Dissidenten:** Auftrittsverbot fürWolf Biermann. **Freikauf:** Die BRD kauft 2600 politische Häftlinge frei. **Sport:** Das Internationale Olympische Komitee erkennt das NOK der DDR an; DDR-Fußballmeister: ASK Vorwärts Berlin.	**Politik:** Ben Bella, der erste Präsident des unabhängigen Algerien, wird gestürzt. **Rassenunruhen:** Malcom X., einer der militanten Schwarzenführer, wird erschossen. **Wettrüsten:** Beide politischen Blöcke in Ost und West rüsten mit Atomwaffen auf. **Es starben:** Winston Churchill, Adolf Schärff, Albert Schweitzer, Nat King Cole.
1966	**30. November:** Rücktritt von Bundeskanzler Ludwig Erhard. Bildung der ersten Großen Koalition unter Bundeskanzler Kurt Georg Kiesinger (CDU), Vizekanzler und Außenminister wird Willy Brandt (SPD). **Sport:** Deutscher Fußballmeister: TSV 1860 München; DFB-Pokalsieger: FC Bayern München. England wird durch einen 4:2 Sieg nach Verlängerung (Wembley-Tor) gegen Deutschland erstmals Fußball-Weltmeister.	**1. April:** Ab sofort ist in der DDR jeder zweite Sonnabend arbeitsfrei. **9. Mai:** In Rheinsberg wird das erste Atomkraftwerk in Betrieb genommen. **10. Oktober.** Übereinkunft über die Passierscheinstelle in West-Berlin (Härtestelle) wird unterzeichnet. **Sport:** DDR-Fußballmeister: FC Vorwärts Berlin.	**14. Juni:** Die römische Kurie hebt den seit 1559 geführten und 500 Seiten starken »Index der verbotenen Bücher« auf. **Politik:** Der französische Staatspräsident Charles de Gaulle verkündet den Rückzug Frankreichs aus der NATO. **Heirat:** Die niederländische Kronprinzessin Beatrix heiratet den deutschen Diplomaten Claus von Amsberg. **Es starben:** Jan Kiepura, Elizabeth Arden
1967	**2. Juni:** Schwere Ausschreitungen in Berlin, der Student Benno Ohnesorg wird erschossen. **25. August:** Start des Farbfernsehens. **Sport:** Deutscher Fußballmeister: Eintracht Braunschweig, DFB-Pokalsieger: FC Bayern München, der auch den Europapokal der Pokalsieger gewinnt. **Es starben:** Konrad Adenauer, Fritz Erler Heinz Hilpert, Alfred Krupp von Bohlen und Halbach	**20. Februar:** Volkskammer verabschiedet Gesetz über die »Staatsbürgerschaft der DDR«. **1.–18. August:** Einseitige Grenzmarkierung an der gesamten »Staatsgrenze/West«. Die ersten Metallgitterzäune werden errichtet. **28. August:** Einführung der Fünf-Tage-Arbeitswoche (wöchentliche Arbeitszeit 43,75 Std). **SED:** Der siebte Parteitag der SED findet in Anwesenheit von Leonid Breschnew statt. **Sport:** DDR-Fußballmeister: FC Karl-Marx-Stadt	**21. April:** Militärputsch in Griechenland. **5.–10. Juni:** Sechs-Tage-Krieg zwischen Israel und seinen Nachbarn. **9. Oktober:** Che Guevara wird erschossen. **USA:** Rassenunruhen in New Jersey und Detroit. **Medizin:** Erste Herztransplantation (Christian Barnard). **Es starben:** Robert Oppenheimer, Jane Mansfield
1968	**1. Januar:** Die Mehrwertsteuer wird eingeführt. **3. April:** Brandanschlag auf ein Kaufhaus in Frankfurt am Main durch Gruppe um Andreas Baader und Gudrun Ensslin. **11. April:** Attentat auf Rudi Dutschke. **30. Mai:** Notstandsgesetze. **Sport:** Deutscher Fußballmeister: 1. FC Nürnberg; DFB-Pokalsieger: 1. FC Köln. **Es starben:** Lise Meitner, Otto Hahn.	**9. April:** Zweite Verfassung tritt in Kraft. SED erhält führende Rolle. **11. Juni:** Pass- und Visapflicht im Reise- und Transitverkehr zwischen der Bundesrepublik und West-Berlin. **20./21. August:** Einmarsch der Truppen des Warschauer Paktes in die CSSR zur Niederschlagung des »Prager Frühlings«. NVA-Truppen werden als Reserve bereitgehalten. **Sport:** DDR-Fußballmeister: FC Carl Zeiss Jena.	**4. April:** Martin Luther King ermordet. Mai-Unruhen in Paris. **5. Juni:** Robert Kennedy wird ermordet. **Sport:** X. Olympische Winterspiele in Grenoble, Frankreich; XIX. Olympische Sommerspiele in Mexiko-Stadt. **USA:** Richard Nixon wird neuer Präsidenten. **Frankreich:** Staatspräsident de Gaulle löst die Nationalversammlung auf. **Es starben:** G. Papandreou, John Steinbeck.
1969	**21. Oktober:** SPD und FDP bilden unter Bundeskanzler Willy Brandt die sozial-liberale Koalition; Walter Scheel wird Außenminister und Vizekanzler. **Politik:** Gustav Heinemann wird Bundespräsident. **Sport:** Deutscher Fußballmeister und DFB-Pokalsieger: FC Bayern München. **Es starb:** Ernst Deutsch	**21./22. März:** Kongress der Nationalen Front des demokratischen Deutschland in Ost-Berlin beschließt, die »sozialistische Menschengemeinschaft« zu fördern. **Sport:** DDR-Fußballmeister: FC Vorwärts Berlin **Fernsehen:** 3. Oktober Start des Farbfernsehens und Eröffnung des Berliner Fernsehturms am Alexanderplatz; zum 20. Jahrestag der DDR am 7. Oktober. 6028 Stunden Sendezeit jährlich, 116 Stunden in der Woche (1970).	**20. Juli:** Erste bemannte Mondlandung. **15.–18. August:** Woodstock Music and Art Festival. **Prag:** Jan Palach verbrennt sich auf dem Prager Wenzelsplatz. **Frankreich:** Präsident de Gaulle tritt zurück. **Israel:** Golda Meir wird Ministerpräsidentin. **Es starben:** Rocky Marciano, Dwight D. Eisenhower, Ho Chi Minh, Sharon Tate

A
Aarnio, Eero 70, 71
ABC-Schützen 61
Adamo, Salvatore 130
Adenauer 32, 122
Adorno, Theodor W. 16
Ahlers, Conrad 32
Aldrin, Edwin 8
Anti-Baby-Pille 19, 56
APO 16
ARD 126
Armstrong, Neil 8, 9
Aspekte 140
Atomkraft 15
Augsburger Puppenkiste 122
Augstein, Rudolf 32

B
Baabe 97
Baader, Andreas 18
Bach, Vivi 132
Bachramow, Tofik 117
Backus, Gus 130
Baker, Lex 142
Balaton 100
Balkan-Riviera 100
Barnard, Christiaan 148
Bäumler, Hans-Jürgen 115
Beat-Club 130
Beatlemania 136
Beatles 21, 23
Beatmusik 8
Behrendt, Gerhard 126
Berliner Mauer 11
Bernau 108
Bernauer Straße 37
Beyer, Frank 128
Biafra 10
Biermann, Wolf 37
Bitterfelder Weg 11
Black, Roy 131
BMW 2 Cabrio 48
Boeing 707 - 430 52
Böll, Heinrich 138, 140, 143
Bonanza 122
Bond, James 129
Brandt, Willy 39
Bravo 146
Brejchová, Jana 129
Breslau 102, 105
Briece, Pierre 142

C
Camping-Urlaub 97
Carrell, Rudi 8
Castro, Fidel 16

Christ, Liesel 127
Clapton, Eric 21
Club of Rome 14
Contergan 146
CSSR 105

D
Danzig 103
Das Wunder der Liebe 123
DDR 10, 11, 98, 99, 100, 102, 114, 122, 128, 133, 138
DEFA 122
Deutscher, Drafi 130, 133
DFF 122, 126
Die Firma Hesselbach 127
Die Unverbesserlichen 122
Dienst, Gottfried 117
Dürrenmatt, Friedrich 142
Dutschke, Rudi 16, 17, 150
Dylan, Bob 21, 23

E
Ehe 57
Eichmann, Adolf 33
Elizabeth II., Königin 148
Emanzipation 19
Encke, Werner 128
Engels, Friedrich 16
Ensslin, Gudrun 18
Erfurt 42, 58
Erhard, Ludwig 32, 138
Erhardt, Heinz 8
Essen 39

F
Familie Hesselbach 8, 122, 127
Farbfernsehen 122
Fassbinder, Rainer Werner 128
Fehmarnsundbrücke 95
Fernsehen 122
Fernsehtruhe 125
Fertiggericht 80
Fiat 600 Multipla 112
Fleckhaus, Willy 150
Francis, Connie 130
Frankenfeld, Peter 76
Frankfurter Schule 16
Frisch, Max 35
Froboess, Conny 132
Furler, Addi 126
Fury 126

G
Gagarin, Juri 8
Gall, France 130
Gardasee 104, 108, 153
Gastarbeiter 28
Gatti, Piero 70
Gildo, Rex 132
Giller, Walter 129
Gitte 132
Glas, Uschi 128
Godard, Jean-Luc 23
Göhren 97, 99
Grass, Günter 138
Gruppe 47 139
Gruppe 61 12
Grzimek, Bernhard 127
Guevara, Che 16

H
Habermas, Jürgen 16
Hachfeld, Eckart und Rainer 143
Hagen, Eva-Maria 133
Hagen-Vorhalle 55
Hamburg 40, 155
Hamburg-Sankt Pauli 136
Hamilton, David 83
Handke, Peter 138, 143
Hardy, Françoise 130
Hary, Armin 114
Hasch 22
Hausfrau 73
Havemann, Robert 37
Heinemann, Gustav 33
Heintje 130
Hendrix, Jimmy 23
Heroin 22
Hippies 22
Hochhuth, Rolf 140
Hoffmann, Kurt 129
Höllentalbahn 107
Horkheimer, Max 16
Hornby, Lesley 24
Huberty, Ernst 126
Hurst, Geoff 116

I
Intershop 77
Italien 153

J
Jugend forscht 67

K
Kabinenroller 46
Kalter Krieg 8
Keller, Lonny 76
Kennedy, Jacqueline 147
Kennedy, John F. 9, 10, 147
Kilius, Marika 115
King, Martin Luther 9
Klein, Gerhard 129
Kleine Tatra 105
Kleinfamilie 38
Kluge, Alexander 128
Kolle, Oswalt 56, 123
Komune 1 66
Konkret 150
Konsalik, Hans Günther 138
Krause, Oskar 50
Krug, Manfred 128, 133
Kubakrise 10
Kubetschek, Gerhard 124
Kulenkampff, Hanns-Joachim 8

L
Landwirtschaft 29
Langhans, Rainer 18, 21, 66
Leckebusch, Michael 130
Lennon, John 22
Lenz, Siegfried 138, 143
LSD 22
Lübeck 44
Lübke, Heinrich 148, 150

M
Malmkvist, Siw 130
March, Peggy 130
Markuse, Herbert 16
Marx, Karl 16
Mauerbau 10, 33

May, Karl 142
McCartney, Paul 134
Meinhoff, Ulrike 150
Mercedes 190 SL 49
Meysel, Inge 122
Millowitsch, Willi 125
Minh, Ho-Chi 16
Mini-Mode 86
Minirock 8
Mitscherlich, Alexander 9, 38
Mitscherlich, Margarete 9
Mo, Billy 130

Obermaier, Uschi 18, 21
Ofarim, Esther 130
Offenbach, Joseph 122
Ohnesorg, Benno 16, 18
Olympische Spiele 114
Onassis, Aristoteles 147
Ono, Yoko 22
Opel Kadett 50
Opel Kapitän P2 50
Opel Rekord P2 51
Ostermärsche 15

R

Ramsey, Bill 130
Raumpatrouille 126
Reeperbahn 136
Reimann, Brigitte 138
Rezzori, Gregor von 101
Richter, Hans Werner 139
Riesengebirge 105
Rimini 104
Rolling Stones 21, 23, 134
Rügen 96, 97, 98
Ruhrgebiet 39

Sexualkunde-Atlas 64
Sexuelle Revolution 19, 65, 147, 150
Siefarth, Günter 126
Simmel, Johannes M. 138
Spils, May 128
Springer, Axel Caesar 150
St. Pauli 40
Staatsrat 34
Stahlnetz 122
Star-Club 23, 136
Starr, Ringo 58
Strauß, Franz-Josef 32

U

Ulbricht, Walter 12, 33, 34

V

Vasarely, Victor 144
Venedig 94, 104
Vogelfluglinie 95
Volkskammer 34
Vollbeschäftigung 12
VW Karmann Ghia 49
VW-Bus 47
VW-Käfer 51

Mode 12
Morrison, Van 21
Motorroller 97
Mourgue, Oliver 69
Mouskouri, Nana 130
München 13, 28, 38, 41
Myhre, Wencke 130

N

Nehru-Look 92
Nerke, Uschi 130
Neuss, Wolfgang 141
Neutsch, Erik 128

O

Oberammergau 111
Oberhauser Kurzfilmtage 128

P

Panton, Verner 70
Paolini, Cesare 70
Pardon 150
Pasternak, Boris 142
Paul VI., Papst 65
Pavone, Rita 130
Philip, Prinz 148
Piecks, Wilhelm 34
Plattensee 100
Pop 20
Pop-Art 23
Potsdam 42
Prag 37, 103, 105
Prager Frühling 10, 37
Proll, Thorwald 18

Q

Quant, Mary 86

S

Sa Rodrigues, Armando 29
Sahara 110
Salzgitter 45
Sandmann 126
Scharbeutz 98
Schirm, Charme und Melone 122
Schlöndorff, Volker 128
Schmidt, Wolf 127
Schmieding, Walther 140
Scholz, Gustav »Bubi« 115
Schönherr, Dietmar 132
Schorn, Uta 133
Schüler-Bands 136
Schulsystem 61
Schwarzwald 107
SED 12, 34
Seeler, Uwe 114
Sellin 96, 98

Strittmatter, Erwin 138
Strobel, Käte 64
Studentenrevolte 16

T

Tatra 105
Teodoro, Franco 70
Teufel, Fritz 18, 66
Thiele, Rolf 101
Tiefkühlkost 81
Tilkowski, Hans 116
Tiller, Hanns Lothar 129
Tiller, Nadja 129
Tourex 100
Transitverkehr 10
Tucholsky, Kurt 129
Twen 150
Twiggy 24, 86
Twist 130

W

Walser, Martin 138
Warhol, Andy 23
Wartburg Bellevue 48
Wegwerfgesellschaft 68
Weiss, Heidelinde 83
Weiss, Peter 141
Wembley Stadion 114
Wembley-Tor 116
Wieben, Wilhelm 130
Wirtschaftswunder 32
Wohngemeinschaften 66
Wolf, Christa 138
Wolff, Gera 133
Woodstock 137

Z

ZDF 122

Die Autoren
Renate Lüdde (Jahrgang 1955) und Rüdiger Dingemann (Jahrgang 1951) wurden in Braunschweig geboren und leben heute beide als Sachbuchautoren in Oberbayern. Renate Lüdde studierte Architektur in München. Der gelernte Verlagsbuchhändler Rüdiger Dingemann studierte Germanistik und Geschichte, arbeitete mehrere Jahre als Lektor und war Chefredakteur für die Microsoft Encarta Enzyklopädie. Renate Lüdde und Rüdiger Dingemann veröffentlichten im Bucher Verlag unter anderem »Deutschland. Sechs Jahrzehnte, die uns bewegten« und »Endlich Ferien. Wie die Deutschen das Reisen entdeckten«.

Bildnachweis
Adam Opel AG, Groß-Gerau: S. 50, 51o.; Akademie der Künste, Berlin: S. 141u.; Archiv der Autoren, Grub/Valley: S. 57 u. 134/135 o. (6), 143 (4), 150 (3); Archiv für Kunst und Geschichte, Berlin: S. 3, 29 , 120, 126 o.l.; BMW AG, Historisches Medienarchiv, S. 48 o.; Deutsche Bahn AG, Frankfurt: S. 95, 107; Wilfried Bahnmüller, Geretsried: S. 4, 27, 29, 111o.,152, 153, 155; Bauknecht Hausgeräte GmbH, Schorndorf: S. 30u., 74 lo., 74 lu., 75 u.; Kurt Baur, Thurnwald: S. 54 o.; Christian Bedeschinski, Berlin: S. 46, 113; BDF Beiersdorf AG, Hamburg: S. 79, 82, 119; Bildarchiv Bucher Verlag, München: S. 149; Presse- und Informationsamt der Bundesregierung/Bundesbildstelle, Berlin: S. 11, 35; Czellnik, Bonn: S. 150; Klaus Därr, München: S. 110; DER SPIEGEL, Hamburg: S. 17, 32, 33, 47 u., 65, 114, 127, 128, 140 u., 148, 150; Dethleffs, Isny: S. 111 u.; Deutsches Historisches Museum, Berlin: S. 18, 33, 34, 134u.; dpa, Frankfurt: S. 122; Slg. Therese Emlinger, Straubing: S. 62, 68, 77 , 80 o., 80 u., 81, 83, 86, 87, 88 o., 88 u., 89, 91 u., 92, 93, 118; Petra und Michael Grand, Kiel: S. 51 u., 56, 58 u., 59 l., 61, 105 l.; Haus der Geschichte, Bonn: S. 77 u., 83 lo., 100 o., 101, 117 u., 123, 128 l., 129 r.o. 133 ro., u., 138; Museum für Hamburger Geschichte, Hamburg: S. 136 r.o.; Hahmann, Heidelberg: S. 54 u., 55 u.r.; Havemann Gesellschaft, Berlin: S. 37 o.; Rudolf Heym, Ingersleben: S. 36, 42 u., 44 u., 58 o., 59 r., 60, 98 o., 103 u., 108 o., 159; Hessischer Rundfunk, Frankfurt/M.: S.126 u.r., 127 l.; Slg. Stratomeier, Barsinghausen: S. 30 o., 57 o., 94, 98 u., 104 o., 105 r.; Interfoto, München: S. 8 u., 115, 126, 131, 137 o.; Jugend forscht, Hamburg: S. 67 (2); Gerhard Klammet, Ohlstadt: S. 6/7, 44 o., 154; J. Krantz: S. 106; Kuba-Museum, Wolfenbüttel: S. 5 r., 120, 124, 125; Ulf Krüger, Hamburg: S. 136 u.; Kuhle, Braunschweig: S. 136 l.; Stefan Moses, München: S. 139; National Archives and Recordsadministration, JFK Library, Boston: S. 10; Lufthansa AG, Frankfurt: S. 14, 15, 52, 53, 49 o.; Angelika März, München: S. 43, 78 r., 83 r o./l.u., 129 o.r., 129 l.u., 129 r.u., 142, 147; Landschaftsverband Westfalen-Lippe: S. 100 r.o.; Otto Versand, Hamburg: S. 72o., 73o., 87 u.r.; Bildarchiv Preußischer Kulturbesitz, Berlin: S. 37; Radio Bremen, Bremen: S. 130 r.; Reisebüro Adorf, Düsseldorf: S. 109; Peter Schamoni, München: S. 128 r.; Slg. Carola Schindler, München: S. 62, 63, 78, 85, 90, 91, 104 u.; Hans-Joachim Schreckenbach, Potsdam: S. 42 o., 96, 97, 99, 102, 103o, 108 u.; Bodo Schulz, Berlin: S. 40, 41, 60; Siemens AG, München: S. 28, 73 u., 74 r., 75 o.; Stadtbildstelle Essen: S.39; Axel Springer Verlag, Berlin: S. 19; Süddeutscher Verlag, München: S. 9 o., 13, 16, 21, 22, 24, 38, 64, 66, 130 l., 132, 141 o., 146; VG Bildkunst, Bonn: S. 144 (4), 145; Vitra Design Museum, Weil am Rhein: S. 70, 71 o.; Volkswagen AG, Wolfsburg: S. 31, 47 o., 158; WDR, Köln: S. 122, 126 ro. u. l.u., 127 l.; Wortgetriebe, München: S. 48 u.; ZDF Bilderdienst, Mainz: S. 140 o.

Wir danken allen Rechteinhabern und Verlagen für die Abdruckgenehmigung. Trotz intensiver Bemühungen war es nicht möglich, alle Rechteinhaber zu ermitteln. Wir bitten diese, sich an den Verlag zu wenden.

Impressum
Alle Angaben dieses Werkes wurden von den Autoren sorgfältig recherchiert und auf den aktuellen Stand gebracht sowie vom Verlag geprüft.
Für die Richtigkeit der Angaben kann jedoch keine Haftung übernommen werden.

Für Hinweise und Anregungen sind wir jederzeit dankbar. Bitte richten Sie diese an:
C. J. Bucher Verlag
Produktmanagement
Postfach 80 02 40
D-81673 München
E-Mail:
lektorat@bucher-verlag.de

Bibliografische Information der Deutschen Nationalbibliothek
Die Deutsche Nationalbibliothek verzeichnet diese Publikation in der Deutschen Nationalbibliografie; detaillierte bibliografische Angaben sind im Internet über http://dnb.d-nb.de abrufbar.

»Unsere besten Jahre« ist eine stark preisreduzierte Neuauflage der beiden 2006 im Bucher Verlag erschienenen Titel »Deutschland in den 50er-Jahren« und »Deutschland in den 60er-Jahren«. Die beiden Einzeltitel sind nicht mehr lieferbar.

Konzeption:
Rüdiger Dingemann
Lektorat: Joachim Hellmuth
Grafische Gesamtgestaltung: h3a GmbH, München
Herstellung: Bettina Schippel
Technische Produktion: Repro Ludwig, Zell am See

Gesamtherstellung: Verlagshaus GeraNova I Bruckmann

ISBN 978-3-7658-1887-5